安徽省高等学校省级质量工程项目规划教材

大学通识教育教材

医患沟通教程

YIHUAN GOUTONG JIAOCHENG

主　审　翁建平

主　编　孙江洁　何成森

副主编　王国平　孙若川　张利萍　方纯洁　曹召伦

中国教育出版传媒集团

高等教育出版社·北京

内容提要

本书是安徽省高等学校省级质量工程项目规划教材。

本书主要内容包括导论,医患沟通的障碍、功能与原则,医患沟通的分类,医患沟通的内容与方法,医患沟通的策略,门诊与急诊的医患沟通,内科与外科的医患沟通,妇科、产科、儿科的医患沟通,其他科室的医患沟通,医患纠纷概述,医疗纠纷处理,医学研究中的沟通。本书注重理论与实践相结合,通过丰富的医患沟通案例,探索医患沟通范式,补充纠纷处理规程,提高医患沟通能力和医学人文素养。

本书适合作为高等学校相关课程的教材,也可供对医患沟通感兴趣的社会读者阅读参考。

图书在版编目(CIP)数据

医患沟通教程 / 孙江洁,何成森主编. -- 北京 :
高等教育出版社,2025. 7. -- ISBN 978-7-04-065220-8

Ⅰ. R197.323.4

中国国家版本馆 CIP 数据核字第 2025AH4406 号

策划编辑 张晶晶	责任编辑 曹永泰 张晶晶	封面设计 张文豪	责任印制 高忠富

出版发行	高等教育出版社	**网 址**	http://www.hep.edu.cn
社 址	北京市西城区德外大街 4 号		http://www.hep.com.cn
邮政编码	100120	**网上订购**	http://www.hepmall.com.cn
印 刷	浙江天地海印刷有限公司		http://www.hepmall.com
开 本	787mm×1092mm 1/16		http://www.hepmall.cn
印 张	13.5		
字 数	252 千字	**版 次**	2025 年 7 月第 1 版
购书热线	010-58581118	**印 次**	2025 年 7 月第 1 次印刷
咨询电话	400-810-0598	**定 价**	32.00 元

本书如有缺页、倒页、脱页等质量问题,请到所购图书销售部门联系调换

版权所有 侵权必究
物 料 号 65220-00

本 书 编 委 会

（按姓氏笔画排序）

马海涛（阜阳师范大学）　　　　王国平（皖南医学院）

方纯洁（安徽医科大学临床医学院）　尹丽萍（安徽医科大学第一附属医院）

左秀玲（皖南医学院弋矶山医院）　石秀艳（南京市职业病防治院）

毕清泉（安徽医科大学临床医学院）　朱良明（皖南医学院弋矶山医院）

许新忠（安徽医科大学第二附属医院）　孙江洁（安徽医科大学）

孙若川（安徽医科大学第一附属医院）　何成森（安徽医科大学）

何闰华（安徽医科大学第二附属医院）　余　红（安徽医科大学附属口腔医院）

张利萍（安徽医科大学）　　　　张媛媛（安徽医科大学）

张翠玉（安徽医科大学附属口腔医院）　陈　辉（蚌埠医科大学）

陈　镇（安徽医科大学第一附属医院）　陈为为（安徽医科大学第一附属医院）

陈玲玲（皖南医学院）　　　　　范　辉（安徽医科大学）

周　焕（安徽医科大学第一附属医院）　夏同佳（安徽医科大学第一附属医院）

顾　勇（皖南医学院弋矶山医院）　梅光亮（皖南医学院弋矶山医院）

曹召伦（安徽医科大学）　　　　崔春影（皖南医学院）

序

 沟通是心灵的桥梁,是情感的纽带,更是打开彼此心扉的一把钥匙。世界上的每个人都有着多重身份,处于多种关系中。无人是一座孤岛,避开周围的人群独自生存。医生和患者更是如此,为对抗疾病而相遇。

 沟通是一种能力,更是一门艺术。医者,不仅要掌握扎实的医学专业技术,更要有良好的沟通能力,利用沟通这门艺术去帮助患者,使其得到宽慰,感受到医者仁心。正如特鲁多医生的墓志铭所言:"有时,去治愈;常常,去帮助;总是,去安慰。"这简洁而富有哲理的话语,为每一位即将成为医务人员的医学生明确了医疗卫生工作的要义。

 医患沟通是医疗过程中至关重要的一环,它不仅能够增加患者与医生之间的信任,还能增强治疗效果,提高患者满意度。欧美国家的医学院校普遍开设"医患沟通""高效沟通的理论与方法""如何告知患者坏消息"等课程,在培养和训练医务人员沟通能力方面,采用形式多样的教育教学方法,取得了一定效果。随着我国医疗事业的发展,医患沟通能力培养的重要性受到广泛关注并为医学教育所重视。良好的医患沟通能力作为培养医学生的重要目标已被纳入高等医学教育的认证标准,亦作为医师资格认证的重要部分。培养医学生和医务人员良好的医患沟通能力,应被高等医学院校重视。

 教材是知识的载体,载着学生在知识的海洋中遨游。本教材立足医疗实践,注重教学研融合,分析真实的医患关系风险案例,探索医患沟通范式。本教材具有较好的系统性、知识性和实用性,希望本教材的出版能够为和谐医患关系的构建作出积极贡献。

翁建平

2025 年 7 月

前　　言

　　《医患沟通教程》是 2023 年度安徽省高等学校省级质量工程项目规划教材。2019 年 6 月,《国务院关于实施健康中国行动的意见》发布,成立健康中国行动推进委员会,同年印发《健康中国行动(2019—2030 年)》和《健康中国行动组织实施和考核方案》,更多的临床一线医务人员积极投身医患沟通实践工作。为更好地落实"以患者为中心"的服务理念,更好地提供医疗服务,安徽省教育厅在 2024 年度高等学校省级质量工程项目中立项修订《医患沟通教程》(立项编号:2024jcjs228)。

　　本教材作为通识教育教材,适用于需要学习医患沟通理论和技能的临床医学及相关专业的学生,因此,对读者的前置性心理学专业理论知识和临床医学理论知识要求不高。我们认为只要熟悉大学生基本心理健康知识,参与过临床见习并掌握临床实践的基本流程,就可以顺利学习本教材。

　　本教材精要呈现了医患沟通的理论内容,补充了医患纠纷的处理规程,医疗纠纷管理的法律法规和医学研究中的沟通等内容。本教材共十二章。第一章是预备性知识,主要介绍医患沟通的概念、课程概述及国内外现状。第二章介绍了医患沟通的障碍、功能与原则。第三章和第四章主要介绍医患沟通的分类和医患沟通的内容与方法。第五章主要从心理学视角介绍医患沟通的三大策略,即共情与澄清、倾听和提问。第六章介绍门诊与急诊的医患沟通,第七章介绍内科与外科的医患沟通,第八章介绍妇科、产科和儿科的医患沟通,第九章介绍其他科室的医患沟通。第十章和第十一章主要针对医患纠纷及医疗纠纷处理展开系统性论述。第十二章介绍医学研究中的沟通。各章末配有适量的课后思考题。除此之外,附录一、附录二和附录三从医患纠纷司法治理视角,按照实践使用频次从多到少的顺序,给出了实体法和程序法的核心条文及其他推荐检索的文件。

　　本教材有五大特色。第一,对医患沟通的类型进行精细化分类,为提升医患沟通质量,精准实施医患沟通策略提供理论指导;第二,从诊疗过程着手细分医患沟通内容,有针对性地阐明医患沟通方法,为提升读者医患沟通能力提供理论基础;第三,立足医疗实践操作过程,从实际需求出发,介绍共情与澄清、倾听和提问的医患沟通策略,为卓越医生医患沟通能力培养奠定理论基石;第四,在理论学习的基础上,结合不同科室医患沟通实践,实现"学—练—用"的闭环,突破传统教材理论培育局限;第五,针对临床科室医患关系风险的共性和个性问题提炼风险案例,结合医患纠纷处理规程,特别添加了司法实录及用途剖析,有利于培育医学生风险管理能力。

本教材由国内多所医科院校和医疗机构合作完成。编写队伍主要由临床一线医务人员和长期从事医患沟通教学研究的专家学者组成。教材编写提纲由主编、副主编团队共同完成,经编委会集体讨论通过后确定。本教材既可供本科生和硕士研究生使用,也可供医疗管理者、医学研究者和对医患沟通感兴趣的社会读者阅读参考。

本教材第一章由何成森、张利萍、方纯洁和曹召伦编写,第二章由毕清泉和孙若川编写,第三章由崔春影和孙江洁编写,第四章由崔春影编写,第五章由张媛媛、周焕和孙江洁编写,第六章由石秀艳、余红和陈辉编写,第七章由夏同佳、陈为为和许新忠编写,第八章由何闰华、顾勇和张利萍编写,第九章由梅光亮、朱良明和张翠玉编写,第十章由王国平和陈玲玲编写,第十一章由陈镇、尹丽萍和孙江洁编写,第十二章由左秀玲和马海涛编写,附录由范辉和张利萍编写,全书由孙江洁统稿。

本教材的出版,要感谢高等教育出版社的信任和支持,感谢安徽医科大学、皖南医学院、蚌埠医科大学等医科院校和医疗机构的大力支持,感谢所有编委的共同努力,特别鸣谢安徽医科大学校长翁建平教授的关心和支持,本次修订得到了国家自然科学基金面上项目"基于数据驱动的医患关系风险管控模型及实践应用"(项目编号:72374005)资助。本教材在编写过程中引用了国内外学者的研究成果,在此一并表示衷心的感谢。

由于编者水平有限,差错和疏漏在所难免。我们真诚期望使用本教材的师生和广大医务人员,予以批评指正,以便我们不断修订完善本教材。

孙江洁　何成森

2025 年 7 月

目　　录

第一章　导　　论

学习目标

1. 掌握医患沟通的概念、背景、意义、宗旨与基本理念。
2. 熟悉医患沟通课程的性质、研究对象与任务。
3. 了解医患沟通的国内外现状。

第一节　医患沟通概述

一、医患沟通的概念

沟通在我国古语中,最早指的是水沟的相通,后来引申到人际交往中,指为了一个设定的目标,把信息、思想和情感在个人或群体间传递,并且达成共同协议的过程。在《大英百科全书》中,沟通被定义为"用任何方法,彼此交换信息"。《现代汉语词典》中对沟通的定义为"使两方能通连"。沟通既具有信息共享的性质,又有运用信息影响他人的性质。沟通不仅传递信息,还传递情感、价值取向、意见观点等。

医患沟通是沟通学的重要分支。"医"狭义指医疗机构中的医务人员;广义指各类医务人员、卫生管理人员及医疗卫生机构,还包括医学教育工作者。"患"狭义指患有疾病、忍受疾病痛苦的人,需要接受医生诊疗和照顾的人;广义上,除了患者,还包括其亲属及相关单位利益人。

由于"医"和"患"有狭义与广义的区分,因此,医患沟通也有狭义与广义的内涵。

狭义的医患沟通,是指医疗机构的医务人员在日常诊疗过程中,与患者及其亲属就伤病、诊疗、健康及相关因素(如费用、服务等),主要以诊疗服务的方式进行的沟通交流,它构成了单纯医技与医疗综合服务的基础环节,也是医患沟通的主要组成。这种医患沟通发生在各医疗机构的医患个体之间,虽然面广量大,但具体沟通一般范围小、难度小、影响小,不易引起人们的关注。良好的医患沟通有助于科学指引诊疗伤病,提高医疗服务水平。

广义的医患沟通,是指在狭义的医患沟通之外,各类医务人员、卫生管理人员及医疗卫生机构,还包括医学教育工作者,主要围绕医疗卫生和健康服务的法律法规、政策制度、道德与规范、医疗技术与服务标准、医学人才培养等方面,以非诊疗服务方式与社会各界进行的沟通交流,如制定新的医疗卫生政策、修订医疗技术与服务标准、公开处理个案、健康教育。它是在狭义医患沟通的基础上衍生出来的医患沟通,由未处理好且社会影响较大的个案所引发,具有巨大的社会效益和现实意义。良好的关系不仅有利于医患双方的信任合作,还能推动医学发展和社会进步。

二、医患沟通的背景与意义

(一)医患沟通的背景

1. 现代社会迫切需要医患沟通

在我国,医患关系已然成为一种重要的社会关系。近年来,全社会一直大力倡导医患和谐,但医患关系紧张的现象依然存在。2018 年中国医师协会发布的《中国医师执业状况白皮书》显示,62%的医师发生过不同程度的医疗纠纷;66%的医师经历过不同程度的医患冲突,51%的医生遭受过语言暴力。医者仁心,医生本应是社会中最受尊重的职业之一,医生和患者应在保卫生命的战场上守望相助,但暴力伤医事件屡屡发生,值得人们深思。医患关系是民众十分关注的问题,医患纠纷高发的原因是多方面的,跟医疗管理体制、社会价值观、社会保障制度及道德意识都有关系。建立和谐医患关系是广大医务人员和人民群众的共同愿望,更是社会公平正义的体现。

2. 加强医患沟通是构建和谐医患关系的必然路径

随着人民群众生活水平的不断提高,医疗保健需求日益增长,医患关系越来越受到人们关注。由于医患之间的矛盾日益突出、医疗纠纷频发,改善医患关系成为不容忽视的问题。要解决医患矛盾,构建和谐的医患关系,加强医患沟通是重要前提。这既是实现以患者为中心、减轻患者身心痛苦、创造最佳身心状态的需要,又是促进医患间理解与支持、增强治疗效果的需要。因此,加强医患沟通是构建和谐医患关系的必然路径。

3. 良好的医患沟通是现代医学自身发展的内在要求

传统的生物医学模式重视对患者躯体疾病的治疗。这种治疗能改善患者躯体症状,但部分患者仍存在心理健康问题。临床实践中还有一些患者检查结果无病理性异常,但感觉身体不适。这就促使医生和研究者进行思考,人类的疾病和健康不仅受疾病本身影响,而且受个体心理因素和社会因素的影响。所以,现代医学模式强调"生物—心理—社会"三个层面。大量的研究发现,医学治疗需要患者或社会群体的主动参与和配合,而患者的参与和配合需要良好的医患沟通。因此,医患沟通应当成为现代医学的有机组成部分。

(二)医患沟通的意义

1. 医学意义

医学人文关
怀提升行动
方案(2024—
2027 年)

现代医学模式需要拥有现代观念、思维、知识、技能及人文素养和实践能力的医疗卫生人才,需要有机整合人文课程、人文理论与医学实践相结合的现代医学教育。实现现代医学模式,需要有现代观念、现代思维、现代知识及现代技能的医疗卫生人才。受传统生物医学模式的影响,中华人民共和国成立以来,医学教育培养人才时更注重生物医学知识和技能,而忽视人文素养和实践能力的培养。尽管近些年来这种情况有了较大的改善,但如何更有效地整合理论性的人文课程,强化人文理论与医学实践结合的能力,丰富临床经验,培养更适合现代医学模式的优秀医学人才,医患沟通的实践和研究为新型医学人才培养提供了一条有价值的途径。

2. 社会意义

提升医患沟通能力可以帮助医生在实际工作中更好地与患者交流,提升职业素养。培养医务人员的人文关怀意识,使其在医疗服务中更注重患者的情感和心理需求,促进医疗服务的全面提升,促进医疗环境优化。有效的医患沟通可以减少因误解或信息不对称导致的医疗纠纷,缓解社会矛盾,提升医疗行业的社会形象。改善医患关系有助于营造和谐的医疗环境,促进社会的整体稳定与和谐。

三、医患沟通的宗旨与基本理念

(一)医患沟通的宗旨

医患沟通旨在树立医疗卫生工作者的现代人文精神,使他们提升医德水平,增强心理素质和法治意识,提高文化素养和管理能力,掌握医患双方建立共识并共助共赢的应用技能,推动医学模式的变革与转型。同时,医患沟通也肩负着提高患者和社会大众的基本医学知识和健康意识、促进大众身心健康和社会文明进步的责任。其现实意义将随着医患沟通新的实践与研究而日趋彰显。

（二）医患沟通的基本理念

1. 医学与人文融合

提高诊疗技术与人文服务水平，争取得到患者和社会的信任与合作，促进医学事业与社会文明同步发展。

2. 以人为本

医务人员应践行救死扶伤的人道主义精神，努力承担社会责任，发挥主导作用，善意化解医患纠纷，全面实施现代医学模式，以医患沟通为桥梁重建医患信任合作关系。

3. 医患一体

人人皆患者，人人皆医者，医者维护患者的生命健康，患者是医学与医者最好的助手，是医者生存和发展的根本所在。

第二节　医患沟通课程概述

一、医患沟通课程性质

医患沟通不仅在医疗过程中占有重要地位，还关系到医疗质量、效率和效益，影响到社会精神文明和物质文明建设。医患沟通涉及多个学科领域，包括哲学、医学、政治经济学、伦理学、心理学、法学和管理学等。这些学科的理论和原则为医患沟通提供了坚实的理论基础，使其成为一个综合性课程。就医患沟通的概念而言，一般认为它是研究现代医学与社会大众交流现象和规律的课程。它是研究医患沟通的过程、行为及关系等诸多要素的课程，旨在探索如何提高医疗质量、改善医患关系，研究如何将心理和社会因素转化为积极有效的手段与方法，推进现代医学发展。该课程向医学充填人文和社会科学的要素，丰富医学的人文内涵，既相对独立，又融合为医学的有机组成部分，是探究实施现代医学模式的一门新的应用型课程。

医患沟通课程主要研究医者、患者及其相关因素。医者和患者在同一过程中充当不同角色、代表不同利益，既有各自的影响因素，又有共同的制约条件。医患沟通课程的理论来源一是生物医学、临床医学等医学相关学科，二是人文社会科学,如心理学、伦理学、法学等。医患沟通课程是综合医学、生命科学和人文社会科学的实践,形成具有自然科学和社会科学双重性质的应用型交叉课程。医患沟通不仅是生物医学层面上的沟通,更是心理、社会、经济、法律等层面上的沟通,也可以说它是在特定历史条件下孕育而生的综合性交叉课程。特定的历史条件主要包括医学从诞生便具有客观的沟通要素,包含了社会人际关系及人际沟通;医学在发展进程中,由于医学技术的高速发展,医患关系出现了不可忽视的问题,亟待新的沟通技术加持以改善医患关系;以及医学的发展趋势应以深入推进健康中国建设、提升医学人文关怀、改善医患沟通、构建和谐医患关系、助力卫生健康事业高质量发展为目标,成为社会医学发展的终极模式。

医患沟通课程是以医学为原点的、人文特征明显的、辐射性交叉型的课程,它与现今许多相关学科有着十分密切的联系。

(一)医患沟通与哲学

马克思主义的唯物辩证法揭示了对立统一的矛盾规律,为患者诊疗投入与健康回报所产生的心理矛盾提供理论基础。哲学的相关研究诠释了社会大转型时期医患关系变化的根本原因及新型医患关系的发展方向,确立了医患沟通课程的理论基石。

(二)医患沟通与医学

医患沟通就是医学的一部分,完全遵循医学的目的、原则及理论,只是它以医患双方信息的全方位沟通为视角和方法来促进医学目的的实现。

社会医学是研究社会因素与健康、疾病之间相互联系和内在规律的一门学科。它的主要理论,如医学模式、社会因素与健康、卫生服务的需求与利用,均与医患沟通课程有着紧密的联系。

(三)医患沟通与政治经济学

政治经济学是研究社会生产关系和相关政治现象的学科,主要探讨经济、政治和社会制度之间的相互关系及其对个人、社会和国家发展的影响。而医患沟通课程则围绕医方与患方就伤病、诊疗、健康及相关因素(如费用、服务等)展开的交流,小则影响医生与患者间的和谐关系,大则影响医院医疗服务工作的开展,影响公众身心健康和社会稳定。故而政治经济学丰富了医患沟通的课程理论,为医患双方如何理性地沟通铺设了道路。

(四)医患沟通与医学伦理学

医患沟通在调整和改善医患关系中都必须遵循医学伦理学的基本原则和规范,另外,医患沟通需要从现实出发,用发展和辩证的思维来应用医学伦理学。

（五）医患沟通与心理学

心理学及其各个分支的主要理论都是医患沟通课程中的基础理论和应用依据。

（六）医患沟通与法学

医患沟通以法律的精神和民法的基本原则，以及《中华人民共和国民法典》《医疗事故处理条例》《中华人民共和国医师法》等有关卫生法规为重要的理论依据，强调依法行医、依法沟通、依法经营，并突出医学法学为处理好医患关系和医患纠纷的重要手段。

（七）医患沟通与管理学

管理学是研究现代社会下如何通过合理地组织，配置人、财、物等因素，提高生产力的水平。管理学核心理论之一的人本原理，要求管理活动应在尊重人的思想、感情和需要的基础上，充分发挥主动性、创造性和积极性。在管理学原理的指导下，医患沟通课程要研究如何使医务人员理解、尊重、共情患者，积极有效地协调指导患者的就医行为，提高医患沟通的效果，更好地发挥医疗服务中医患双方合作的作用。而卫生管理学和医院管理学则是医患沟通课程必要的理论来源。

二、医患沟通课程的主要内容

医患沟通课程的主要内容包括临床医患沟通和医学宣传教育中的现象和规律。临床医患沟通主要是指医务人员在临床工作中与患者的交流，以实现融洽的医患关系，增进理解和加强合作。尽管医患沟通中也存在着医学教育宣传的内容，但就医患沟通课程性质来说，其主要使命应以有互动的沟通为主。医患沟通课程的研究对象主要包括如下三个方面：

（一）医生、患者的互动与沟通过程

医患沟通课程的研究对象是医生、患者，以及他们之间的互动与沟通过程。这一过程是医疗服务的核心内容之一，对于提高医疗服务质量、改善医患关系及提升患者满意度具有重要作用。

（二）医生、患者的角色定位及其影响

医生作为医疗服务的提供者，在医患沟通中扮演着重要角色。他们的信息传递、表达方式和沟通技巧直接影响着患者对医疗信息的理解和接受程度。患者则作为医疗服务的接受者，在面对疾病时寻求医疗帮助，并与医生进行交流和合作。患者的意见、需求和信任程度对医患沟通的质量和效果产生重要影响。此外，患者的医疗知识水平和沟通技巧也会影响他们对医生的反馈和参与治疗的程度。

（三）医患沟通的影响因素

医患沟通课程的内容还包括医患沟通的影响因素,如医疗环境、医疗信息的透明度、社会文化背景、医疗团队的协作、医疗制度的支持。医患沟通的质量和效果直接关系到医疗服务的效果和患者满意度。良好的医患沟通可以建立患者与医生之间的互信关系,帮助患者更好地理解疾病、治疗方案和康复过程,提高患者对医生的配合度和依从性。同时,良好的医患沟通也能提高医生对患者需求和意见的关注度,提供针对性的医疗服务,从而增强治疗效果。

在我国临床医学实践中,医患沟通的现象和规律具有强烈的紧迫性和极高的应用价值,因此,本书将其作为重点进行探讨和研究。

此外,医学作为一门科学知识体系,医学工作者承担着向社会大众推广和普及医学知识的责任。医学宣传教育有助于提高社会大众的健康素养水平,这也是医患沟通课程的重要任务之一。对医学宣传教育现象和规律的研究在我国尚处于起步状态,要改变这种局面,医患沟通课程要作出巨大的努力。

三、医患沟通课程的任务

（一）现实任务

1. 确立新理念

医患沟通要从经济发展和社会进步的现实出发,站在人类共同利益的高度,转变传统生物医学的思维模式,树立新的医患关系理念,搭建医患和谐相处、真诚沟通的心灵桥梁。

2. 构建新机制

医患沟通要从法律、政策、医疗卫生服务管理机制和医疗技术规范制度等层面营造医方与患方相互理解、信任和合作的人文环境,形成医患理性沟通的长久性基础构架。

3. 实现新模式

医患沟通要根据不同疾病、不同个体,在医疗卫生服务工作中实现更有人文关怀的服务方式,实现较科学、规范、统一的现代医学模式。

4. 培养新人才

为实现现代医学模式,充实医学教育必需的教学内容,更新医学人才培养模式,医患沟通课程要培养出具有人文精神的优秀医疗卫生人才,同时也要提高一线医务人员的人文素质和沟通能力。

（二）探索任务

医学是一个不断探索、更新和发展的学科,医患沟通作为医学发展的重要组成部分,也应随着社会发展、学科精进而不断发展。医学工作者和研究人员需要将理论与实际相结合,探索医学事件中的诸多课题。例如,医患沟通在临床诊断中的地位与作用,医患沟通在治疗各种疾病中的具体应用,医患沟通在优化服务质量中的应用,医疗服务人员言行对患者康复的影响,医患沟通对实现现代医学模式的应用。探索性的研究可以为临床实践提供发展方向,也有利于提高医疗工作人员的科研能力。

第三节　医患沟通的国内外现状

一、医患沟通的国内现状

(一)国内现状概述

随着医疗活动制度化、法治化的推进,以及患者维权意识的增强,患者对疾病的认知权和知情同意权日益看重,对检查治疗方案的选择权也日趋重视,而医患沟通技能的缺位使医患关系变得越来越紧张,医患矛盾显得越来越突出,极端事故也偶有发生。据中华医院管理学会的调查显示,在被调查的 326 个医疗机构中,321 所医院存在着被医疗纠纷困扰的问题,发生率为 98.47%。这种不信任可能会由个别不信任演变成集体不信任。调查结果还显示,多数医疗纠纷并非医疗技术引发,而是由于医患沟通障碍导致患者或其亲属对医院、医务人员不满意引起的,交流不够是诱发医患冲突的主要原因。提升医患沟通质量,可改善医患关系,让医生放心设计治疗方案,潜心行医,解医生后顾之忧,有助于推进健康中国建设。

(二)引起医患沟通不畅的原因

在对近 10 年的医疗纠纷相关文献进行总结后发现,引起医患沟通不畅的原因,主要体现在以下几个方面:

1. 经济环境的改变导致医患观念冲突

改革开放以来,经济的快速发展,医患双方的思想观念和职业行为随着经济大环境的改变而改变,医患矛盾也日益突显。医患双方站在各自立场,从各自利益出发,双方都有迫切的沟通愿望和需要,但由于视角的不同,医患双方无法达成共识的现象屡见不鲜。

2. 医生对医患沟通不够重视

在临床实践中,一些医生往往重视药物、手术等具体的治疗措施,对于医患沟通的重视度不够。例如,部分医生对患者的心理需求和情感需求关注度不高;由于工作繁忙,无足够的时间接待患者及其亲属;不能详细告知开展的检查治疗方案及其目的、意义和可能的医疗风险;对患者的疑问,不是给予耐心的解答,而是简单敷衍。这些现象都会促使患者被动接受治疗,对自己目前采取的诊疗措施、病情预后不甚了解。如果治疗发生风险,即使是目前医学不可避免的,患方也常常不能理解,而与院方无休止地争论,甚至拒付医疗费。

医生的不恰当表现是医患沟通不畅的主要原因之一,表现为以下三方面:

(1)语言表达不恰当。

在医疗实践中,由于医务人员语言表达不恰当引起的医疗纠纷很常见。例如,一位疑患"胃穿孔"的患者进行腹部 X 线检查,放射科的检查者随意地说:"这种情况试试看,也不一定照得出来。"这会增加患者的思想负担,使患者对检查失去信心,更会对主治医生乃至医院失去信任。又如,一位疑似"恶性肿瘤"的患者,手术中确诊为良性肿瘤,仅做了局部切除,术后医生只给予常规观察,也未做任何解释,当患者亲属感到受"冷落"去找医生理论时,医生本想安慰,却脱口说道:"他的病很轻,我都差点忘了……"轻描淡写的一句话使患者认定医生不重视他。该患者术后发生了深静脉血栓并发症,虽然这与此前的肿瘤手术本身并不存在强关联,但患方坚持认为并发症是医生不负责任导致,从而引发长达数月的医疗纠纷。

(2)随意评价他人的诊疗。

医疗机构的条件、设备和医生的技术水平等因素,可能导致不同的医生对同一疾病产生不同的认识,采取不同的治疗方案,少数情况下会发生疾病在发病初期症状不典型阶段的误诊。然而,当患者再就诊时,有的医生会随意评价、指责之前的医生或医院,如"这种方案根本无效,怎么这么晚才来"。还有的上级医师当着患者的面批评下级医师,点评治疗方案,评价治疗效果,如"这就是治疗失败的原因,这样的患者采取××治疗方案更好"。这些医方内部评价性的语言常常是引起纠纷的原因,特别当患者存在后遗症或出现并发症时,常以此为证据,追究首诊医院或首诊医生的医疗责任。

(3)交代预后不客观。

医生治疗的对象是不同的个体,同样的治疗方案和药物,不同患者的反应会有不同,效果也不一样。在治疗过程中,并发症和过敏反应等医疗意外随时可能发生,其中有些是当前医学无能为力的。面对医疗中的未知情况,医生交代病情时一定要客观中肯,交代预后时不可过于绝对,如"治疗一结束,你就可以吃面条了""支架放入气管后,呼吸困难即可缓解"等,不能只将最好的结果告诉患者及其亲属,而忽视无效的可能性及并发症的告知。更有甚者,在交代预后时夸大疗效,虽然增加了患者及其亲属对治疗的期望值,但患方对发生并发症之类的意外没有任何的了解和思想准备,一旦出现不适反应,就会认为是医疗过失,引发纠纷。

3. 患者对医疗行为有误解

很多患者对医疗行为存在认识误区,把医患关系看作简单的消费关系,认为花钱必须得到满意的回报。事实上,医疗行业是一种高技术、高风险、高责任、高奉献的职业,病情千变万化,患者个体差异极大,诊疗过程不可避免地会出现一些医务人员无法预料的情况。一旦出现意外,患者就有可能选择不理智的方式来解决问题。据了解,在医患沟通不畅的案例中,很多就是由患者对诊疗规律和医疗知识理解不够造成的。

4. 缺乏制度保障

医院不注重医患沟通机制建设,一旦出现医患沟通困难,患者往往找不到有效解决问题的途径。没有相应的沟通制度约束,一些医务人员往往不愿意与患者进行沟通,这就导致一些医患纠纷得不到妥善处理,最终使医方和患方关系紧张。

5. 医学教育理念落后

传统的医学教育只关注医疗技术的传授,忽视对医学生人文精神的培养,缺乏医患沟通意识和能力的传授,从而导致许多医学生对医患沟通的重要性认识不足,缺乏对"健康"的新认识,低估社会、心理、环境等因素在医疗中的作用。医学院的毕业生们虽然掌握大量的医学专业知识与新技术,但在临床实际工作中缺乏与患者沟通的心理准备,对复杂的人际关系无所适从。由于在医患沟通技能上缺乏应对策略,一些医生在与患者交往中存在自信心不足、紧张焦虑等心理,不能准确地了解患者的心理状况和心理需求,进而产生非医疗因素的医患纠纷,这不仅影响医生临床技能的发挥,也严重损害了他们的心理健康。

二、医患沟通的国外现状

医患矛盾是医疗服务行业中普遍存在的现象,是一个全球性问题。例如,在医疗技术高度发达的美国,其医疗事故也并不罕见。据美国约翰斯·霍普金斯大学下属研究所的一项最新研究报告称,每年近 80 万美国人因误诊死亡或终身残疾。2023 年 7 月 18 日《今日美国》报道称,美国各级医疗机构每年因误诊造成 37.1 万人死亡,42.4 万人终身残疾,人数之多已达到"公共卫生紧急事件"的程度。2019 年 3 月 25 日,日本医疗安全调查机构发布数据显示,基于处理患者意外死亡的医疗事故调查制度,2018 年因"发生死亡事故、需要院内调查"而提出申报的有 377 起(同比增加 7 起),其中,163 起为"包括分娩在内的手术"导致,数量最多。英国的情况亦基本相同。

不过,医患矛盾并非必然会激化,产生医疗纠纷。综观美、日、英等国在加强医患沟通、化解医患矛盾、改善医患关系方面的工作思路和方法,发现其既有共性,又有各自的特点。总体来说,在这些国家,医疗立法和医疗保险制度是普遍路径。美国注重在医患沟通中加强协商合作和知情同意的实施;日本则侧重加强医患之间的信任关系,防范医疗事故的发生;英国实行以三级投诉为主、法院裁决为辅的医患沟通制度。

(一) 美国加强医患沟通、改善医患关系的措施

1. 完善医疗立法和医疗保险制度

在美国,如果发生医疗事故,一般情况下,患者及其亲属首先应到法院对医院或医生提出控告,而不能与医生直接交涉;医生并不直接出庭,而是由他们的保险公司出面与控方进行交涉,并在败诉后赔偿患者或亲属。不过目前美国存在着法庭判罚过高的趋向,飞速上升的医疗赔偿导致医生和保险公司苦不堪言,保险公司会将负担转移给医生,从而导致美国从业医生缴纳的医疗事故保险费近年来大幅度上升。

2. 统一医患沟通模式

在医疗实践过程中,美国具有较为统一的医患沟通模式,主要包括患者教育和知情同意,前者可以保证医生的信息已准确地传达给了患者,而后者则确保医患双方在医疗过程中协商合作以完成医疗任务。

患者是否遵从医嘱与其个性特点、认知水平、接受能力、谈话氛围等多方面因素有关。因此,在医患沟通过程中,医生应该确认患者是否能理解并记住自己所传达的信息。在美国,医生常通过"患者教育"来保证自己的信息准确地转达给患者,主要包括以下几点:

(1) 使用便于患者理解的单词或短语,用日常用语代替医学专业词汇。

(2) 结合疾病和患者的具体性和特殊性,了解患者对疾病的观念及对结果的期待。

(3) 询问患者理解了多少,并对其理解给予评判。

(4) 鼓励患者提问。

这种"患者教育"已不再是医生职业素养的表现,而是其工作需要,是责任和义务。

在美国,依据法律条例,知情同意包含两层意义:

（1）知情，是指患者对信息的理解。信息是指医生应该向患者提供有关诊治的过程、收益、危险和其他相关信息，理解是指患者应明了医生所提供的信息。

（2）同意，是指患者的自愿性和权限。自愿性是指患者的决定没有被迫的成分；权限是指在某些特殊情况下，患者要能自主做出医疗决定。

由于知情同意是个过程，因此需要富有技巧的医患沟通。合理的告知由两方面组成：医生向患者公开诊疗的过程，以及选择治疗方案的依据；患者可以就一切疑问向医生进行公开的提问，并能得到满意的回答。假设患者不同意医生推荐的诊治计划，势必会进行讨论或协商，最后达成共识。只有以共情、真诚和尊重为核心的医患沟通才能够建立信任、协商和合作的医患关系，并能促进知情同意的获得，尤其是在意外结果发生时，知情同意是预防治疗失当被投诉的重要依据。用格斯勒的话来说，知情同意"不只是用来满足医生和患者之间的法律需要"，而是提供了机会，让临床实践中的不确定危险性转移到为减少危险而努力的医患联盟。

总体来说，在实际的临床医疗工作中，美国医生比较注重让患者共同参与，与患者协商合作，主要体现在以下几个方面：① 营造让患者感到舒适、被尊重的气氛；② 通过协商来确定患者的目的和期待；③ 以身作则，对治疗抱有积极的态度；④ 对患者进行病情、治疗措施的讲解和相关知识的宣教；⑤ 给患者提供阐述建议、偏好和不同意见的机会；⑥ 对患者所关心的事、所担心的问题有相应的回应，特别是在情感方面；⑦ 当患者有抵触情绪时，具有折中解决的能力。

（二）日本加强医患沟通、改善医患关系的措施

1. 建立医患信任关系，提供优质服务

患者和医生的信赖关系至关重要，患者只有相信医生才会信任诊断结果，并在治疗过程中积极配合。同时，患者的信任会使医生增强自信，有利于病情的诊断和治疗。为了增加患者对医院和医生的信任，日本由厚生省、日本医师协会、日本医院协会和健康保健联合会共同发起并成立了医疗评估机构，其主要任务是监督医院向患者提供优质服务，确保服务质量。

2. 总结经验，减少事故发生

为了总结经验，日本厚生省建立了医疗事故数据库，成立了由医生、律师、民间组织代表参加的医疗事故信息研究会。研究会的主要任务是对全国医疗事故有一个准确的把握，研究如何预防事故，查明事故原因，以及探讨发生重大事故时如何应对。研究会的最终目的是把医疗事故的个案变成具有普遍性的应对经验，让人们从中汲取教训，在日常工作中加强责任心，在事故易发环节多加注意，不重蹈覆辙。

（三）英国加强医患沟通、改善医患关系的措施

英国实行以三级投诉为主、法院裁决为辅的医患沟通制度。如果患者对医生或医院的医疗行为不满意，患者可以直接向提供医疗服务的机构投诉，院方可以让责任人向患者口头答复，或下令进行深入调查，或进行调解等。如患者不满意，可要求进行独立审查，这一般由院方或医疗主管部门的一名召集人牵头，与另一名独立的非专业人士磋商后，决定是成立一个三人小组对投诉进行进一步调查研究，或是将投诉转回原医疗机构，责令其解决问题。如果此时患者对投诉处理结果仍不满意，还可以继续向医疗巡视官投诉，医疗巡视官独立于医疗机构和政府，可以依法对投诉做最后裁决。但现行的投诉程序并不涉及对医疗事故的赔偿问题，如果患者要进行索赔，只能向法院提出诉讼，能否得到赔偿、赔偿多少都由法院裁决。

 课后思考

> 1. 谈谈医患沟通课程的意义与目标。
> 2. 针对医患沟通的国内现状，有哪些改进和提升的策略？
> 3. 医患沟通课程和其他学科有何关系？

第二章 医患沟通的障碍、功能与原则

📖 学习目标

1. 掌握医患沟通障碍的诱因、影响因素和分类。
2. 熟悉医患沟通的功能和原则。

第一节 医患沟通的障碍

一、医患沟通障碍的诱因

在医患沟通中,沟通障碍的诱因有很多,主要体现在思想观念、知识结构、权利分配及医患信息不对称四个方面。

(一)思想观念上的差异

思想观念上的差异是医患沟通障碍的重要诱因。主要表现在以下两个方面:

(1)市场经济条件下,医患双方对医疗卫生服务性质的认知有分歧。

医方认为医疗卫生服务是公益性的,但也是市场经济的组成部分,需要较高收益来维系医疗卫生服务机构的生存和发展。患方则认为,医疗卫生服务应始终具有公益性和福利性,医务人员应全心全意为患者服务,承担救死扶伤的责任,不能只图利益。

(2)医患双方对"知情同意"有不同认识,致使双方不能有效沟通。

所谓知情同意，就是患者知情同意，具体包括知情和同意两方面的含义。知情，是指患者及亲属有权了解患者疾病的相关医疗信息和资料；同意，是指医生对患者的医疗行为必须得到患者的同意。当患者不满 16 岁时，除本人意愿，还必须征得其监护人的同意；当患者神志不清或无意识时，必须经患者亲属或其最亲近人的同意；在急诊情况下无法及时获得患者知情同意例外。事实上，患者的同意还包括对医疗措施的选择和否定。因此，实施知情同意原则的目的是尊重患者的自主权，患者知情同意应由患者知情和自主选择两个方面组成。知情同意是患者的基本权利，医务人员在诊疗活动中也有说明的义务，这在世界上都已经被实行了几十年，如我国的《医院工作制度》中规定了外科术前的签字制度。然而，传统医学模式中，部分患者知情同意的愿望并不强烈。但随着社会发展，患者们的自主意识、维权意识和参与意识不断增强，越来越多的患者希望自己能直接参与医疗决策。在我国，由于传统家庭观念的影响，患者本人的知情同意往往被患者的亲属替代，如术前患者亲属签字制度，对重症、绝症患者的保密制度等。

（二）知识结构上的差异

医务人员普遍文化程度较高，并受过系统的医学教育和诊疗技能的训练，又有医疗实践的经验，对治愈疾病、维护健康的知识和经验具有优势。而部分非医务人员对自身、对疾病、对健康知之甚少，即便有些人接触过医学和健康知识，也可能只是流于表层，不够系统，对庞大、深奥的医学知识并不能全面地把握。由此引发的知识结构差异使得医患沟通的信息基础十分薄弱。

另外，医务人员的知识结构需要与时俱进。由于传统的基础教育和医学教育不重视人文教育和实践，多年来，医务人员的人文知识明显不足，人文实践能力欠缺，不能满足现代社会广大人民群众所迫切需要的人文关爱。而随着全民受教育程度的迅速提高，特别是中青年一代所接受的人文知识教育水平提高，客观上拉开了医患双方在人文知识方面的差距。

（三）权利分配上的差异

医生的权利主要是独立自主的诊断，调查疾病，医学处置，出具相关医学证明，选择合理的医疗、预防、保健方案等。在诊疗过程中，医生有权对上述内容进行决策。患者或其亲属可以参与协商、提出要求，但不能干预和代替医生根据科学作出的决定，更不允许用强迫或威胁的手段使医生接受不合理的要求。此外，医生还有特殊干涉权利，即医务人员在特殊情况下（如患有意识丧失、精神病、有自杀倾向或传染病等），医生为了患者利益、为了他人和社会的利益，有权对患者自主权进行干预和限制。

　　患者的权利如下：基本医疗权、疾病认知权、知情同意权、平等权、保护隐私权、免除一定社会负责权、要求医疗赔偿权等。患者的权利从表面上看，得到法律、社会以及医务人员的充分肯定。但事实上，患者的这些权利基本属于被动性权利，其权利的实现，依赖于医生对患者权利的认识和尊重。所以，医患权利分配上的差异可能造成医患双方难以平等沟通。

（四）医患信息不对称

　　医患信息不对称是医患沟通产生障碍的主要原因之一。所谓医患信息，主要分四个方面：权利分配、社会支持、医学知识与技术、患者身心状况。

　　权利分配上，医者占据主导地位。经过医患沟通，医者会意识到权利分配反差对医者自身是非常不利的。在法治化的社会环境下，医者占据主导地位不仅会使医者背负起不该承担的医疗风险和责任，还会削弱医者的社会支持。所以，应保障医患双方应得的权利，使医患权利相对平衡。

　　医学知识与技术上，因为生命复杂、医学深奥、技术多样，医者应该起主导作用。同时，医者也应清醒地认识到，患者越了解医学知识和技术就越理解医者，就越能支持和配合医者的医疗行为。因此，医者需要更加重视医患沟通，以更多的途径和方法使患者及社会人群学习、认识医学知识与技术，缩小这种知识鸿沟，拉近医患距离。

　　患者身心状况方面，医学实践证明，医务人员越及时掌握患者足够的综合信息，就越能快速有效地治愈疾病。考虑到患者身心状况不可能被医者全部掌握，或患者对自己的了解多于医者，为使医护对患者身心状况掌握程度达到平衡，以便有效地沟通，医者应尽可能多地了解患者的相关信息。

　　综上，在权利分配和医学知识与技术方面，医务人员处于优势，患者处于劣势；但在社会支持和患者身心状况方面却是患者占绝对优势，医者处于劣势。任何事物都在向一种平衡状态运动，医患信息亦是如此。社会中医患信息不平衡的现实，经过良好的医患沟通后可以达到相对平衡的理想状态。因此，建议医务人员从思想观念上的差异、知识结构上的差异、权利分配上的差异和医患信息不对称四个层面，促进医患之间的信息平衡，具体如图 2-1 所示。

　　理解医患沟通障碍的诱因，有助于有效开展医患沟通，进而提升医疗服务的质量。医患之间的有效沟通可以提高诊疗效果、缓和医患矛盾，对个人及社会产生积极的影响。

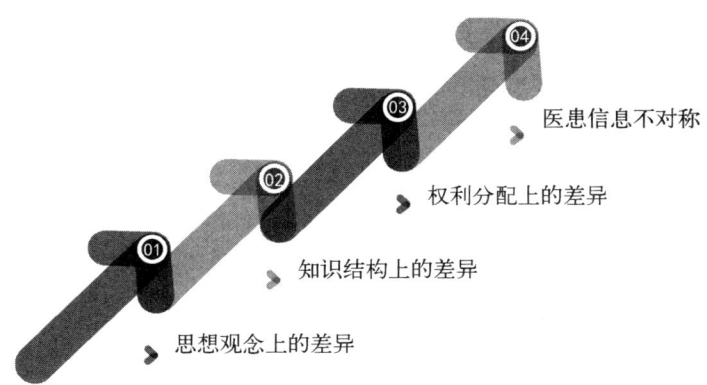

医患信息不对称

权利分配上的差异

知识结构上的差异

思想观念上的差异

图 2-1　缓解医患沟通障碍的步骤

二、医患沟通障碍的影响因素

医患沟通障碍的影响因素可以从多个方面分析,如医生的自身性格、沟通能力和综合技能水平,患者的文化程度、理解能力和个人性格,社会制度对医疗行为的干扰,媒体报道的科学程度。综合起来医患沟通障碍的形成机制主要表现在患者层面、医者层面、医疗环境层面、社会和制度层面。

（一）患者因素对医患沟通的影响

患者因素是指在医患沟通中,来自患者自身的个人性格、心理状态、文化背景等因素,这些因素会对沟通过程和结果产生影响。患者因素可能会影响患者对医生的理解和信任程度、治疗依从性及医患之间的情感交流,因而了解并有效应对这些患方因素对医患沟通至关重要。

1. 文化背景与教育水平

（1）文化背景。

不同文化背景带来的语言差异、价值观差异和传统习俗差异等,可能导致医患双方在交流中出现误解或矛盾。医生需要针对患者的文化背景,采用适当的语言和方式进行沟通,尊重患者的文化差异,建立跨文化沟通意识。

（2）教育水平。

患者的教育水平直接影响他们对医学信息的理解和接受程度。教育水平较低的患者可能难以理解复杂的医学术语和治疗方案,因此,医生需要用简单明了的语言传达医疗信息,确保患者能够正确理解并遵循医嘱。

2. 个人性格与心理状态

（1）个人性格。

每位患者都是独立的个体,有些患者性格开朗,可能非常配合诊疗活动,容易与医生建立良好的信任关系;而有些患者可能更加内向或焦虑,需要医生给予更多的耐心和理解。医生应该针对每位患者的个人性格特点,调整自己的沟通方式,使患者积极参与。

（2）心理状态。

患者的心理状态对医患沟通有着显著影响。例如,焦虑、恐惧、抑郁等负面情绪可能使患者产生防御心理,难以理解和接受医生输出的信息。在与这类患者进行沟通时,医生应展现出关心和支持,耐心倾听他们的情感表达,尽量减轻他们的心理负担。

3. 健康意识与维权意识

（1）健康意识。

随着社会的进步与国家法律的不断完善,患者在追求疾病诊治结果的同时,维权意识和自我保护意识也越来越强。除了对医务人员的技术水平有更高的要求,患者对其职业道德和服务质量也提出新的标准。

（2）维权意识。

当医务人员侵犯患者权利时,患者根据实际情况可采取协商、调解、诉讼等方式进行维权。但需要注意的是,不恰当的维权也在一定程度上限制了医务人员与患者的坦诚交流,影响良好医患关系的形成与发展。

4. 疾病认知及社会支持

（1）疾病认知。

医学知识掌握程度的不对等性导致大多数患者在医患沟通过程中处于被动地位。患者在沟通过程中,接收信息时需要对医务人员发来的信息进行"解码",反馈信息时需要对信息重新"编码"。这时,患者的判断和思维能力对于沟通信息的"解码"与"编码"具有很大的影响,同样的词语对于不同人可能具有不同的含义。为了克服认知方面的问题,医务人员需要通过直接提问和回顾沟通内容等方式减少沟通中因认知能力限制而产生的问题。患者的家庭背景、经济条件、受教育程度及社会地位等差异均可能影响其沟通中的认知能力。因此,医务人员在进行医患沟通时,必须针对不同的患者采用不同的表述方式。尤其是对于受教育程度较低的患者,医务人员应减少使用专业术语,采用易理解的语言进行沟通,以免产生沟通不畅的情况。对于口吃者、智力障碍者、聋哑人等弱势群体,由于他们的语言能力或思维能力有限,沟通比较困难。此时,医务人员可以和他们的家人交谈,通过家属协助完成治疗。

（2）社会支持。

患者身边的社会支持系统也会影响医患沟通。有亲友陪同的患者可能更加安心,更容易与医生沟通,而独自面对疾病的患者可能更需要医生的关怀和支持。医生应主动了解患者是否有亲友陪同,以及他们对社会支持的需求。对于社会支持不佳的患者,医务人员应重点关注,通过有效的沟通,给予患者充分的人文关怀,更好地满足患者的心理与健康需求。

（二）医者因素对医患沟通的影响

医者因素是指在医患沟通中,医生自身的知识、技能、心理、职业道德等因素,对沟通过程和结果产生影响。医生通常在医患沟通中扮演着主导角色,他们的态度、行为和沟通方式直接影响着患者对医疗信息的理解与接受,以及医患之间的信任程度。

1. 知识水平和沟通技巧

（1）知识水平。

医生对疾病的了解程度和对专业技能的熟练程度对医患沟通至关重要。但是,医生很难全面了解每个患者与疾病相关的所有状况,更不可能将病情相关的内容全面地告知患方。故而建议医生能够展现出专业的知识水平,以通俗易懂的方式向患者解释疾病的原因、治疗方法和可能的风险,避免引起患者的困惑,使其更容易信任医生。

（2）沟通技巧。

医生的沟通技巧是影响医患沟通的重要因素之一。良好的沟通技巧包括积极倾听、清晰表达、简洁明了地解释医学术语,以及与患者建立良好的情感联系。有效的沟通技巧能够帮助患者更好地理解疾病和治疗方案,增强他们对医生的信任感,促进治疗依从性。

医学的服务对象是人,医学本身蕴涵着深厚的人文精神,医学与人文融为一体才能更有效地为人类服务。医学人文精神强调尊重患者的情感世界,尊重患者意愿,注重培养与提高医务人员的人文精神,使医务人员能在诊疗过程中对患者饱含同理心、关怀与关爱,在医患沟通中敏锐地觉察和尊重患者的心理感受,根据患方的情绪和心理反应,运用不同的语言和非语言的沟通方式使患者获得精神、心理的慰藉,从而提高医患沟通的效果。

2. 情绪管理和时间管理

（1）情绪管理。

医生的情绪状态也会对医患沟通产生影响。医生可能在工作中面对各种复杂情况和患者的痛苦,如果情绪不能得到有效管理,可能会影响到医患之间的交流。因此,医生需要学会控制情绪,保持冷静和专业,以便更好地与患者沟通,不给患者增加负担。

（2）时间管理。

医生在繁忙的医疗环境中往往面临时间管理压力，可能导致沟通不充分。给予患者充足的时间，倾听他们的问题、担忧和需求，这是建立良好医患关系的重要基础。医生应该学会合理规划时间，与患者进行有效沟通，耐心回答他们的问题，让患者感到被重视。

3. 倾听共情和职业道德

（1）倾听共情。

医生在沟通中的倾听和共情能力对建立良好的医患关系至关重要。倾听意味着积极关注患者的需求和感受，不轻易打断患者的表达。医生共情则是理解并感受患者的情感，表达对患者的理解和支持。这样的行为能让患者感受到尊重和关心，加强医患之间的连接与沟通。

（2）职业道德。

医生的职业道德和职业操守在医患沟通中具有重要意义。遵循职业操守，不携带个人情绪和偏见进行沟通，以及保护患者的隐私和权益，这些是医生在医患沟通中的合格表现。

（三）医疗环境因素对医患沟通的影响

医疗环境是指医院或诊所等医疗机构中的物理环境、组织文化和医疗服务设施等方面的因素，医疗环境对医患沟通有着直接或间接的影响，一个舒适、整洁、安静的医疗环境可以让患者感到放心和安心，促进医患有效沟通。

1. 医疗设施和设备

医疗设施和设备的现代化程度直接影响着医患沟通能否顺利进行。设施和设备的先进性可以提高医生诊断的准确性或治疗效果，增强患者对医生的信任感。同时，现代化的医疗设施也有助于提供更加舒适的就诊体验，减少患者的紧张和不安情绪，利于医患沟通的有效进行。较长的等候时间可能会使患者感到不耐烦，影响其对医生的评价和沟通效果。因此，医院应该减少患者的等候时间，提供舒适的候诊环境，改善就诊体验，助力医患有效沟通。

2. 医院文化和信息共享机制

医院文化会影响医患沟通的效果，一个注重患者体验、尊重患者权益的医院文化氛围，有助于建立良好的医患关系。相反，如果医院存在不和谐的工作氛围或不尊重患者的现象，医生对患者的态度不友好，患者就难以得到满意的医疗服务。

医患之间的信息共享对于医患沟通至关重要。如果医院提供便捷、及时的信息共享机制，患者就能轻松获取医学知识和诊疗方案的相关信息，从而增加患者对医生的信任，提高治疗依从性。而信息不对称或信息难以获取可能导致患者对医疗过程的不信任,影响医患之间的沟通和合作。

3. 患者隐私安全

保护患者的隐私安全是医院应该重视的方面。在医患沟通中,如果患者感到自己的隐私安全受到尊重,将更放心地与医生分享病情和症状。医生也应该在沟通过程中维护患者的隐私权,避免在公共场合讨论患者的个人信息,以免造成患者的不适和不满情绪。

(四)社会和制度因素对医患沟通的影响

社会和制度因素是指在医患沟通中,来自社会环境和医疗制度方面的影响因素。这些因素涉及医疗资源分配、医疗政策和法规、医疗保险和医疗费用、舆论引导等。了解并认识这些社会和制度因素对医患沟通的影响,可以帮助医务人员更好地应对挑战,提高医患沟通质量。

1. 医疗资源分配

医疗资源的紧张会导致医疗资源供需不平衡,出现如医生有限时间内挂号患者过多,号源不足等问题,促使医生不得不再次加号,致使其精力和时间分配严重不足。但医学模式的转变及患者权利的保障又要求医生对患者身体、心理、行为等各个方面进行综合考察。这就形成了医患供需矛盾。医疗机构管理者需不断充实和更新管理理念,及时将先进的管理手段应用到医疗机构发展过程中,并善于总结经验。医疗机构管理层应坚持依法治理、科学管理的工作原则,将构建和谐医患关系当作重要任务。

医疗资源的分配不均可能导致不同地区的医疗条件和服务质量存在差异。一些地区可能医疗资源丰富,患者容易获得及时有效的医疗服务,而一些地区则医疗资源匮乏,患者面临就医难的问题。这种不均衡的医疗资源分配可能导致患者对医疗服务的满意度产生差异,影响医患之间的沟通。

2. 医疗政策和法规

社会的医疗政策和法规对医生的行为和医疗服务提供方式有一定的约束和规范作用。医生在医疗实践中需要遵循相关政策和法规。这可能影响到医患沟通的方式和程度,例如,医生可能需要按照相关规定进行信息披露和征得知情同意,在此过程中需要与患者或其亲属进行充分的沟通。

3. 医疗保险和医疗费用

社会的医疗保险制度和医疗费用政策对患者的医疗选择和就医行为产生影响。如果患者没有足够的医疗保险或经济负担较重,这可能会影响他们对医疗服务的选择和对治疗方案的接受程度。医生也可能受到医疗保险和费用问题的限制,影响沟通的深度和治疗计划的制订。这些都会影响治疗决策与沟通。

4. 舆论导向

公正的舆论导向对于良好医患关系的构建十分重要。非公正的舆论不仅助长了个别患者的非理性行为,也影响人们对医疗行业的评价。虚假或不准确的医疗信息在媒体和社交网络上广泛传播,导致患者对医疗知识存在误解或产生焦虑。医院应该在观念、职能、人员、信息等方面积极应对,主动与媒体及时沟通,引导他们积极正面地报道医院信息。此外,医院还应通过媒体积极地进行医学知识的普及与健康教育。医务人员需要通过适当的渠道,及时发布准确的医疗信息,提升公众对医学知识的认知水平,避免错误信息对医患沟通的干扰,增强医患之间的信任感,让患者更好地配合医生进行治疗。

总之,医患沟通障碍的形成包括患者因素对医患沟通的影响、医者因素对医患沟通的影响、医疗环境因素对医患沟通的影响、社会和制度因素对医患沟通的影响四个方面。

三、医患沟通障碍的分类

（一）按程度和后果分类

1. 医患误解

医患误解指由于医务人员与患者及其亲属在某方面的信息沟通不畅,或对患者的医疗和服务有不周到之处,或是因患方因素未达成有效沟通,但没有不良后果,仅使患者及其亲属有一些不满情绪,产生误解,并在小范围内进行议论等。医务人员一般感觉不到这种情况的发生,是最轻微的医患沟通障碍。如医务人员的态度不热情、与患者及其亲属接触较少、不愿回答患方问题、医疗费用交代不清、后勤服务不良。尽管这些是最小的沟通障碍,却是普遍存在的现象,值得引起医院管理者重视。

2. 医患分歧

医患分歧指由于医务人员与患方某些信息沟通不到位,或对患者的医疗及服务有明显的欠缺,虽未造成明显身体损害,但给患方造成不良心理刺激,使患者及其亲属较为不满,并容易在公开场合下表现出来,如医务人员服务态度冷漠、训斥患者或其亲属、检查或治疗未征求患者及其亲属意见、侵犯隐私、交代病情不清、诊断或治疗不足引发患者额外支出。医患分歧具有一定的普遍性,此类风险,建议引起医院及科室或病区重视,积极进行医患沟通,争取内部解决,提升医患信任。

3. 医患矛盾

医患矛盾指由于医务人员与患方就某些重要信息沟通不良,或对患者的医疗及服务有明显的不足或意外,造成患者身体或心理产生一定损害,且科室处理不妥;或因医患分歧没有认真处理和管控,引发事态复杂化等,使得患者及其亲属强烈不满,投诉到医院相关部门,并在院内产生一定影响。如治疗方案设计不足、轻微医疗意外、医院内其他意外事件、严重的费用分歧、与患者或其亲属争吵。医患矛盾虽是少数,但处理不善,很容易形成医患纠纷。

4. 医患纠纷

医患纠纷是指医疗机构及其医务人员与患者及其亲属之间围绕诊疗护理服务而发生的各种争议和分歧。这种纠纷不仅包括医患双方基于医疗过错争议而产生的医疗纠纷,也包含与医疗过错无关的其他纠纷,如因患方拒不缴纳医疗费用、对治疗效果不满意等而引起的纠纷。医患纠纷是民事纠纷在医疗服务领域中的特殊体现。

5. 医患冲突

医患冲突是由于医务人员或医疗机构与患方在处理医患矛盾中有较大分歧,未能妥善解决,患方强烈不满,回避投诉途径,而采取非正当的方法要求医院给予赔偿或处理当事人,如冲砸围堵医疗机构、暴力伤害医务人员。

（二）按医疗过程分类

1. 诊断失察

诊断失察指医生在询问病史、体格检查及实验室检查等诊断过程中,未遵守诊断学基本标准和要求,明显忽视重要信息,从而导致诊断不准确或错误。如某年轻女性下腹疼痛,漏问其停经史,导致宫外孕误诊;又如某患者较长时间发热、贫血、乏力,体检时未进行心脏听诊,导致亚急性细菌性心内膜炎误诊。

2. 治疗失误

治疗失误指由于医务人员未掌握患者病情变化和医疗条件改变等信息,实施了不当或错误的治疗方案,致使者治疗无效,或产生不良反应、身心损害,甚至死亡等。如医生未发现某患者出现菌群失调表现,而继续使用既定医嘱的广谱抗生素,使者发生严重的霉菌感染;又如护士对持续一周注射青霉素的患者,在改用新批号青霉素时,未进行皮试,导致过敏性休克。

3. 知情缺失

知情缺失指医务人员在医疗全程中,忽视患方的知情同意权,未告知或未及时告知患者病情、治疗方案、风险程度、预后情况及医疗费用等信息。例如,某女性患者行阑尾切除术时,医生发现该患者右侧卵巢囊肿,未通知患者即将其切除,引发纠纷。不尊重患者及其亲属知情同意权的行为本身就会引发医患矛盾,如果由此造成患者不良后果,其医患纠纷或医患冲突的可能性将会明显增大。

4. 服务欠缺

服务欠缺指医务人员在服务过程中，由于种种人为因素，给患者及其亲属带来不便或困难，甚至造成损害。如服务态度、供暖供冷、院内通行、餐饮供应及环境卫生等环节容易出现的问题。虽然是服务及管理环节的问题，但同样会造成医患沟通障碍。

5. 处置不当

处置不当指医务人员在发生上述的沟通障碍时，未能与患者及其亲属进行良好的沟通，造成患者及其亲属不满情绪加重，使医患间的沟通障碍升级。如医生推卸责任，或对患者诉求置之不理，甚至和患方发生争执。另外，出现医患沟通障碍后，不按规定及时上报给领导和有关部门是错误行为。

第二节 医患沟通的功能

一、提高临床诊断能力

在临床诊疗过程中，诊断技能是临床医学的精髓部分。正确的诊断是有效诊疗疾病最关键的环节，它决定着医疗行为能否治愈疾病、恢复患者健康。一个较为完整、科学的临床诊断思维程序需要获取患者足够多的疾病相关信息，并把这些信息经过特定的思维方式加工、整理及排序，再结合一定实验室检查结果进行分析和验证，最后得出诊断结论。

医生需要的患者信息分为三类：第一类是病史和个人相关（生活和职业等）信息，这需要医生有正确的医学观和良好的沟通能力；第二类是体格检查信息，这同样需要医生有正确的医学观和良好的沟通能力，还要具备较强的体格检查技能；第三类是实验室检查信息，这需要医生具有一定的临床思维能力和临床经验。在这三类信息中，前两类属医生沟通能力类，其重要程度和获取难度相对较高。第三类实验室检查信息与患者病情直接关联，其结论一般是较为准确的技术信息，相对而言，其较前两类更易获得。要获取前两类足够多的信息，医生除需要掌握较强的语言和行为的沟通技能，更需要有较强烈的医患沟通意识。

近年来，一些医生在诊疗工作中，过分依赖高科技的实验室诊断技术，忽视或轻视最基本的诊断技能，即采集病史和体格检查的技能。医生忽视依靠医患沟通获取患者的相关信息，过度依靠实验室检查结果，就直接下诊断结论，这样容易出现错诊、误诊或漏诊。错诊、误诊和漏诊均可能导致医疗差错或医疗事故。从一定程度上说,医患沟通能力是临床思维能力的重要组成部分,临床思维能力的增强有赖于医患沟通能力的提高,医务人员提高医患沟通能力就是提高临床诊疗能力,这有助于减少错诊、误诊或漏诊风险。

二、增强医学治疗效果

长期从事临床工作的医务人员都有这样的体会:依从性好的患者能积极配合治疗工作,康复的概率更大,出现并发症的概率更小,这就是医患沟通参与治疗的结果,是医务人员积极的语言和行为沟通产生的良性反应。患者和亲属信任医务人员,就必然会积极地配合治疗。

人对语言、行为及环境等信息产生的良性心理效应会促进良性生理反应。实验证明,中枢神经系统、内分泌系统等与免疫系统间存在着复杂的反馈调节关系,有学者因此提出了心理神经免疫学的概念。

心理神经免疫基本机制是,当人接收到的是积极的认知评价时,良性情绪的内脏活动刺激大脑产生增强免疫系统的神经肽-激素组合,并构成神经-内分泌-免疫良性反馈调节运行机制,使机体活力增加,免疫力强化,趋向并保持健康的身心状态;当人接收到或转换到的是消极的认知评价时,恶性情绪的内脏活动刺激大脑产生削弱免疫系统的神经肽-激素组合,并使神经-内分泌-免疫反馈调节运行紊乱,机体活力抑制,免疫力降低,转入亚健康状态或疾病状态。

由此启示,医务人员要发挥特有的职业优势,高度重视医患沟通,以多种途径和方法对患者进行必要的医学与健康教育,施以积极信息的鼓励和暗示,使患者趋向健康状态。

三、促进医患关系融洽

为什么良好的医患沟通能够促进融洽的医患关系,使医患双方建立信任合作的互利双赢关系?从心理学和社会学的角度分析其机制,可以从以下五方面看到其必然性。

(一)沟通使医患形成共同认知

达成共识是医患沟通最重要的一步。所谓医患间的共同认知,就是围绕疾病诊断、治疗方案、康复预后、技术条件、医疗费用、服务质量、伦理情感、法律规则等内容,医患之间应形成共同的看法、认识及态度。这为医患之间进行有效沟通构建了较扎实的理解与信任的关系基础,这是医患双方理性合作的基石。

（二）沟通使医患相互包容

大部分患者及其亲属是理性的，当医患双方有了基本的共同认知后，就会对对方产生较大的心理包容度，常常会包容、接受对方的缺点和过失。事实证明，沟通越密切，心理包容度越大。

（三）沟通使医患产生情感

当医患密切交往接触后，医患双方很容易产生情感。疾病诊疗过程中，医者帮助患者驱除病痛，对患者表现出职业关爱后，患者对医者容易先产生信任、依从等正面情感，并表现较明显。医患间的情感性质可以被归为友情，医患建立友情后，不论对诊疗效果还是对解决医患纠纷都十分有益。

（四）沟通使医患互相尊重

获得尊重是人的高级需要，患者因疾病成为社会的弱势者，更迫切需要尊重；医者为保障医疗活动顺利推进也强烈需要获得患者、亲属及社会的尊重。建立良好的沟通后，双方的思想、情感及行为互被接纳，互相满足尊重的需要，医患关系更加融洽，医患沟通更加顺畅。

（五）沟通使医患共同受益

医患双方的利益点各有不同，但医患双方获取利益的方法和途径却是高度一致的，即治愈伤病、康复身心。只有使患者治愈伤病，恢复健康，医患双方才能真正得到各自的利益。

四、推进医学模式现代化

实现现代医学模式，就是要在传统生物医学模式的基础上，把心理因素和社会因素有机地融入诊疗疾病的过程中。这不仅要用药物、手术等方法，还要利用语言、行为、环境等因素进行心理治疗或调适。此外，对疾病的诊疗还要参与到社会生活的相关方面，要将治疗、预防、保健、康复四位一体，形成立体化的大医学格局，而不仅仅是临床（生物）医学一个侧面。现代医学模式已经从不同侧面说明了实现生物-心理-社会医学模式的途径。

显然，这是一个庞大的系统工程，需要用系统思维来设计、构造一个全社会共同参与的医学体系。这个系统实际上可以分为核心系统和周围系统两大部分。核心系统，即指挥系统，它以医学学科、生命学科及相关学科为科学理论支撑，以医疗卫生机构、政府管理部门、医学教育机构与相关专业和职业人员组成分工协作为网络体系，发挥组织、管理和协调的作用。而周围系统，则是由全社会的人群组成，发挥宣传、反馈、优化的作用。医患沟通是联系这两大系统的桥梁。医方工作的成效取决于发动、组织、教育、管理的效率。所以，医方应该将医患有效沟通作为临床工作中最重要的思维方式和行为准则,积极渗入社会发展的各个层面,不回避各种社会矛盾,主动、真诚地与社会各方全面沟通,努力完善自身,树立更好的社会形象。只有这样才能更有效调动患者的主观能动性,战胜伤病;才能更有效调动全社会的力量,推进现代医学模式的实现。

第三节　医患沟通的原则

医患沟通不同于一般的人际沟通,其目的在于提高诊疗的准确性,使医生和患者成为紧密合作的伙伴关系,并促进疾病的治疗与患者的康复。有效的医患沟通应遵循以下原则。

一、平等与尊重原则

平等是人际交往中的重要原则。医患关系作为一种特殊的人际关系,同样需遵循平等原则。

医学具有极强的道德属性,医乃仁术,历来医务人员也常常以"仁者"自居,这就使医患关系表现为一种道德关系。医务人员以自己的专业知识和技术去帮助和救治那些身体和精神上处于痛苦之中的患者,而患者出于对医务人员的信任将自己的身体情况和精神情况毫无保留地告知医务人员,以获得救治。这种医患关系基于相互平等。医务人员应该平等地对待患者,不因患者的地位、相貌和财富有亲疏区别,应该意识到患者是与医务人员平等的个体,有了人格意义上的平等,医患沟通的基础才能得以存在,才有可能进行有效的沟通。

除了道德方面,医患之间还存在着法律意义上的平等关系。作为民事法律关系,医患关系是医疗机构与患者及其亲属之间因诊疗护理行为而产生的权利义务关系,其性质是一种平等主体之间的合同关系,其内容是患者承担支付诊疗服务的义务,享有接受诊疗服务的权利;卫生单位有收取诊疗服务费用的权利,承担提供诊疗服务的义务。医患之间的契约关系性质,决定着医患之间是平等的。医务人员必须具有相应的法律意识,自觉履行义务,认识到医患关系在法律层面的平等性。

将平等原则贯彻到医患沟通中,其主要的表现就是尊重患者。医务人员需要认识到医患双方都有自由表达心中意念的权利,人们的想法都值得被重视。尊重主要是态度的问题,哪怕不擅于言辞,尊重也可以用非语言的方式表达出来。医务人员在口语表达中,说话要尽量平和,不带情绪,让对方愿意去听,态度要诚恳,要懂得换位思考,尽量用通俗语言,多采用征求式询问等;在非口语表达中,可以在与患者谈话的时候注视对方,让对方知道是在对他谈话,保持微笑,以热情和真诚去打动人。只有尊重患者,对患者一视同仁,不卑不亢,才能建立平等的医患沟通基础。

二、理解与宽容原则

人与人交往时,难免会产生矛盾和分歧,在这个时候最需要的是相互的理解和宽容。在医患沟通中,理解与宽容也是非常重要的。理解是一个主动过程,作为医务人员首先要理解患者的难处。患者身体处于病痛之中,情绪压抑和焦躁,渴望得到救治和有价值的信息,如果就诊时医务人员态度冷淡,患者就很难对医务人员产生信任和好感。

医务人员要真正理解患者,首先就是要对患者具有同情心。对患者的同情心是对患者理解的前提,而同情心的产生来自对患者处境的感同身受。患者的感受主要有以下几点,需要医务人员把握:第一,患者对健康的渴望非常强烈,在这种心理的驱使下,希望得到名医救治,希望疗效能够立竿见影,希望能够尽快恢复健康,特别是危重患者,这种心理尤其强烈。第二,部分患者存在角色认同困难。有的患者不能接受自己患病的事实,总感叹命运多舛;有的患者到了医院里,产生"在家千日好,出门万事难"的感叹;有的患者工作繁忙,突然脱离原来的生活节奏,失落感油然而生。如此种种,都需要医务人员的理解和宽容。第三,患病后,心理上往往变得脆弱,不安全感增加,病痛折磨让人心力交瘁,活动也受到限制,与人交往也相对减少,对他人的依赖感明显增加。心理上的脆弱使患者希望家人能够陪伴在身边并安慰自己,如果疾病较重,患者思想负担也较重,担心自己成为家人的累赘,害怕自己受人鄙视和嫌弃。如果患有传染性疾病,尽管他人以正常的心态对待他们,他们也会揣测别人心理。疾病中的心理是复杂而多变的,只有理解了患者的心理,才能在沟通中保持同情心,作出对患者有利的决策,并且与其进行有效的沟通。

在理解患者的基础上,医务人员要学会宽容患者的种种行为。宽容是人与人相处中的一种重要美德,是允许别人自由行动或判断,耐心而毫无偏见地容忍与自己不一致的意见。医患沟通往往并不如预想的那么顺畅,有的患者希望得到关于自己病情和治疗方案及预后的详细信息,但是在临床实践中,多数患者认为医生给予的信息过于简单,"惜字如金",在这种情况下,患者就会心生不满。再如,在很多情况下,医生虽然已经给出了详细的解释,但是由于患者心理和情绪等原因,信息易被遗忘,特别是一些文化程度不高的患者,对医学术语难以准确理解,这在一定程度上阻碍了医患有效沟通。还有一种普遍的情形,就是在医患沟通中,医务人员往往起到主导作用,这可能限制患者的主动性,患者会感觉压抑,并失去与医务人员交流沟通的积极性,使医务人员不能及时获取患者信息。以上这些因素都会影响医患沟通的效果,也会让医务人员产生消极心理。这就要求,医务人员在临床实践中必须对患者的不合理行为、语言有深层次的理解和宽容。当患者的意见与医务人员不一致,或者当患者的行为与医务人员预期的相左时,医务人员要理解患者的心态,以宽容的态度去处理问题,适时选择更为合适的沟通方式与患者进行沟通,切勿以简单粗暴的方式处理。

三、依法与知情同意原则

医患关系是一种法律关系,医务人员在与患者沟通时,必须要有法律意识,遵守现行的法律法规,明确医患双方在医疗过程中的权利和义务,并且尊重患者的权利和义务,双方在法律层面上进行沟通和交流。同时,医务人员需要注意的是,医患沟通中的知情权和选择权是患者的基本权利。

知情同意原则是现代医疗实践中十分重要的伦理原则,它能充分保障患者权益,也是医患沟通中的必要程序。知情同意的基本内容是,临床医生在为患者作出诊断后,必须向患者提供诊断结论、治疗决策、病情预后及诊治费用等方面真实、充分的信息,尤其是诊疗方案的性质、作用、依据、损伤、风险、不可预测的意外和其他可供选择的诊疗方案及其利弊等信息,使患者或其亲属经过深思熟虑后自主作出选择,并以相应方式表达其接受或拒绝此种诊疗方案的意愿和承诺;医院在得到患方明确承诺后,才可最终确定和实施由其确认的诊治方案。

知情同意原则是医疗工作顺利进行的基础,患者的同意是医疗工作顺利进行的关键,如何让患者及其亲属理解并同意诊疗方案是沟通的重点和难点。医务人员需要告知患者关于病情的现状、发展等因素的信息,让患者及其亲属在充分知情的情况下同意,不能暗示或误导患者及其亲属在知情同意书上签名。

知情同意原则是为了尊重患者的自主权,鼓励医患双方共同理性决策,协作配合,分担责任。在临床中要真正实现知情同意原则,医务人员不但需要耐心、细致、负责、充分地告知和解释有关病情和治疗方案的信息,而且要通过良好的沟通技巧,使患者理解这些信息,并作出合理的判断和决策。有的医务人员在沟通中擅自为患者做主;有的医务人员告知不充分、不坦诚,应告知的信息未予以及时告知,以致发生不良后果;有的医务人员渲染治疗风险,给患者带来不必要的心理负担;甚至有的医务人员对知情同意原则的宗旨理解有偏差,把知情同意原则作为逃避责任的保护伞,问题出现后以风险告知为由拒绝承担责任,这些都是不正确的。

在实践中,医务人员执行知情同意原则必须使患者或其亲属完全知情并有效同意。完全知情是指确保患者已了解必需的所有医学信息,即通过完整充分的介绍和说明,医务人员对患者的询问作出必要回答和解释,使患者全面了解诊治决策的利与弊,为合理选择奠定真实可靠的基础。有效同意是指患者在完全知情后,自主、自愿、理性地作出负责任的承诺。这种承诺需要满足的条件是:患者具备自由选择的权利、表达承诺的权利、作出正确判断的理解能力、作出理性选择的知识水平。还应该强调的是,患者有权随时收回、终止和要求改变其承诺,有效同意还应遵循特定程序、签订书面协议并保存备查,例如,手术治疗实施前必须请患者或其亲属签写手术协议书和知情同意书。需要注意的是,知情同意程序不能成为医务人员推卸责任的手段和凭据,某一诊治虽经患者或其亲属知情同意,但医务人员因行为过错而造成对患者的伤害,仍要承担相应的道德责任或法律责任。

四、明确目标与区分对象原则

医患沟通作为一种特殊形式的人际沟通,具有明确的目的性,是通过"沟通"来解决医疗实践中的问题,帮助患者疾病康复和促进医学发展。

医患沟通的目标之一是医学事实和医学知识的沟通。患者来到医院就是希望得到专业的诊断和治疗,但是仅有这种沟通并不能完全达到医患沟通目的。医患沟通的目标之二则是有关医学知识和医学价值的沟通。第一,医患沟通是为了增进医患了解。医务人员要主动和患者沟通,设身处地为患者着想,指导并帮助患者解决现实中的困难。同时,让患者理解医疗活动的性质、目前面临的困难,让患者了解医院、理解医务人员。第二,医患沟通是为了协调医患关系。医务人员应该在这个过程中起主导作用,有效的医患沟通就是改善医患关系的重要途径。要使医患沟通真正发挥效力,心诚是基础,技巧是关键,外界正确的引导是润滑剂。第三,医患沟通是为了解决理念冲突。在现实生活中,医务人员和患者都习惯于站在自己的角度看问题,很少能够做到换位思考,医患沟通的一个重要目的就是把疾病的真实情况、合理的诊疗方案或治疗理念传达给患者或其亲属,尽可能达成共识,化解双方的理念冲突。第四,医患沟通是为了化解医患矛盾。医患关系是一种特殊的关系,有效的医患沟通可以缓解或化解某些医患矛盾。在临床实践中,要明确沟通的两个目标,将其有机结合起来,才能成为真正有效的医患沟通。

在明确医患沟通目标的基础上,在具体的医患沟通情景中应贯彻区分对象原则,即对每一位患者的具体问题具体分析。每一位患者都有自己的特点,所患的疾病也不尽相同,所以每一次医患沟通都是一次全新的经历。根据患者的性别、年龄、既往病史等,医务人员应该适当采取不同的沟通方式和技巧。如在接诊婴儿时,医务人员应该言语柔和,动作轻巧,不时与患儿家长交谈,以了解病情;而在接诊学龄前儿童时,医务人员问诊的话语、检查的动作都要适合儿童的特点,切不可疾言厉色,加剧患儿就诊的恐惧感;在与中年人沟通时,要给予充分的尊重理解,一视同仁,热忱地与他们交流沟通;而与老年人沟通时,要称呼得当,细心周到,语气平缓,表达简短具体,便于理解记忆;在与妇女沟通时,要特别注意保护患者的隐私,站在女性角度考虑。而面对不同疾病的患者,医务人员也要注意沟通技巧。比如在面对重症患者时要摸清患者的心理和思想状况,在与患者沟通中有意识地进行疏导,鼓励患者积极对待疾病,增强与疾病作斗争的毅力;在与传染病患者沟通时,要主动介绍关于治疗和预防传染病的知识,并且要向其亲属宣传传染病防护知识,说服患者亲属与患者保持合理的接触距离,拓宽患者的社交空间。在面对患者的个体因素时,医务人员也要注意沟通技巧。有的患者不善言辞,有的患者身份特殊,有的患者唠叨,有的患者文化水平较低,有的患者心理焦虑、抑郁,有的患者充满愤怒和敌意,医务人员要具体问题具体分析,区分每一位患者,采取适当的方式沟通,才能取得良好的沟通效果。

总之,医务人员面对的是各式各样的患者,这就要求在交流沟通中因人施治,这不仅是现代医学模式的要求,也是人文关怀的需要。

课后思考

1. 医患沟通障碍的诱因和分类有哪些?
2. 医患沟通的功能和基本原则有哪些?

第三章 医患沟通的分类

🏥 学习目标

1. 掌握医患沟通的形式分类和过程分类。
2. 熟悉书面语言沟通的作用和注意事项。
3. 了解医患沟通早期、中期和后期三阶段的具体内容。

第一节 医患沟通的形式分类

医患沟通时，双方的语言、表情、动作姿态等，都在向对方传递着信息、情感和态度。由于媒介具有多样性，医患沟通也就有多样性。

一、书面语言沟通

书面语言沟通是指借助文字、图表等进行的沟通。虽然书面语言沟通的使用频率不如口头语言沟通高，但它传播的信息量最大。国际传播协会的调查研究表明，通过书面形式传递的信息量高于面对面交流和电话交流。书面语言沟通是医患沟通中非常重要的部分，可以帮助患者更好地理解自己的健康状况和治疗方案，也可以减少患方的误解和焦虑。强调医疗服务过程中的书面语言沟通，既是对医患双方义务的重视，也是对医患双方权利的保护。

（一）书面语言沟通的特点

1. 书面语言沟通的优势

相比口头语言沟通，书面语言沟通具有准确可信、有形有据、可重复使用、便于保存核对等优势。书面语言可以准确、完整地记录交流的内容,不再依赖人的记忆或口头转述,减少了信息传递过程中的错漏。书面记录可以长期保存,为历史研究、法律诉讼等提供了重要的证据支持,便于人们追溯过去、了解真相。书面记录的内容通过对比分析等方法进行验证,可以作为更为客观、可靠的证据来源。

2.书面语言沟通的缺点

书面语言沟通不能立即得到对方的反馈。发送者无法立即知道接收者是否理解信息,是否有疑问或需要进一步地澄清。这可能导致误解或延误问题的解决。而且,由于书面语言的局限性和个体差异(如理解力、文化背景等),在传达复杂的情感、微妙的语气或隐含的意图时,存在较大难度。

(二)书面语言沟通的文件

书面语言沟通的文件包括病历、知情同意书、医患沟通记录单等。

(1)病历。

病历是医务人员对问诊、查体、辅助检查、诊断、治疗、护理等医疗活动获取的有关资料进行归纳、分析、整理形成的临床医疗工作的全面记录。病历是具有法律效力的医疗文件,是商业保险理赔的根据,也是医疗付费和医疗鉴定的依据。病历内容丰富,包括患者的主诉、病史、体检、诊断、治疗、护理等医疗活动所获得的资料,也记录医师对病情的分析,诊断、治疗、护理的过程,对预后的评估,以及各级医师查房和会诊的意见。病历一般分为住院病历和门(急)诊病历。住院病历内容包括住院病案首页(如图3-1所示)、入院记录、病程记录、手术知情同意书、麻醉同意书、输血治疗知情同意书、特殊检查(特殊治疗)同意书、病危(重)通知书、医嘱单、辅助检查报告单、体温单、医学影像检查资料、病理资料等。门(急)诊病历内容包括门(急)诊病历首页(如图3-2所示)、病历记录、化验单(检验报告)、医学影像检查资料等。

病历书写基本规范

随着科技的进步,许多医疗院所使用电子病历系统。电子病历不仅方便医务人员记录和查询患者信息,还提高了病历的书写质量和管理效率。同时,电子病历也为医疗数据的分析和挖掘提供了便利,有助于推动医学科学研究的进步和医疗服务质量的提升。

电子病历应用管理规范(试行)

(2)知情同意书。

凡在临床诊治过程中,需行手术治疗、特殊检查、特殊治疗、实验性临床医疗和医疗美容的患者,医务人员应对其履行告知义务,并详尽填写知情同意书。知情同意书必须经患者或其授权人、法定代理人签字,以及医师签全名才有效。知情同意书一式两份,医患双方各执一份。由患者授权人或其法定代理人签字,应

医疗机构＿＿＿＿＿＿＿＿＿ （组织机构代码：＿＿＿＿＿＿＿ ）

住 院 病 案 首 页

医疗付费方式：□
健康卡号：＿＿＿＿＿＿＿＿　第＿次住院　　　　　病案号：＿＿＿＿＿＿

姓名＿＿＿＿＿ 性别 □ 1.男 2.女　出生日期＿＿年＿月＿日　年龄＿＿ 国籍＿＿
（年龄不足1周岁的）年龄＿＿月　新生儿出生体重＿＿＿克　新生儿入院体重＿＿克
出生地＿＿＿＿省（区、市）＿＿＿市＿＿县　籍贯＿＿＿省（区、市）＿＿市　民族＿＿
身份证号＿＿＿＿＿＿＿＿＿＿＿职业＿＿＿＿＿＿　婚姻 □ 1.未婚 3.已婚 3.丧偶 4.离婚 9.其他
现住址＿＿＿＿＿省（区、市）＿＿市＿＿县　电话＿＿＿＿＿＿　邮编＿＿＿＿
户口地址＿＿＿＿省（区、市）＿＿市＿＿县　　　　　　　　　邮编＿＿＿＿
工作单位及地址＿＿＿＿＿＿＿＿＿＿＿＿＿＿单位电话＿＿＿＿＿　邮编＿＿＿＿
联系人姓名＿＿＿＿＿ 关系＿＿＿＿ 地址＿＿＿＿＿＿＿　电话＿＿＿＿＿
入院途径 □ 1.急诊 2.门诊 3.其他医疗机构转入 9.其他
入院时间＿＿＿＿年＿月＿日＿时　入院科别＿＿＿ 病房＿＿＿　转科科别＿＿＿
出院时间＿＿＿＿年＿月＿日＿时　出院科别＿＿＿ 病房＿＿＿　实际住院＿＿＿天
门（急）诊诊断＿＿＿＿＿＿＿＿＿＿＿＿＿　疾病编码＿＿＿＿＿＿＿

出院诊断	疾病编码	入院病情	出院诊断	疾病编码	入院病情
主要诊断：			其他诊断：		
其他诊断：					

入院病情：1.有，2.临床未确定，3.情况不明，4.无
损伤、中毒的外部原因＿＿＿＿＿＿＿＿＿＿＿＿　疾病编码＿＿＿＿＿
病理诊断＿＿＿＿＿＿＿＿＿＿＿＿＿＿　疾病编码＿＿＿＿＿
　　　　　　　　　　　　　　　　　　　　病理号＿＿＿＿＿
药物过敏 □1.无 2.有，过敏药物：＿＿＿＿＿＿＿　死亡患者尸检 □ 1.是　2.否
血型 □ 1.A 2.B 3.0 4.AB 5.不详 6.未查　Rh □ 1.阴 2.阳 3.不详 4.未查
科主任＿＿＿＿　主任（副主任）医师＿＿＿＿　主治医师＿＿＿＿　住院医师＿＿＿＿
责任护士＿＿＿＿　进修医师＿＿＿＿　实习医师＿＿＿＿　编码员＿＿＿＿
病案质量 □ 1.甲 2.乙 3.丙　质控医师＿＿＿＿　质控护士＿＿＿＿　质控日期＿＿年＿＿月

图 3-1 住院病案首页

门 诊 病 历

ID号：＿＿＿＿＿　科室：＿＿＿＿　　　　费别：＿＿＿＿
姓名：＿＿＿＿　性别：＿＿＿＿　年龄：＿＿＿　住院号：＿＿＿＿

主诉：浅表淋巴结肿大2年
过去史：无
家族史：无
过敏史：无
现病史：浅表淋巴结肿大2年。今日血常规：白细胞10.12*10^9/L、血红蛋白152g/1、血小板175*10^9, L。浅表淋巴结超声：1.双侧颈部淋巴结肿大（可见点彩状血流信号）。2.双侧腋窝、腹股沟及颏下淋巴结可见。腹部超声：未见异常。
体检：双侧颈部淋巴结肿大。
诊断：浅表淋巴结肿大
建议：随诊

　　　　　　　　　　　　　　医生：＿＿＿＿　日期：＿＿＿＿

处置：
　　血常规分析（门诊）
　　血液细胞学检测
　　腹部彩超（含肝.胆.胰.脾.双肾）
　　颈部、腋窝、腹股沟彩超
　　腹腔及腹膜后淋巴结彩超

　　　　　　　　　　　　　　医生：＿＿＿＿　日期：＿＿＿＿

图 3-2 门诊病历首页

提供授权委托书。知情同意书确保患者在充分了解医疗行为相关信息的基础上自愿做出选择，维护了患者的知情同意权。通过签署知情同意书，医患双方对医疗行为的内容、风险及可能后果有了明确认知，有助于减少医疗纠纷。知情同意书是医疗机构履行告知义务、患者有效知晓相关医疗情况的证明，也是医患双方关于诊疗方案的重要沟通方式。在签署知情同意书之前，医生应向患者或其法定代理人详细解释其中的内容，确保患者或其法定代理人充分理解。患者或其法定代理人在充分了解医疗行为相关信息的基础上，自愿做出同意的决定。由患者或其法定代理人签署知情同意书，并注明日期。对于无能力表达同意的受试者（如儿童、老年痴呆患者等），医方应取得其法定监护人的同意及签名并注明日期。

知情同意书一般包括手术知情同意书（如图 3－3 所示）、麻醉同意书、输血治疗知情同意书、特殊检查及特殊治疗同意书。手术知情同意书是指术前，经治医师向患者告知拟施手术的相关情况，并由患者签署是否同意手术的医学文书。手术知情同意书的内容包括术前诊断、手术名称、术中或术后可能出现的并发症、手术风险、患者签署意见并签名、经治医师和术者签名等。麻醉同意书是指

腹腔镜手术知情同意书

姓名：性别：年龄：科室：病区：床号：住院号：

患者家属须知：

腹腔镜是一种新兴的微创手术，它通过腹壁1～4个0.5～1.0cm的穿刺孔，置入腹腔镜及各种手术器械，并采用先进的电凝、激光等技术，进行类似开腹手术相同的手术过程。腹腔镜手术具有诸多优点，如同时兼有诊断和治疗作用、手术创伤小、恢复快等优点。由于目前医学科技水平的局限，尚难完全杜绝病人在手术过程中及术后发生意外和并发症，这些并发症包括：

一、术中并发症：

1. 麻醉意外（心脏、呼吸骤停、脑卒中、瘫痪等）。
2. 腹腔内血管损伤、难以控制的出血、渗血危及生命。
3. 因解剖变异等原因造成腹腔脏器损伤（肠管、膀胱、输尿管等）。
4. 制造气腹时可能发生CO_2气体血管栓塞、气胸、皮下气肿、高碳酸血症等。
5. 因诊断不明而手术，但仍然达不到预期的诊断或治疗目的。
6. 手术过程中发现其他病变更换或增加手术，也可能无法进行预期的手术。

二、术后并发症：

7. 术后发生穿刺口或切口出血、感染、创口液化、愈合不良。
8. 术后发生心、肺、肝、肾等重要器官功能衰竭、脑梗塞、深部静脉血栓等。
9. 术后感染主要有菌血症、败血症、腹腔内感染、泌尿系统感染、肺不张、肺炎。
10. 术后喉咙不适、声音嘶哑、肩膀酸痛、腹涨等。
11. 肿瘤等疾病复发。
12. 病员年迈或合并有心血管、肺、脑、肝、肾、糖尿病等手术的危险性增加，上述并发症的发生率也明显升高。
13. 可能发生目前医学科学不能解释和解决的意外。
14. 当发生严重并发症或发现病变难以在腹腔镜下进行手术时随时可能进行开腹手术。
15. 其他：

因医师在术前无法肯定该患者术中术后是否会发生上述情况，希望患者及家属能正确理解。积极配合医生治疗。

以上　　　　　　条，医生已向我详细说明，我能理解，虽有以上风险，但我仍然同意手术，签字为证。

患者或代理人签署意见：　　　　　　医师签字：

签名日期：　　　　　　签名日期：

注：将告知条款序号写在□中，空□请填写×。

图 3－3　手术知情同意书

麻醉前,麻醉医师向患者告知拟施麻醉的相关情况,并由患者签署是否同意麻醉意见的医学文书。输血治疗知情同意书是输血前,经治医师向患者告知输血的相关情况,并由患者签署是否同意输血的医学文书。特殊检查、特殊治疗同意书是指在实施特殊检查、特殊治疗前,经治医师向患者告知特殊检查、特殊治疗的相关情况,并由患者签署是否同意检查、治疗的医学文书。

（3）医患沟通记录单。

医患沟通记录单指医疗机构用于记录医患之间沟通内容的文件,包括患者病情、诊疗方案、风险告知、注意事项等内容。医患沟通记录单是在医患之间进行面对面沟通时使用的重要工具。它记录了医生和患者在诊疗过程中的对话内容,有助于医生更好地了解患者的病情,预测可能出现的并发症,同时构建与患者之间的信任关系。根据病情和治疗情况,一般每一份病历中应有3次以上有实质内容的沟通记录。常见的医患沟通记录单包括入院首次医患沟通记录单、住院期间医患沟通记录单(如图3-4所示)、手术后医患沟通记录单、出院前医患沟通记录单。

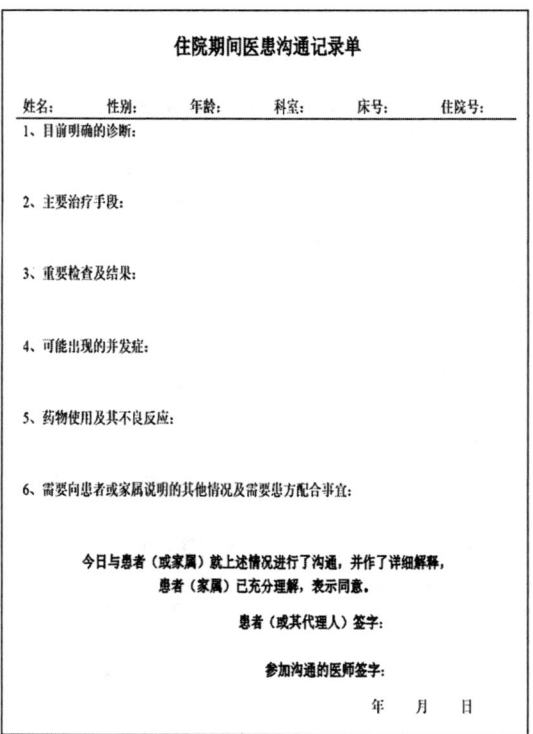

住院期间医患沟通记录单

姓名: 性别: 年龄: 科室: 床号: 住院号:

1、目前明确的诊断:

2、主要治疗手段:

3、重要检查及结果:

4、可能出现的并发症:

5、药物使用及其不良反应:

6、需要向患者或家属说明的其他情况及需要患方配合事宜:

今日与患者(或家属)就上述情况进行了沟通,并作了详细解释,患者(家属)已充分理解,表示同意。

患者(或其代理人)签字:

参加沟通的医师签字:

年 月 日

图3-4 住院期间医患沟通记录单

医患沟通记录单要记录医生对患者的初步诊断结果及诊断依据,确保患者或其亲属对病情有初步了解;要详细描述患者当前的病情状况及病程发展阶段,帮助患者或其亲属对病情有全面的认识;要列出初步治疗方案及后续治疗计划,如药物治疗、手术治疗、放化疗等具体措施。同时,医患沟通记录单要明确检查方案,以便及时评估治疗效果;要详细说明治疗过程中可能出现的风险及药物不良反应,让患者或其亲属对治疗有充分的心理准备;要列出患者及其亲属在治疗过程中需要配合的具体事项,如日常生活注意事项、治疗配合要求等,确保治疗顺利进行。患者需要了解的其他情况也需要列出,如费用估算等信息,确保医患双方对治疗方案及风险有共同的认识和理解。沟通记录的内容要着重记录沟通的时间、地点,参加沟通的医务人员、患者及其亲属的姓名,沟通的实际内容、结果。在记录的结尾处必须请患者或其亲属签署意见并签名,最后由参加沟通的医务人员签名。

（三）书面语言沟通的作用

1. 交流作用

书面语言沟通能够准确、清晰地传递信息,避免口头语言沟通中可能出现的误解和遗漏。通过书面记录,信息可以长期保存,便于随时查阅和回顾。书面语言沟通通常具有正式性,适用于正式场合和正式关系的交流。书面语言沟通可以向多人传递相同的信息,避免重复沟通,提高工作效率。接收者可以根据自己的时间安排阅读信息,不受时间限制。书面语言沟通要求发送者更加谨慎地选择词汇和表达方式,这有助于促进深入思考。接收者在阅读过程中也可以对信息进行反复推敲,确保理解准确。医务人员通过病历、护理记录等文件的书写,为不同班次的医务人员提供有关患者的基本资料,不受时间限制地了解患者的情况和需要,保持医疗护理工作的连续性和完整性,协调配合地完成健康服务工作。

2. 司法作用

书面语言沟通可以作为法律依据,具有权威性和可追溯性。书面语言沟通能够确保信息的准确性和清晰性。在司法工作中,任何信息的误解都可能导致法律适用的偏差,影响司法公正。书面语言沟通的内容在法律程序中可以作为证据使用,有助于法官或仲裁员更全面地了解案情,做出公正裁决。同时,书面语言沟通的内容也可以作为其他证据的补充,增强证据的说服力。书面语言沟通有助于实现司法透明度和公正性。通过书面方式向当事人、律师等相关方传达案件信息、法律适用等,让公众更加了解司法过程,增强对司法裁决的信任度。此外,书面语言沟通还可以确保所有相关方都能平等地获取案件信息,避免信息不对称导致的司法不公。出现医疗事故和纠纷时,病历、知情同意书、医患沟通记录单等原始资料是法庭认可的客观证据。

除此之外,书面语言沟通还具有教育作用、评价作用、资料统计分析作用等。

（四）书面语言沟通的原则

1. 正确书写

病历书写错误可能导致医疗过程中的误解和疏漏,影响患者的治疗效果和安全性。正确的病历书写能够减少医疗差错和事故,提高医疗质量和安全性,保障患者的健康和生命安全。

2. 简洁表述

提倡简洁的信息表达,避免冗长和无关紧要的细节,以降低误解信息的可能性。简洁的表述有助于医患双方更快地抓住重点,提高沟通效率。

3. 清晰表达

在书面语言沟通中,应明确沟通的目的和意图,使用易于理解的语言和表达方式,确保信息传达的准确性和有效性。对于择期手术的患者,主管麻醉医生需要术前一天访视患者,认真履行麻醉前沟通、告知义务,并请患者签署知情同意书。麻醉同意书的内容应清晰说明麻醉原理和麻醉风险。在口语表达中,某些句子成分(主语、宾语等)的省略比较多见。在病历书写时,护士、医生、患者、亲属等作为行为主体而被省略不写的情况较为普遍,很容易造成行为主体不明等错误,因此在医患沟通中要注意表述清晰完整。

【案例 3 - 1】

住院治疗医患沟通记录单

［案例概述］

诊断:腰椎间盘突出症、下肢深静脉血栓(DVT)形成、双膝骨关节炎。

内容:患者,老年女性,现考虑诊断如上,告知患者在院治疗过程中腰部疼痛短期内可能进一步加重,有创治疗时皮下出血等情况,告知患者宜平卧硬板床休息,保持正确姿势,平稳心态,坚持治疗。

医师已将上述内容详细告知,本人和亲属表示充分理解,并签字。

［案例分析］

医患沟通记录单是医疗过程中医患沟通的重要书面记录,旨在确保患者及其亲属充分了解病情、治疗方案、风险及预后等信息,并促进医患之间的理解和信任。医患沟通记录单应写明初步诊断、病情状况及病程阶段、治疗方案、治疗风险及药物副作用、需要患者及其亲属配合的事宜、患者需要了解的其他情况、沟通结果等。

　　该案例中医患沟通记录单内容简单，未告知患方治疗方案及治疗方案风险，未写明既往病史有无可能导致治疗时出现基础疾病加重、有无治疗后出现严重并发症等，患者是否真正理解，是否表示同意，是否愿意承担风险等内容不足。

　　[沟通建议]

　　患者老年女性，因"腰痛 10 余年，加重半年，双下肢肿胀 2 年"入院。入院考虑诊断：① 腰椎间盘突出症；② 双下肢深静脉血栓形成；③ 双膝骨关节炎。

　　目前患者病情平稳，拟给予治疗方案如下：① 电脑中频（腰部）一天两次，作用：缓解腰部疼痛，放松肌肉；注意：防止烫伤及触电。② 腰部推拿一天两次，作用：减轻腰背痛，恢复小关节正常序列，增加腰部活动；注意：防止软组织损伤。③ ×××2 片，口服一天两次；作用：保护血管内膜，减少血栓风险；注意：需定时复查肝肾功能，并观察药物过敏情况，如出现瘙痒、风团、皮肤疱疹等需即刻停药，转专科处理。

　　患者有下肢深静脉血栓病史，治疗期间可能再次出现 DVT 形成，如出现 DVT，则需要进行专科治疗，同时注意防范血栓脱落风险。如出现血栓脱落，可能导致肺栓塞、脑栓塞等全身多脏器栓塞，致功能衰竭，危及生命。

　　患者病情稳定，无其他并发症情况下，每日治疗费用约 200 元。经康复治疗及健康教育后，腰椎间盘突出症无法治愈，但可缓解症状，减少复发；深静脉血栓形成无法治愈，血管内膜损伤长期存在，有进一步形成其他血栓可能；双膝骨关节炎无法治愈，但可减轻双膝关节疼痛，增加膝关节活动度。

　　医师已详细向患者交代上述病情、治疗方式、相关并发症、治疗效果、费用、预后等情况，患者和亲属表示理解，并愿意配合治疗，已签字。

二、口头语言沟通

　　语言是交流的工具，是构建和谐医患关系的重要载体。医务人员需运用语言艺术，达到有效交流的目的，使患者能积极配合治疗，早日恢复健康。医学之父希波克拉底曾说："医生有三大法宝，即语言、药物和手术刀。"将非技术性的语言放在首位，足见语言沟通能力的重要性。中医诊断疾病的"望、闻、问、切"中，"问"是语言沟通精练且经典的概括。唐代著名医学家孙思邈指出："未诊先问,最为有准。"语言沟通能力对防范医疗纠纷和促进医患关系和谐均起着关键的作用。良好的语言表达技巧,能营造和谐的医患关系,达到更好的诊疗效果。

医患之间的口头语言沟通,通常是指借助口头语言进行的疾病信息传递和情感交流,如诊断或治疗过程中的病情询问、检查结果解释、行为或心理指导、疑惑解答等。

（一）口头语言沟通的特点

人们最经常采用的信息传递方式就是口头语言沟通,包括开会、面谈、电话、讨论等形式。它的优点是应用广泛、交流迅速,可直接得到反馈。它的缺点是事后无据,容易被遗忘,比如一个信息经过多人传递之后,容易发生歪曲。

（二）口头语言沟通的原则

1. 尊重原则

尊重原则是指在医患沟通中,医务人员应尊重患者的人格尊严和权利,包括患者的隐私权、自主权和知情权。这一原则体现了对患者作为独立个体的认可与尊重,是构建和谐医患关系的基础。尊重原则的重要性在于它能够增强患者的信任感和满意度,从而提高医疗服务的整体质量。尊重原则具体表现在以下几个方面:

（1）尊重人格尊严。

医务人员应以平等的态度对待患者,避免使用歧视性或贬低性的语言。在沟通过程中,医务人员应保持礼貌、耐心和同理心,关注患者的感受和需求。

（2）尊重隐私权。

医务人员应严格遵守医疗保密原则,未经患者同意,不得泄露患者的个人信息和病情。在讨论病情时,医务人员应注意环境私密性,避免在公共场合或无关人员面前提及患者隐私。

（3）尊重自主权。

医务人员应充分告知患者病情、治疗方案和可能的预后,尊重患者的选择权。在制订治疗方案时,医务人员应考虑患者的意愿和偏好,提供个性化的医疗服务。

（4）尊重知情权。

医务人员应以通俗易懂的方式向患者解释病情和治疗方案,确保患者充分理解。对于患者提出的疑问和担忧,医务人员应给予耐心解答和安慰。

2. 真诚原则

真诚原则要求医务人员在医患沟通中,要对患者坦诚相待,不隐瞒实情,不误导患者,以真诚的态度表达自己的关心和意愿。这一原则强调沟通中的透明度和可信度,是医患沟通得以延续和深化的保证。真诚原则的具体表现在以下几个方面：

（1）如实告知病情。

医务人员应如实告知患者的病情、治疗方案和可能的预后，避免隐瞒或误导患者。对于病情的严重程度和治疗的风险等，应以客观、科学的态度进行说明。

（2）表达关心与同情。

医务人员在沟通中应真诚地表达对患者的关心和同情，关注患者的感受和需求。通过语言、表情和肢体动作等方式，传递出对患者的温暖和支持。

（3）承认错误并道歉。

当医务人员出现错误或不足时，应及时承认并真诚道歉。这种态度能够赢得患者的理解和宽容，避免进一步激化矛盾。

真诚是建立医患信任的基础。当医务人员以真诚的态度与患者沟通时，患者更容易感受到被重视和关心，从而建立起对医务人员的信任。医务人员应不断提升职业素养，树立真诚服务的理念，以真诚的态度对待每一位患者，学习并掌握有效的沟通技巧，更好地传达真诚的态度和情感。

3. 共情原则

共情，又称为同理心，是指医务人员在与患者沟通时，能够设身处地地理解患者的感受、需求和处境，从而更加准确地把握患者的心理动态和情感变化。这一原则强调医务人员在沟通中的情感投入和理解能力，是实现有效医患沟通的关键。

医务人员应耐心倾听患者的陈述和诉求，表达对患者的理解和关注。在倾听过程中，医务人员应避免打断患者，给予患者充分的时间表达自己想法和感受，尝试站在患者的角度思考问题，感受患者的情绪和需求。通过情感共鸣，医务人员能够更深入地理解患者的内心世界，从而更好地为患者提供支持和帮助。通过言语和行为向患者表达关心和支持。可以是一个温暖的眼神、一个鼓励的微笑、一句贴心的问候或者是一个轻轻的拥抱。这些细微的举动都能够让患者感受到医务人员的真诚和关怀。

通过共情，医务人员能够更准确地把握患者的需求和问题，有针对性地提供解决方案。这不仅能够提高沟通效率，还能避免误解和冲突。医疗机构应加强对医务人员共情能力的培训和教育，提高医务人员的情感认知能力和沟通技巧。通过培训和教育，医务人员能更加深入地理解共情原则的重要性，并在实践中灵活运用。

（三）口头语言沟通的技巧

1. 注意倾听

在医患交流中，倾听往往更重要。听的过程，既是获取患者有关信息的过程,又是对这些信息进行归纳、总结的过程。倾听时,医务人员应与患者有一定的目光接触,而不能一边做其他事一边听。倾听是让患者表达自己思想感情的过程,还可以起到消除其心理紧张的作用。

2. 体会患者的感受

患者谈到的许多感受,都是个体性的,医务人员如不能很好体会,容易导致理解的偏差。因此,在交谈中医务人员应学会换位思考,从患者的角度去理解、体会患者的感受,做到"同感"。这样会促进医患双方的情感交流,加强医患沟通的效果。

3. 抓住主要问题

医务人员在交谈中应思考患者讲述的主要问题和问题的症结,并理解患者表达中的感情色彩、心理倾向等弦外之音。医务人员应结合交谈目的和提纲,抓住主要问题作深入的了解,以节省时间,提高沟通效率。

4. 善用问句,引导话题

医务人员在与患者沟通时,应善用问句,引导话题,以便抓住核心问题。但在提问时切忌打断患者的讲述,而应在恰当的时机,比如患者谈话的间隙,礼貌地提出问题,引导话题。

5. 恰当回应

根据谈话的内容和情景,医务人员可用点头、微笑、重复患者的表述等方式来回应患者。医务人员及时和恰当的回应可以起到鼓励患者交谈的作用,是交谈顺利进行的保障。

【案例 3 - 2】

语言沟通技巧的临床实践

[案例概述]

患者冯女士,因腹部包块住院,经过内镜、实验室检查和小肠 CT 造影等检查明确诊断为克罗恩病。患者询问经治医师:"该病的治疗预后怎样?"经治医师简单地回答:"这病难治,容易复发,看不好了"。患者就此痛哭了一场,也不再愿意配合经治医师进行治疗。

病区主任了解这一情况后,跟患者再次进行了深入的沟通,详尽介绍了克罗恩病的发病机制、临床特点、治疗方案,尤其是介绍了病症缓解的成功病例,增强了患者信心,患者从此主动配合经治医师,接受相应的治疗。这就说明,不同的沟通内容与方式会产生不同的效果。

[案例分析]

每位患者都希望遇到一位能真正关心自己的医生。医务人员应该满足患者需要的人文关爱,并且运用合适的语言与患者沟通,这在疾病的诊疗过程中尤为重要。经治医师具有较为丰富的临床实践经验,对于相关疾病也有较为深入的理解,而患者对自身疾病往往一无所知,即使有所了解,也难以全面认知和把握。因此,经治医师在介绍病情时的沟通技巧至关重要,如果不注意沟通技巧,则可能导致医患沟通障碍。

三、肢体语言沟通

肢体语言沟通,是指通过人体各部位的协调活动来传达信息、表达情感的一种沟通方式。

美国心理学家阿尔伯特·梅拉宾的研究发现,沟通的总效应中,7%来自语言内容,38%来自听觉(语调、语气、语速),55%来自视觉(肢体语言和表情),即梅拉宾法则。它揭示了在面对面沟通中,语言内容、听觉和视觉是如何共同作用传达信息的。在临床沟通中,医生说话时的表情、肢体动作,对患者接收信息的影响不容忽视,医生也要具备对患者肢体语言的理解能力,肢体语言沟通贯穿于医患沟通的全过程。

(一)肢体语言沟通的特点

1. 普遍性

在人类社会生活中,几乎每个人从小就自觉或不自觉地学会了肢体语言沟通的能力。据考证,肢体语言沟通在语言符号产生之前就已成为人们最重要的沟通方式。随着人们实践活动的发展、社会的进步和人际交往范围的扩大,人们的肢体语言沟通能力也不断得到丰富和发展。由于各国文化的不同,这种肢体语言表达方式有所不同。与各国各民族所语言相比,肢体语言沟通更具普遍性。例如,国际舞蹈节邀请了许多国家的舞蹈家共同演出,他们的语言各不相同,但舞蹈可以跨越语言障碍进行交流。

2. 民族性

不同的民族有不同的文化传统和风俗习惯,这决定了肢体语言沟通在普遍性之中的民族性和特殊性。例如,在欧洲一些国家,亲吻是一种礼节,是一种友好热情的表示,但国人往往不太习惯,而更习惯以握手的方式表达友好。

3. 直观性

肢体语言沟通具有高度的直观性。这种直观性使得沟通更为迅速和直接，尤其在某些特定情境下，肢体语言能够比有声语言更准确地传达信息，如对患儿的鼓励时，抚摸头部以示鼓励，可能比语言鼓励更直接。

4. 跨情境适用性

肢体语言具有跨情境的适用性。无论是在正式场合还是非正式场合，肢体语言都能够发挥其沟通作用。在某些情境下，如小儿护理、特殊教育等领域，由于沟通对象的特殊性，肢体语言甚至成为主要的沟通方式。

（二）肢体语言沟通的作用

1. 补充和强调言语信息

肢体动作能够补充言语所无法完全传达的细节，使沟通更加完整和准确。例如，在描述一个复杂概念时，手势可以形象地展示其结构和特点，帮助听众更好地理解。通过特定的肢体动作，如重音手势、眼神聚焦等可以强调沟通中的关键信息，使听众更加关注这些重点内容。

2. 增强情感表达

肢体语言是情感表达的重要载体，能够直观地传递喜悦、悲伤、愤怒、惊讶等情绪。例如，一个微笑可以迅速传达友好和愉悦的情感，增强交流的亲和力。通过观察对方的肢体语言，可以更加准确地感知对方的情感状态，从而在情感上产生共鸣，共鸣有助于建立更加紧密和深入的人际关系。

3. 提升沟通效果

生动的肢体语言能够吸引听众的注意力，使人们更加专注于当前的交流内容。例如，在演讲中，演讲者通过适当的手势和面部表情可以吸引听众的兴趣，提高听众参与度。有力的肢体动作能够增强说服力。例如，在谈判或辩论中，坚定的眼神和自信的姿态可以传达出说话者的决心和实力，增加其观点的可信度。

4. 实现跨文化和无障碍沟通

尽管存在文化差异，但许多基本的肢体语言在不同文化中具有相似的意义。因此，在跨文化交流中，肢体语言沟通可以成为有效的沟通方式，帮助人们跨越语言和文化的障碍进行交流。对于聋哑人士等特殊群体来说，肢体语言沟通是主要的交流方式。通过手势、面部表情和身体动作等非言语方式，实现无障碍沟通，表达想法和情感。

（三）肢体语言沟通的内容

1. 面部表情

面部表情是指通过眼部肌肉、颜面肌肉和口部肌肉的变化来表现各种情绪状态。艺术家们往往会通过对人物面部表情的描绘,表现人物内心的情绪和情感,栩栩如生地展现人物的精神风貌。

(1)面部表情的构成。

① 眼睛:眼睛是心灵的窗户,能够最直接、最完整、最深刻、最丰富地表现人的精神状态和内心活动。在与患者交流时,医务人员应和患者有恰当的眼神交流,用眼睛表达理解和爱心,让患者及其家属能从中看到尊重、鼓励和信心。

② 眉毛:眉间的肌肉变化能够表达人的情感变化。柳眉倒竖表示愤怒,横眉冷对表示敌意,挤眉弄眼表示戏谑,低眉顺眼表示顺从,扬眉吐气表示畅快,眉头舒展表示宽慰,喜上眉梢表示愉悦。

③ 嘴部:嘴部表情主要体现在口形变化上。伤心时嘴角下撇,欢快时嘴角提升,委屈时撅起嘴巴,惊讶时张口结舌,愤恨时咬牙切齿,忍耐痛苦时咬住下唇。

④ 鼻子:厌恶时耸起鼻子,轻蔑时嗤之以鼻,愤怒时鼻孔张大、鼻翼抖动,紧张时鼻腔收缩、屏息敛气。

(2)病容。

病容,即患者的气色,是指由于疾病或身体不适导致人的面部出现的特定表情或脸色变化。这种气色变化往往能够反映出患者的病情轻重。病容的类型多种多样,每种病容都对应着不同的疾病或身体状况。如一些特定面容:二尖瓣面容呈现面色晦暗、双颊紫红、口唇轻度发绀,常见于风湿性心脏病二尖瓣狭窄患者;甲状腺功能亢进面容表现为表情惊愕、眼裂增宽、眼球突出、瞬目减少、兴奋不安。

随着人工智能的发展,面部表情识别技术已应用于临床诊断。面部表情识别是指通过计算机技术和算法自动识别和分析人的表情。其原理主要基于人脸特征提取和模式识别。首先需要使用人脸检测算法来定位图像或视频中的人脸位置,并进行人脸图像的裁剪和归一化处理。其次,通过提取人脸图像中的关键特征,如眼睛、嘴巴、眉毛等区域的形状、位置和运动信息,以及皱纹、凹凸等纹理信息来表示面部表情。最后,将提取到的面部特征输入到机器学习或深度学习模型中,结合面部表情识别技术和生理参数监测,实现对人体健康状态的快速检测和预警,提高医疗效率和防范疾病。

2. 手势

手势是指人类用语言中枢建立起来的一套由手掌和手指位置、形状构成的特定语言系统,是人类最早使用的、仍被广泛运用的一种交际工具。一般情况下,手势既有处于动态之中的,也有处于静态之中的。

手势是一种表现力很强的语言,手部的动作、姿势可以直观地传递信息和情感。在医患沟通中,医生可以利用手势来辅助口头语言,使沟通更加清晰、生动。例如,当医生向患者解释病情或治疗方案时,可以通过手势来模拟身体部位或操作过程,帮助患者更好地理解。在医疗过程中,医生经常需要指示患者进行某些动作或检查。此时,手势的指示和引导作用十分重要。医生可以通过手势清晰地指示患者如何躺下、如何呼吸、如何移动身体等,确保医疗过程的顺利推进。在冬季,检查患者前医生有意地搓一搓手,或将冰冷的听诊器在手心捂一捂,这些细节往往能有效传达对患者的关怀,拉近医患关系。

3. 姿势

姿势是指身体各部位(如头颈部、躯干、上肢和下肢)之间的关系,包括了位置、体型、神经与肌肉骨骼解剖结构、静态和动态平衡等方面。姿势是人体维持和保证功能状态的空间位置,是保持身体节段间、身体与环境间适当关系的外在表现。正确的身体姿势不仅能使身体处于稳定状态,还能体现个人的形体美和精神面貌,更是评价身体生长发育的重要指标。

(1)姿势的分类。

姿势可以根据不同的标准进行分类,如静态姿势和动态姿势、自然姿势和刻意姿势。

① 静态姿势:指身体在静止状态下所保持的姿势,如站姿、坐姿、卧姿。

② 动态姿势:指身体在运动过程中所呈现的姿势,如行走、跑步、跳跃。

③ 自然姿势:指人们在日常生活中自然形成的姿势,如放松状态下的坐姿、站姿。

④ 刻意姿势:指为了特定目的而摆出的姿势,如体格检查中的姿势。

(2)姿势在医患沟通中的应用。

姿势对于人体的健康和运动表现极其重要。正确的姿势能够保护关节、韧带和肌肉,减少运动损伤的风险。特别是在高强度和重复运动中,良好的姿势可以分散压力,减轻对身体的损伤。同时,正确的姿势还有助于改善体态,显得更加挺拔、自信。此外,姿势的稳定是周围神经系统和中枢神经系统信息传入、整合、传出的结果,涉及视觉、前庭感觉、躯体感觉等多个方面。

医生通过观察患者的姿势可以初步判断其病情和可能的疾病类型。同时,在康复治疗中,姿势调整也是重要的治疗手段之一。此外,医生的专业形象在很大程度上是通过其姿势来体现。一个自信、稳重的医生,其姿势往往是端庄、大方的。这种姿势能够传递给患者一种专业、可靠的感觉,从而增强患者对医生的信任度。相反,如果医生的姿势显得随意、懒散,可能会让患者对其专业能力产生怀疑。

（四）肢体语言沟通的作用

1. 增强情感表达，建立信任

肢体语言沟通能够迅速、直观地传达情感信息，如一个友好的微笑、一个表达热情的引导手势，都能迅速拉近医患之间的距离，增强情感连接。研究发现，适当的触摸可以降低心率，减少压力激素分泌，从而帮助人们放松身心，恢复平静。这种肢体语言沟通方式能够激发人体内的催产素等激素的分泌，从而增强情感纽带，让关系更加紧密和谐。肢体语言沟通在建立信任的过程中扮演着不可或缺的角色。这种信任不仅体现在对对方行为的认可上，更体现在对对方情感的接纳与尊重上。

2. 促进深层次理解

肢体语言沟通往往伴随着眼神、表情等非言语信息的传递。这些非言语信息能够补充和强化言语内容，使沟通更加准确和深入。通过肢体语言沟通，人们可以更加直观地感受到对方的情绪与态度，更好地理解对方的意图与需求。

第二节　医患沟通的过程分类

在国外现有医患沟通模式的基础上，有学者提出了适用于我国医患沟通实践与研究的早期—中期—后期三阶段模式。三阶段模式因其结构简单明了，可操作性和普适性强，被我国医师人文医学执业技能培训体系所推荐。因此，根据三阶段模式，医患沟通可分为沟通早期、沟通中期、沟通后期。

一、沟通早期

医患沟通的早期阶段，即医生与患者接触并建立关系的初始阶段，对于整个医疗过程至关重要。医患沟通早期阶段的重要性在于建立信任基础、全面了解病情、提高治疗依从性、预防医疗纠纷、优化医疗服务体验和促进医患合作等方面。这些方面相互关联、相互促进，共同构成了医患沟通早期阶段不可或缺的组成部分。因此，医务人员应高度重视医患沟通早期阶段的工作，努力提升沟通效果和质量，以更好地满足患者的需求并提高整体医疗水平。

医患沟通的早期阶段主要包括两个任务：一是建立信任关系，二是了解患者需求。

（一）建立信任关系

医患沟通的早期阶段是建立信任关系的基石。医生通过真诚、耐心的沟通，让患者感受到医生的关怀和专业性，建立起对医生的信任感。这种信任感是后续治疗顺利进行的重要保障。

1. 接诊准备

（1）形象准备。

医生作为医疗服务的提供者，其专业形象和仪表直接影响着患者的第一印象和信任感。因此，医生应穿着整洁、得体的职业装，这不仅有助于提升患者的信任度，也有助于增强医生的自信心，体现职业素养。

（2）环境准备。

环境物品准备也是准备阶段的重要一环。医生需要确保诊室环境整洁、舒适、私密，为患者营造一个独立、安心、安静、放松的就诊氛围，避免嘈杂环境影响沟通过程中的信息传递，避免由于不相关人员在场导致患者因担心个人信息泄露而无法如实告知病情。同时，医生还需要提前准备好必要的诊疗工具和患者资料，如病历、检查报告、治疗方案等，以便在沟通过程中随时查阅和参考。这些准备工作有助于医生更加高效、准确地了解患者的病情和需求。

（3）心理准备。

在心理准备方面，医生需调整好情绪，保持积极的工作态度，专注地倾听患者陈述病情，提供充分的情感支持，并时刻保持冷静理智，应对突发情况。

2. 良好的第一印象

首因效应，也称为第一印象效应或首次效应，是指人们在与某物或某人首次接触时所形成的印象，这种印象会对后续的行为活动和评价产生重要影响。在医患关系中，首因效应同样发挥着不可忽视的作用。医生或患者在初次见面时给对方留下的印象往往深刻且持久，这种印象会在双方的脑海中占据主导地位，影响后续的交往和信任建立。首因效应不仅涉及外貌、仪表等直观因素，还包括言谈举止、专业态度、沟通技巧等方面。这些因素共同作用，形成患者或医生对对方的整体印象。医生的专业形象、整洁仪表、温和态度、耐心倾听等都会给患者留下良好的第一印象。相反，如果医生形象邋遢、态度冷漠或不耐烦，则可能使患者产生不信任感。一旦形成第一印象，后续往往难以改变。因此，医生和患者都需要在初次接触时格外注意自己的言行举止。

3. 关注患者心理状态

关注心理状态可以让患者感受到医生的关怀和尊重，忽视患者的心理状态可能导致医患沟通不畅，增加误解和冲突的风险。医生可以用如下方式主动关注患者心理状态。

（1）主动询问。

在问诊过程中，医生可以主动询问患者的心理状态，如是否有焦虑、抑郁等情绪。医生应鼓励患者表达自己的感受，给予充分的倾听和理解。

（2）重视肢体语言沟通。

医生应注意患者的肢体语言，以获取更多关于其心理状态的信息，并适时地给予患者安慰和支持，缓解其紧张情绪。

（3）提供心理支持。

根据患者的需要，医生应提供适当的心理支持，如安慰、鼓励、建议等。必要时，医生可以引导患者寻求专业的心理咨询或治疗。

（二）了解患者需求

1. 明确诊疗目的，引导患者表达

患者的诊疗目的多样且复杂，涉及诊断、治疗、预防和康复等各个方面。医生可以通过开放式问题引导患者表达自己的感受和需求。例如，"您最近感觉怎么样？"或"您对治疗有什么期望？"这样的问题可以让患者更自由地表达自己的想法和感受。

2. 重视个体差异，满足特殊需求

医生应认识到每位患者都是独一无二的个体，具有不同的文化背景、生活习惯和特殊需求。在沟通中医生应尊重患者的个体差异并采取相应的沟通策略。对于有特殊需求的患者，如老年人、儿童、残障人士等，医生应采取更具针对性的沟通方式以满足他们的特殊需求。例如，对老年人应耐心解释并重复关键信息，对儿童应使用亲切的语气和肢体语言来消除他们的紧张感。

二、沟通中期

医患沟通的中期阶段是整个沟通过程中的核心部分，它涉及医务人员与患者及其亲属之间深入的信息交流和相互理解。此阶段的沟通任务主要是收集病史、检查方案和治疗方案，讲解治疗效果，答疑，达成共识等。

（一）"五指诊断法"

"五指诊断法"是由美国著名的心内科专家哈维教授提出的一种诊断方法。沟通中期可采用该方法进行疾病和患者资料的采集，五个手指代表五种诊断方法：拇指代表病史、食指代表体格检查、中指代表心电图、无名指代表 X 线检查、小指代表实验室检查。

1. 询问病情和病史

医生应鼓励、启发患者如实、仔细地叙述病史，耐心倾听，不要随意打断患者的陈

述,避免暗示和提问过于复杂。为了解患者相关信息,如生活、工作、经济、家庭、爱好等,同时进行医患情感互动,医生应鼓励、支持、安慰患者,体谅患者的不便和病痛。

2. 告知体检部位

医生要告知患者需要体检的部位,并在体检中进行必要的问询。医生在检查前需要洗手、暖手,检查动作要轻柔,尽量避免给患者造成疼痛和不适感,并在全过程保护患者的隐私。

3. 告知实验室检查项目

针对患者需要做的实验室检查项目,医生需要简要告知患者其必要性和费用等,侵袭性的检查一定要告知不良反应或风险,必要时进行安慰。

(二)“以患者为中心”

医生在收集病史、解释病情、协商治疗方案、解答疑惑过程中要坚持“以患者为中心”,减少“以疾病为中心”,力戒“以自我为中心”。

1. 聆听与共情

在病史采集过程中,医生应更多地倾听患者的陈述和诉求,而不是仅仅传达自己的意见。通过倾听,医生可以更好地理解患者的感受和需求,从而提供更个性化的医疗服务,对患者的病痛和疾苦表示理解、同情,并予以安慰。例如,医生可以说:“我理解你的担心,我们一起想办法。”

2. 平等讨论

医生应鼓励患者充分表述,营造平等讨论的氛围,引导患者清楚表述重要问题,小心处理敏感话题,不时强调重要线索和关键问题。医患之间平等交流观点也是沟通中期的重要内容。

3. 答疑解惑

沟通中期医生主要针对病因、病情程度与性质、检查方案和治疗方案的利弊、治疗效果等内容与患者进行深度沟通。但是患者可能对其有很多疑惑,如检查是否有风险、治疗的不良反应有哪些、相关费用是多少等,医生需要有充足的耐心,并预留时间为患者答疑解惑。在此阶段结束前应询问患者是否还有什么问题或不清楚的事项。

4. 建立联系

如病情需要,医生可嘱咐患者复诊并坚持随诊,但需要告知患者复诊或随诊时间,如手术后复诊、慢性病患者随诊等。

三、沟通后期

医患沟通后期的任务是多方面的,既需要巩固沟通成果、确保治疗方案的执行与及时调整,也需要维护良好的医患关系。这些任务的完成对于提高医疗质量、改善患者就医体验具有重要意义。

(一)巩固沟通效果

在医患沟通后期阶段,医生应简要总结沟通中的关键信息,包括诊断结果、治疗方案、患者疑虑的解答等,确保双方对沟通内容达成共识。医生应询问患者是否完全理解了沟通内容,特别是治疗方案、药物使用方法、注意事项等关键信息,必要时可重复解释或提供书面材料辅助理解。

(二)执行与调整治疗方案

医生应详细指导患者执行治疗方案,包括用药时间、剂量、方法及可能出现的不良反应和应对措施等,确保患者能够正确执行治疗方案。在患者执行治疗方案的过程中,医生应定期跟踪治疗效果,评估治疗方案的有效性和患者的反应情况,必要时及时调整治疗方案。在治疗过程中,患者可能会有新的疑虑或问题,医生应及时解答,消除患者的顾虑,增强患者对治疗的信心和配合度。

(三)维护良好的医患关系

1. 保持沟通渠道畅通

医生应确保与患者的沟通渠道畅通,方便患者随时咨询和反馈治疗情况,及时解决可能出现的问题。

2. 关注患者心理状态

在医患沟通后期,医生还应关注患者的心理状态,特别是对于病情较重或治疗效果不佳的患者,应给予更多的心理支持和安慰,帮助患者建立战胜疾病的信心。

3. 促进医患关系和谐

通过有效的医患沟通,医生可以与患者建立良好的医患关系,赢得患者的信任和支持,为治疗方案的顺利执行提供有力保障。同时,良好的医患关系也有助于减少医疗纠纷的发生,维护医疗秩序的稳定。

 课后思考

1. 简述书面语言沟通在医患沟通中的重要性。
2. 简述医患沟通三阶段各自的注意事项。

第四章　医患沟通的内容与方法

学习目标

1. 了解医患沟通的具体内容。
2. 掌握医患沟通的常用方法。

第一节　医患沟通的内容

一、诊疗方案

诊疗方案的确定需要收集患者基本信息、病史信息、体格检查信息、辅助检查结果、诊断信息,以及其他相关信息。这些信息是制订科学、合理、有效的诊疗方案的基础。

（一）病史采集

病史采集在疾病的诊断、治疗和预防中具有至关重要的作用,内容主要包括既往病史、现病史、月经和生育史、家族病史等。

1. 以疾病为中心的病史采集

此方法主要聚焦于疾病本身,详细记录和分析患者的主诉、既往病史、现病史、家族病史等。其优点在于能够系统地追踪疾病的演变,为医生提供明确的诊断依据和治疗方向。然而,它可能忽视了患者的个体差异和主观感受,导致病史记录不够全面。

2. 以患者为中心的病史采集

以患者为中心的病史采集则更加注重患者的整体体验和感受。它不仅关注疾病本身,还深入了解患者的生活背景、心理状态及社会支持情况。这种方法的优点在于能够更全面地了解患者的健康状况,从而制订出更加个性化的治疗方案。但也可能因过于注重患者的主观感受,而忽略了疾病的客观指标和医学证据。

因此,病史采集不仅需以疾病为中心,还需以患者为中心,以求全面地收集疾病信息和疾病对患者造成的影响。

病史采集还需要一定的技巧。医生可以采用开放式问题引导患者详细描述自己的症状和病史,避免使用封闭式问题限制患者的回答;在采集病史过程中,医生应耐心倾听患者的叙述,不要打断患者的发言,以充分获取病史信息;当患者叙述不清或存在歧义时,医生应及时引导患者澄清以保证患者提供更准确的信息,并应详细记录患者的回答,在必要时向患者核实病史的准确性。

(二)体格检查和辅助检查

体格检查是指医生通过观察、触摸、听诊等医学手段,系统地评估患者的身体状况。辅助检查是医务人员在临床诊断和治疗过程中,为了确定病情、评估病变程度或监测疗效而进行的非侵入性或侵入性检查。在进行检查时,沟通技巧至关重要,它不仅能帮助医生获取准确信息,还能提升患者的舒适度和信任感。

1. 事先说明与征得同意

在开始检查前,医生应清晰地向患者解释即将进行的检查步骤、目的和可能出现的不适感,征得患者的明确同意。医生应使用简单易懂的语言,避免过度堆砌医学术语,确保患者充分理解。

2. 保持尊重与维护隐私

医生应尊重患者的身体自主权和个人空间,确保检查在私密环境中进行,必要时使用屏风或帘子遮挡。对于需要暴露身体部位的检查,只暴露必要区域,并尽快完成检查。

3. 温和触碰与指导

在进行触摸或操作时,医生应事先告知患者,动作应轻柔、准确,同时给予必要的指导,如"请深呼吸""稍微转身"等,让患者有所准备,减少紧张感。

4. 观察肢体语言

医生应注意患者的面部表情、肢体动作等非言语信号,这些往往能反映出患者的真实感受。医生可以适时调整检查节奏或方式,以适应患者的需要。

5. 鼓励患者参与

让患者参与到检查过程中,比如表达自己的感受、观察自己的身体状况变化等,这不仅能提高检查的准确性,还能增强患者的自我管理能力。

6. 结束时的总结与安慰

检查结束后,医生应简要总结,对于需要进一步检查的项目,说明原因及后续安排。同时,医生应给予患者正面鼓励,减轻其焦虑情绪,增强治疗信心。

（三）疾病诊断

在病史采集、体格检查、辅助检查之后,患者都希望立即得知病情和诊断结果。

医生应向患者及其亲属简要介绍诊断过程,包括所进行的检验项目及其目的。医生应详细解释诊断依据,如症状、体征、辅助检查结果等,让患者及其亲属了解诊断的科学性和准确性。医生应明确告知患者及其亲属诊断结果,包括疾病名称、分期、严重程度等。根据诊断结果,医生应提出拟行的治疗方案,并解释每套方案的目的、方法、预期效果及可能的风险。

疾病诊断的告知一般会伴随着一些不良结果。在临床上,典型的不良结果有死亡、持久的意识丧失(植物人)、可能突发生命垂危的紧急状态(需要下达病危通知书的任何情况)、短生存期的恶性肿瘤、永久性瘫痪、不可逆的脑功能损害(如脑损伤导致智力发育停滞或者痴呆)、不可逆的器官功能丧失(如必须截肢)、各类严重的躯体和精神疾病、治疗或检查操作失败等。坏消息的告知是一件令人心情沉重的事情。如果患者所患疾病属于当今医学界所不能解决的病症,医务人员应根据实际情况判断是否采取保护性医疗措施。例如,有些患者亲属因担心患者难以承受的打击,而选择向患者隐瞒真实病情,并要求医务人员隐瞒病情,使得医务人员面临法律和伦理的困境。保护性医疗是指针对特定患者,为避免对其产生不利后果而不告知或不全部告知其病情、治疗风险、疾病预后等真实信息的医疗措施。

我国保护性医疗相关规定散见于法律法规之中。在 1998 年颁布的《中华人民共和国执业医师法》第二十六条规定:"医师应当如实向患者或者其家属介绍病情,但应注意避免对患者产生不利后果。"这说明患者和患者亲属具有同等获知病情信息的权利,但是应注意告知的内容和方式,避免因告知不当对患者产生负面影响。

2021 年 1 月 1 日《中华人民共和国民法典》施行,其中第一千二百一十九条规定:"医务人员在诊疗活动中应当向患者说明病情和医疗措施。需要实施手术、特殊检查、特殊治疗的,医务人员应当及时向患者具体说明医疗风险、替代医疗方案等情况,并取得其明确同意;不能或者不宜向患者说明的,应当向患者的近亲属说明,并取得其明确同意。"该条款明确患者是病情告知的一级选项,患者亲属是次级选项。

2022 年 3 月 1 日,《中华人民共和国医师法》施行并取代《中华人民共和国执业医师法》,其第二十五条规定:"医师在诊疗活动中应当向患者说明病情、医疗措施和其他需要告知的事项。需要实施手术、特殊检查、特殊治疗的,医师应当及时向患者具体说明医疗风险、替代医疗方案等情况,并取得其明确同意;不能或者不宜向患者说明的,应当向患者的近亲属说明,并取得其明确同意。"该条款也进一步强调了患者的自主权利。

不良结果告知是一个敏感而重要的事项,需要医生采取恰当的策略来确保患者及其亲属能够理解和接受这样的信息。参考其他国家不良结果告知的方式,我国医疗不良结果的告知可根据以下几点进行。

1. 设定沟通场景

医生应确保沟通环境安静、私密,以便患者感到安全和放松。这样的环境可以促进有效的沟通和情感支持。医生应预留足够的时间进行深入沟通,避免在患者忙碌或情绪不稳定时进行告知。医生应提前回顾患者的病历资料,了解患者的病情和诊断结果,并准备好相应的解释和说明。

2. 评估患者的认知与情绪状态

医生应提前了解患者背景,包括患者的年龄、家庭、受教育水平等,以便更好地适应患者的需求和期望。医生应提前判断患者是否能够理解和接受即将告知的坏消息,了解患者是否准备好听到坏消息,以及他们可能的情绪反应。

依据患者的认知和情绪状态,科学告知患者坏消息。医生既要遵守相关法律法规,又要尊重传统习俗,根据患者的疾病性质、严重程度、心理承受能力等因素,确定坏消息告知的对象。告知对象的次序一般可分为三种:

① 先告知患者本人,让患者决定是否告知其亲属,以及由谁告知;

② 先告知其亲属,让其亲属决定是否告知患者,以及由谁告知;

③ 同时告知患者及其亲属。医生在决定告知方式前要征求患者及其亲属的意见,同时宣传好最新的法律法规,帮助患者做决定,以规避法律和伦理风险。

3. 逐步告知不良结果

医生应使用缓冲句子,如"我很抱歉地告诉你……""我知道这是难以接受的……",以减轻患者的冲击。医生应避免使用专业术语,用简单明了的词语解释病情,确保患者有充分的理解。医生应先介绍一些患者可以接受的部分,再逐步传达难以接受的信息。

4. 回应患者情绪与需求

医生应给予患者分享感受的机会,倾听他们的疑惑、担忧和恐惧,通过语言和非语言方式(如握手、拍背)表达对患者的同情和理解,并告诉患者他们不会独自面对困境，将会有整个医疗团队为他们提供支持和治疗。

5. 制订后续治疗计划

医生向患者解释可用的治疗方案和预期效果，帮助他们做出决策，确保患者在接下来的治疗过程中得到必要的支持和指导，并及时调整治疗计划。医生可以让患者参与治疗决策过程，以提高他们的治疗依从性和满意度。

6. 澄清与确认

医生应在告知后回顾本次沟通的重要信息，确保患者已经理解，可以通过让患者复述或提问来检查他们的理解程度，并告诉患者如有问题该如何联系到自己或医疗团队。

医生应该关注患者的情感需求、提供必要的信息和支持，以帮助患者更好地应对不良结果。同时，医生也应该不断学习和实践有效的沟通技巧，提高自己的沟通能力。

二、诊疗过程

在确定诊疗方案后，患者开始接受相关治疗，这是一个较为长期的过程。在诊疗过程中，医生需要向患者动态解释病情、说明诊疗流程、告知疾病预后和医疗费用等。

（一）病情解释的沟通

医生应基于患者的诊断结果和病情，准备简洁明了的解释内容。注意做到以下六点：第一，医生应使用通俗易懂的语言，避免过度使用专业术语或复杂词汇；第二，医生选择在患者情绪稳定、注意力集中的时间进行病情解释；第三，医生从患者最关心的问题入手，逐步深入解释病情，使用比喻、案例等方式帮助患者更好地理解疾病和治疗方案；第四，医生在解释诊断结果和病情过程中，密切关注患者的反应和情绪变化，根据患者的反馈，适时调整解释方式和内容；第五，医生在解释病情的同时，给予患者心理支持和安慰；第六，医生应当鼓励患者表达自己的感受和疑问，及时解答他们的疑惑。

病情解释的技巧包括使用积极的语言，尽量避免使用消极或负面的词汇，以减轻患者的心理负担；保持耐心和同理心，鼓励患者主动提问，耐心倾听患者的疑问和担忧，用同理心去理解和回应他们的情感需求；对于复杂或重要的病情信息，可以考虑提供书面材料供患者参考。

（二）诊疗流程的沟通

诊疗的流程需要留痕。检查的次序和利弊、选用药物的依据、手术的必要性，这些都需要向患者及其亲属阐述清楚，必要时还需要记录并征得患方签字。

需要特别指出的是,由于交通事故或治安案件等意外损伤的患者,其病情危急,且损伤部位难以立即明确,需要进一步检查确认,同时,患者在检查过程中容易出现生命危险。此时,医务人员应立即给予救治,同时与患者亲属或监护人进行沟通,沟通时要语言简明,切中要点,明确告知亲属或监护人可能会面临的危险及后果,其他相关利弊也要明确告知,并做好沟通记录。如果患者亲属或监护人做出决定,医务人员要及时签字确认,以免以后发生不必要的纠纷。

(三)疾病预后的沟通

医疗结果具有不确定性,正是由于这种不确定性,临床工作难以做到万无一失。随着医疗技术的进步和健康意识的提高,人们对医疗水平有更高的要求,这与疾病治愈结果的不确定性形成一定的冲突。在沟通预后时,医生应结合疾病预后的不可预测性,保持客观和诚实,既不夸大也不缩小病情,让患者及其亲属对预后有准确的认识。医生应给予患者及其亲属希望和鼓励,让他们感受到疾病被治愈的可能性,鼓励患者及其亲属表达自己的感受和想法,认真倾听他们的疑虑和担忧,并给予积极的回应和解答。在沟通结束后,医生应与患者及其亲属确认是否对预后有清晰的认识和共识,避免因言语的歧义产生误解。医生应提供后续的沟通支持和医疗服务,如定期随访、心理咨询、康复指导等,帮助患者及其亲属更好地应对疾病预后。医生应将沟通内容详细记录在病历中,以便后续参考和追踪。

如果患者病情恶化,医生应及时与患者及其亲属沟通,解释病情变化的原因和后续治疗方案,给予他们心理支持和安慰。有些患者及其亲属可能对治疗效果的期望值过高或过低,医生应通过对病情和预后情况的客观介绍,帮助他们建立合理的期望值。针对不同地域、文化、职业的患者及其亲属,医生应注意个性化沟通,理解他们对"风险""罕见""不常见"和"常见"等表述的不同理解。

预后沟通往往涉及敏感和沉重的话题,医生应给予患者及其亲属足够的时间和空间来接受和理解。在沟通预后时,医生应注意表达的温和性,避免使用可能刺激对方情绪的表达方式。

(四)医疗费用的沟通

医疗费用不仅关乎患者的经济负担,而且直接影响到医患关系的和谐。在与患者沟通医疗费用前,医生或医疗机构应首先明确医疗费用的具体构成,包括但不限于药品费用、检查化验费用、治疗操作费用、住院费用。医疗机构应向患者提供详细、清晰的医疗费用清单,列明每项费用的名称、金额及计算方式。

对于住院患者,医疗机构应实行每日清单制,告知患者可以查对诊疗费用,确保费用透明。对于费用较高的检查和治疗项目,医生应向患者详细解释其必要性和合理性,增强患者的信任感。在提供多种治疗方案时,医生可比较不同方案的费用及效果,帮助患者根据自身经济状况做出选择。医生应鼓励患者就医疗费用提出问题,并耐心解答,以消除患者的疑虑。

医疗费用的沟通需要医疗机构和医生具备高度的专业素养和沟通技巧。通过明确医疗费用构成、透明化费用信息、合理解释医疗费用、增强患者参与感、注意沟通方式与技巧、处理医疗费用异议等措施,医方可以确保医疗费用沟通的顺畅和有效,促进医患互信。

三、诊疗转归

诊疗转归沟通是指医生根据患者的性别、年龄、病史、遗传因素、所患疾病严重程度等情况,对患者机体状态进行综合评估,推断疾病转归,并与患者及其亲属进行充分沟通的过程。有效的诊疗转归沟通有助于患者及其亲属了解病情发展趋势、治疗效果及后续治疗计划,增强对治疗的信心和配合度,同时也有助于建立和谐的医患关系,提高患者满意度和治疗效果。如一位心脏病患者经过手术治疗后病情稳定,但医生在沟通诊疗转归时未充分解释病情发展趋势和后续治疗计划,导致患者及其亲属对疾病转归存在误解和担忧。后来医生及时沟通并解释清楚相关情况,才消除了患者及其亲属的疑虑和担忧。

医生应向患者及其亲属详细介绍病情评估结果,包括疾病的性质、严重程度、发展趋势等。医生应客观评价治疗效果,包括症状改善或恶化等方面。医生应根据病情评估和治疗效果,推断疾病可能的转归及预后,包括痊愈、好转、稳定、恶化或死亡等。医生应向患者及其亲属介绍后续治疗计划,包括治疗方案、治疗周期、预期效果及可能的风险等。

第二节　医患沟通的方法

良好的医患沟通能力是衡量医务人员胜任力的基本要求。在医患沟通过程中,医务人员要学会运用得体的称呼,避免使用过多的医学专业术语,并选择恰当的沟通方式。

一、运用得体的称呼

初次见面,得体的称呼会给患者留下良好的第一印象,为之后的沟通交流奠定相互尊重、信任的基础。医务人员称呼患者的基本原则包括以下三个方面。

（一）尊重为先

无论患者的年龄、性别、职业如何,医务人员都应给予其充分的尊重。称呼时避免使用贬低、轻蔑或过于随便的言辞。

（二）因人而异

医务人员要根据患者的身份、职业、年龄等具体情况选择合适的称呼。例如,对于年轻患者可以称呼其为某先生或某女士,对于老年患者则可以使用更为尊敬的称呼。

（三）亲切自然

称呼应亲切自然,避免过于生硬或机械。恰当的称呼可以拉近医患之间的心理距离,增进彼此之间的信任和理解。

具体的称呼方式包括姓名称呼、关系称呼、尊敬称呼、行业称呼等。在医院,医务人员可以直接使用患者的全名进行称呼,如"张三先生""李四女士"。对于年龄较小或关系较为亲密的患者,可以省略姓氏只叫名字,但需注意语气和场合,避免显得过于随便。对于老年患者或需要建立亲近感的患者,可以使用家庭关系式的称呼,如"张大爷""李阿姨"。这种称呼方式有助于拉近医患之间的距离,减少疏离感。对于老年患者或资深人士,可以使用以"老"为后缀的称呼方式,如"张老""李老"。这种称呼方式显得更为尊敬和亲切。

在医患沟通中,应避免使用床号代替患者的姓名进行称呼。这种做法会让患者感到不被尊重和关注。如果患者对某种称呼方式表示不满或反感,医务人员应及时调整称呼方式,尊重患者的意愿和感受。在称呼患者时,除了选择合适的称呼方式,还应注意语气和表情的运用。亲切、自然的语气和微笑能够增强称呼的亲和力,有助于建立良好的医患关系。

二、避免过多的医学专业术语

医学专业术语往往晦涩难懂,对于非医学背景的患者来说,过多的专业术语会增加医患沟通的难度,导致信息传递不畅。为了避免患者因听不懂而产生困惑、焦虑或误解,医务人员应尽量使用通俗易懂的语言来解释医学知识和病情,让患者更容易了解自己的病情和治疗方案,确保患者及其亲属能够充分理解并做出明智的决策,进而增强对医务人员的信任感。这种信任是医患合作的基础,有助于患者更好地配合治疗。

医患沟通不仅仅是信息传递,更是情感交流。使用通俗易懂的语言可以让患者感受到医务人员的关怀和尊重,可以让患者更积极地参与到自己的治疗决

两种沟通方式在同一场景下的比较

策中来。当患者能够清楚了解自己的病情和治疗方案时，他们更有可能提出自己的意见和需求，与医务人员共同制订最适合自己的治疗计划。医患共同决策不仅有利于降低医患矛盾的风险，而且有助于建立和谐的医患关系。这种人文关怀是医疗服务的重要组成部分，对患者的身心健康具有积极的影响。

三、选择恰当的沟通方式

书面语言沟通、口头语言沟通、肢体语言沟通是医患沟通的三种主要方式。每一种沟通方式都有其适用范围，选择恰当的形式可使沟通效果事半功倍。

当用口语表达时，借助肢体语言的强调和补充功能，能够促进沟通效果。如需要患者做出某种复杂体位以配合治疗或检查时，医务人员的言语指导应清晰明了，同时亲自示范，并应要求患者演示直至正确，这样才能形成有效的医患沟通。相反，不恰当的肢体语言可能会弱化沟通效果。如医生想告知患者或其亲属病情好转时，医生的愁眉苦脸会被理解为病情恶化，让沟通效果事与愿违。

在初诊时，医生应采用书面语言详细记录患者的病史、症状等信息，并通过口头语言向患者解释病情和初步诊断结果。在进行特殊检查或术前，医生应通过书面语言向患者及其亲属提供相关的告知书，明确告知相关信息并获取患者的同意。在复诊时，医生应记录患者的病情变化、治疗效果等信息，并通过口头语言向患者解释下一步的治疗计划和建议。

因此，在与患者及其亲属沟通的过程中，医务人员需要根据告知内容和患者情况合理选择恰当的沟通方式。

 课后思考

1. 在诊疗的不同阶段，医患沟通的内容有哪些？
2. 选择医患沟通的方法时，要注意哪些方面？

第五章 医患沟通的策略

学习目标

1. 掌握共情的定义及特征。
2. 熟悉提问和倾听的技能运用。
3. 了解医患沟通的常见范式。

第一节 共情与澄清

一、共情概述

(一) 定义

共情,也称为同理心,人本主义创始人罗杰斯认为,共情是指体验他人内心世界的能力。心理学家将共情分为初级和高级两个层次,初级的共情是能够理解别人的行为,在与他人的接触中不排斥、不强迫他人接受自己的观点;高级的共情则是指个体不仅可以站在他人的角度考虑问题,还能感受这个事件给他人带来的内心体验,使自己体验对方的内心世界。共情所表达的是一种理解、接纳、平等、尊重与关爱。高级共情包括情绪共情、认知共情和行为共情等,其不仅要用到传播学技能,还要用到心理学理论、社会学理论等。

20 世纪 80 年代,医学领域开始关注共情的作用,认为共情是建立良好医患关系的重要方法,是医务人员及时掌握患者及其亲属的心理状态的临床辅助技能。共情并不是同情,而是理解患者并把这种理解用平等、尊重的方法表达出来;而同情更多的是指感情上的共鸣,主要是用自己的经验判断对方的状况和感受。为区别共情与同情，医务人员就需要把握二者的差异，认真领会沟通的艺术，在沟通中使患者感受到医务人员是在用心服务，而不仅仅是为了完成任务。医务人员可以通过共情，设身处地为患者着想，以自己以往的经验来体会患者现在的痛苦和困难，"如果我是他，我会怎么样"，对患者的痛苦表示真诚的理解和关心，从而形成融洽的医患关系。再者，医务人员应该对患者的发泄做出恰当的反应。没有经验的医务人员对患者的情绪不知所措或有回避心理，而有经验的医务人员会因势利导，借势促进患者康复。此外，医务人员要注意，不能让自己陷入患者的情绪中。

（二）共情的特征

1. 情绪共享

情绪共享侧重与别人"感同身受"，产生一样的感受和情绪体验，与别人产生共鸣。情绪共享主要依赖他人的情绪表达和自己曾经的情绪经验之间的自动连接，但还缺少共情所包含的认知能动性，没有明确地区分自我与他人，没有认知到自己对他人产生共情的原因。可以说，情绪共享是共情的必要条件，但非充分条件。

2. 认知区分

认知区分是指从认知上采纳了另一个人的观点、进入了另一个人的角色，是在归因状态中理解和推测他人行为的能力。共情是在区分自我与他人的基础上产生的一种情绪反应，且个体意识到自己情绪的产生源自他人而非自身。自我与他人的区分、情绪归因和对共情原因的认知依赖认知系统，是共情的认知元素。

3. 能动性

能动性是共情的重要特征之一。罗杰斯提出，当人发现有人正在接纳性地倾听自己的感情，他就会一点一点地变得能够倾听他自己。当医务人员对患者的情绪进行共情，患者自身就会发生能动性的改变，更能接纳自己，更容易促成良好的医患关系。

4. 情感的转移

患者可能会把过去经历的某种情感转移到当前，会将过去的情绪转移到医务人员身上。

5. 应对方式的转移

当医务人员身上的某一种特质，激活了患者过往经历的某种体验，这种体验会导致患者将以往应对情感的方式转移到与医务人员的互动中。

总的来说，医患共情是医务人员对患者的情感反应，在本质上是一种平等、中立、公正的情绪反应。通过共情的方式，患者可以把过去的情感和应对经验转移到当下的医患沟通中，并能动性地呈现出来；而医务人员则能够进入到对方的精神层面，可以做到将心比心，帮助患者更积极地面对自己，塑造良好的医患关系。

（三）共情的应用

共情是人文医学的核心能力。通过个人训练与学习，医务人员在沟通过程中合理使用共情，能让患者感到自己被关注、被接纳、被尊重、被理解，从而更愿意配合医务人员。共情可以使患者对医务人员敞开心扉，对医务人员产生信任，这有助于提高患者的依从性和治疗效果，建立良好的医患关系。和谐医患关系的建立，需要医务人员具有高共情能力。医务人员共情需要做到以下六点：

1. 医务人员正确处理自身的情感

若医务人员未能正确处理自己的情感，则有可能将不恰当的情感投射到与患者的关系中。医务人员每天需要面对大量患者，过度的共情容易使其处于"情感疲惫"状态，而试图从负面情境中逃离。此外，共情过度也会导致医务人员的工作倦怠，其表现为：工作压力大，对工作缺乏动力，时常会出现挫折感、紧张感；无法积极投入工作，对患者漠不关心，在与患者交流和解释中出现不尊重或尖刻的行为。医务人员处理好自己的情感，才能与患者产生高级共情。

2. 理解患者的感受

疾病不仅会给患者带来生理上的痛苦，也会伴随心理上的痛苦。因此，患者会出现否认疾病、不配合治疗、逃避治疗等情况。尤其对于绝症患者而言，漫长的治疗不仅需要强大的意志力，还需要承担高昂的医疗费用压力。医务人员要设身处地地体谅患者的痛苦和压力，真真切切做到与患者共情。如因治疗过程感到非常痛苦的患者，医生应该多提供安慰和鼓励，如"我完全能理解你的担心，但治疗确实是一个艰难的过程，它不仅对身体是一种挑战，对心理也是一种考验。但是，请相信我们医疗团队，我们会尽全力帮助你渡过这个难关"或"你的感受我们都非常重视。在治疗过程中，我们会密切关注你的身体状况，同时也会关注你的心理健康。如果你有任何不适或担忧，随时告诉我们，我们会一起面对"。

3. 理解患者的认知

医生与患者之间在信息获取和理解的层面存在差异。医生接受了长时间的专业医学教育和培训，拥有丰富的医学知识和临床经验。而患者通常缺乏医学专业知识，对疾病的了解有限。一些患者将治疗当作"健康消费"，对治疗效果及后续效果感到不满可能会引发冲突纠纷。基于此，医生需要理解患者对医疗行为认知的不足,尽可能用简单易懂的语言向患者解释病情、治疗方案及预后,并充分告知患者病情的严重性和后续治疗方案的重要性。

4. 理解患者的情绪

患者因病痛、治疗压力、对病痛康复结果的不确定性等多种因素,常常会产生焦虑、恐惧、沮丧、愤怒等情绪。医生作为医疗服务的提供者,需要敏锐地察觉并理解这些情绪,以便更好地与患者沟通,提供有效的医疗支持,建立信任关系。例如,某位患者治疗一直不顺利,身体状况越来越差,情绪也越来越低落,患者经常抱怨自己的病情和治疗效果,有时甚至会发脾气。医生意识到患者需要倾诉,于是每次去看望该患者时,都会耐心地听他说话,让他把心里的不满和痛苦都说出来。渐渐地,患者的情绪开始好转,也更加信任医生,并积极配合医生的治疗。

5. 信息互动

医务人员要及时对患者信息做出反馈,也需要熟练运用表达共情的话语,如"听你的意思,也许你觉得……""我感受到你的……""首先感谢你提出这个问题,我完全能理解你的感受……,同时……",这些表述可以引导患者对其感受作进一步的思考。另外,表达的语气和句式不能过于肯定和绝对,可使用"好像""可能""似乎"等词语,以便患者检验并做出修正。

6. 共情检验

医务人员收集反馈信息的同时要注意验证自己是否做到共情,可以通过患者的表情来把握其理解和接受程度。必要时医务人员可直接询问患者是否感到自己被理解了,例如"不知道是不是这样?""我理解得对吗?"

总之,要注意共情与同情的区别。虽然二者都涉及对他人的情感共鸣,但二者存在显著区别。同情更多的是指感情上对别人的遭遇产生共鸣,设身处地想象自己会产生的感情,更多归结到自己。而共情则是想象对方彼时的感受,站在对方的角度剖析对方的需求。简言之,同情更多是一种对自己感情的展示,而共情则更强调对对方内心世界的深入理解和体验。

二、澄清概述

(一)澄清的含义

医患沟通中的澄清是指在医疗过程中,医生通过一系列沟通技巧来确保患者准确理解医疗信息,消除误解,增强信任的过程。医疗信息通常涉及复杂的医学知识和术语。医生通过澄清策略可以确保患者准确理解这些信息,避免误解和矛盾。

（二）澄清的方法

1. 重复与确认

医生在提供关键信息后,可以重复这些信息并询问患者是否理解,以确保信息准确传递。例如,医生在解释治疗方案时,可以说:"您的治疗方案是每天服用这种药物,您明白了吗?"

2. 表达简单易懂

医生应避免使用过于专业的医学术语,而是采用简单、易懂的语言来解释病情和治疗方案。如果必须使用专业术语,医生应给予形象化的解释或比喻,以帮助患者理解。

3. 鼓励患者提问

医生应鼓励患者提出疑问,并耐心、细致地解答这些问题。通过患者的提问,医生可以了解患者的理解程度和关注点,从而进行更有针对性的澄清。

4. 肢体语言辅助

医生在澄清信息时,可以结合手势、面部表情等肢体语言来辅助表达。例如,医生可以通过点头、微笑等动作来传递肯定和支持的信息。

5. 实物对照讲解

当涉及复杂的解剖结构或治疗过程时,医生可以利用人体解剖图谱或实物标本进行对照讲解,帮助患者更直观地理解相关信息。

6. 收集反馈信息

医生可以通过观察患者的反应来判断澄清策略的效果。如果患者能够准确复述关键信息或提出相关疑问,说明澄清策略取得了良好的效果。医生可以通过问卷调查、面谈等方式收集患者对医患沟通的反馈意见,以便及时调整和改进澄清策略。

【案例 5－1】

医 患 共 情

［案例概述］

患者,男,24 岁,硕士研究生,经济状况良好,存在一定的学业与家庭压力。2 天前进食后出现左侧季肋区疼痛,无呕吐,腹泻,无后背疼痛。为确定病因到院就诊。经胃镜检查和幽门螺杆菌检测,医生表示无碍,叮嘱患者调整作息,注意休息。

［沟通过程］

患者：我考上了硕士研究生，但是总觉得书上的东西和我实践差别很大，不知道怎么办，我都想休学了。

医生：和家人聊过吗？是有些焦虑的，这种选择是挺为难的，我们可以理解，这种焦虑会影响到身体，但不用过于担心。

患者：和妈妈聊过，但是我爸总希望我早早工作，而这和我自己的未来规划有一些冲突。

医生：想法很好，支持你和父母进行一次深度沟通，表达自己的意愿，相信你的父母可以理解你。届时，你的身体状况也会有所好转，保持好心态、规律作息，有助于身体恢复。

［分析与思考］

患者多次在对话中表达对身体的担忧后提及学业、家庭和经济压力，并重复强调父亲希望其早日工作，传递了担忧的情绪。医生的回应首先是对其境遇表示理解，接着鼓励他积极表达自己的想法，与父母沟通，并调整作息和心态，早日康复。

第二节　倾　　听

一、倾听概述

（一）倾听的定义

倾听的定义分为狭义和广义两方面，狭义的倾听是指凭借听觉器官接受言语信息，进而通过思维活动达到认知、理解的全过程；广义的倾听则还包括文字交流等方式。倾听的过程包括感知、选择、组织、解释、反馈这五个方面，它们之间互相联系，互相作用，又互相制约。倾听具有完整的信息输入、输出及反馈调整的过程，倾听者通过正确的解码与编码方式才能达到较好的交流效果。在医患沟通中，倾听起到关键性的作用。

（二）倾听的类型

1. 共情式倾听

共情式倾听的目的是更好地理解对方，站在对方的角度考虑，不止听语言，

还要听对方的语调,观察表情和肢体语言,体会其感受和情绪。共情式倾听的本质就是心与心的交流。共情式倾听包括三个方面:

(1) 复述信息,保持专注。

(2) 感同身受,换位思考。

(3) 诠释想法,鼓励表达。

2. 主动型倾听

主动型倾听是指倾听者为了感受和获取倾诉者的信息而主动倾听的行为。把注意力集中在倾诉者所讲述的内容上是主动倾听的基本特征。当医务人员运用自己的专业能力,把主要的观点在头脑中进行梳理,考虑提出问题或对他人提出的观点进行反思的时候,医务人员就成了一个主动的倾听者。主动型倾听也是感受性倾听,即医务人员可能什么都没有讲,但是医务人员(倾听者)在思想上已经与患者(倾诉者)融合到一起。如果只是观察而不参与到沟通当中,医务人员有可能会变得不耐烦。

主动型倾听是双方交流信息较好的方式。倾听者有耐心,询问而不辩解,不急于做出判断,把自己放在倾诉者的立场,试图以倾诉者的视角去看待事情、发现问题、思考办法、做出决策。

3. 警觉型倾听

为辨别所见所闻而去听的过程,称为警觉型倾听。警觉型倾听有两种方法,其一是将所听到的内容与已知事实相比较,其二是衡量所闻与所见的一致性,如语气、肢体语言是否与他讲话的内容相符。作为医务人员,需要培养警觉型倾听使自己成为高效的倾听者。警觉型倾听者应做到:洞察口头暗示、理解方言与口音的差异、洞察非语言暗示。

首先,口头暗示将决定信息的整体印象。一方面,如果语言信息是正面的而口头暗示是负面的,本质含义可能是负面的。反之,如果语言信息是负面的而口头暗示是正面的,本质含义可能是正面的。另一方面,口头暗示可强化语言信息,并且警觉型倾听者能区分个别口头暗示所传达的特殊感情。

其次,理解方言与口音差异。它们常常反映倾诉者的文化背景。清醒地认识各种方言、口音与普通话的差异,不仅有助于减少医务人员(倾听者)误解的频率,也有助于医务人员(倾听者)减少对倾诉者的刻板印象,因为刻板印象对建立良好的信任关系可能存在一定的干扰作用。

最后,洞察非语言暗示。倾听者需要像区分听觉刺激一样,区分诉说者传递的视觉刺激。这在医患沟通中是非常重要的,它使医务人员更全面、更准确地理解患者传递的信息。有研究表明,非语言暗示和口头暗示的表达方式相比,非语言暗示通过视觉系统传递了更多的情感信息,而这些情感信息更为可靠。

4. 辨别型倾听

倾听者接收信息并赋予其意义,如果这个意义和传递者的意图相符,那就是成功的辨别型倾听者。辨别型倾听需要具备以下的方法:

首先,医生应在倾听中进行思考。因为人们的思考速度比讲话速度快,所以人们对信息可以选择性"吸收"或"屏蔽"。作为有效的倾听者,医务人员会主动"吸收"信息,并在大脑的积极参与下,思考并提出问题:患者说这话的目的是什么?如何解释患者所说的内容?患者讲的内容与其经历有联系吗?患者讲的内容可以归为几点?患者表述的主要观点之间有联系吗?患者的表述有依据吗?患者还有未表露的、更深层面的言外之意吗?患者的下一个观点是什么?

其次,医生要倾听主要观点。高效的倾听者在倾听时主要获取信息的大意,把精力集中在主要观点而不是主要论据上,因为观点一定要能统率论据。在评估是否有效向患者传递信息时,医务人员常常通过"以下观点……"的表述提请患者倾听主要观点。当然,医务人员在倾听患者对疾病的描述时,也不妨应用"以上……"的语式来归纳患者的主要观点,从而确保信息传递与理解的准确。

再次,医生要倾听重要的细节。医务人员还应当培养自己倾听支撑倾诉者主要观点的重要细节。这些细节往往是事实、例子、统计数据、重复性描述、对比或参考资料等。

最后,医生要提出有意义的问题。辨别型倾听要弄明白信息的本质和意义。如果医务人员在倾听时,觉得有模糊不清的,或与逻辑规律不相符的信息,都应该向倾诉者提出。

二、倾听的运用

倾听在医患关系当中起到非常重要的作用,医患关系因倾听得到进一步的升华,医患双方也因此变得亲近。正是因为倾听,医生才能更好地了解患者的情况,进行合理的诊断。医生应从一个开放式的初始陈述或问题开始谈话,并予以专注,这会使医生对患者有更多的了解,听到患者的真实的诉求。倾听有助于医生提取和患者情感、情绪状态相关的线索,避免信息遗漏。

医生倾听患者的陈述时,首先要表现出愿意倾听的态度,在初次接待患者和交流病史之前,尽量保持沉默,给患者陈述的时间,不要随意打断患者。医生可以用温和的方式来邀请患者进行谈话,比如"能告诉我您今天有哪里不适吗?"也可以用询问的眼神、请讲的手势等来表示你已做好准备,要对他的情况进行全面的了解。

当患者开始叙述后,医生应该保持安静。一般来说,在这个阶段,医生至少应该保证有一分钟的倾听而不要插话。除了安静倾听,医生还要使用辅助性的回应,以鼓励患者的陈述,也能更全面地了解患者。为了保证能准确地倾听,医生在倾听过程中一定要善于运用确认、澄清、鼓励等技巧。

（1）确认。

在听患者讲话过程中,医生可能会有一些词语没有听清或没有听懂,这就需要向患者确认,以明确患者所讲的内容。同样的道理,医生也一定要注意自己的语言通俗易懂,尽量避免使用过多的专业医学术语,给患者造成理解上的障碍。对重要的医嘱,一定要向患者进行确认,保证患者充分地理解了医生的话。

（2）澄清。

如果产生了歧义,医生要及时进行澄清。澄清过程主要是要与患者确认一些已经讨论过的问题和状况,但注意要避免连珠炮式的提问方式。

（3）鼓励。

患者陈述完自己的问题之后,医生要毫不吝啬地鼓励患者进行更深入的沟通,如果患者不能清楚地说出自己的情况,适当的鼓励会让患者更加乐于表达和传递情感。

【案例 5－2】

有 效 倾 听

[案例概述]

患者,男性,69 岁。退休工人,中学文化,经济状况良好。因胸闷、气短1 年,加重伴下肢水肿 2 个月入院。超声心动图示左心室扩大,室壁运动普遍减弱,左心室射血分数 30%。冠脉造影示三支血管病变,进行了支架植入术,并给予其他相关治疗后出院。其后仍觉胸闷、气短,活动受限,2 周后再次入院。入院后体检,心电图、超声心动图等检查结果与出院时均无明显变化。主治医师查房,患者哭诉花了数万元钱,放了两个支架,自觉症状并未减轻,认为一定是支架没放好,或者支架质量有问题,要去法院起诉医生。

[沟通策略]

（1）了解患者症状未减轻的根本原因。

（2）细心观察患者叙述问题时的表达方式和表情。

[沟通举例]

医生注意到患者叙述问题时的表达方式和表情,进一步了解到患者情绪低落由来已久，所谓气短并非实际的呼吸困难，不能活动是因为乏力。体检结束后，医生用关切、共情的语气告诉患者："我来查房之前，听了住院医师关于您的病情汇报，看了您上次住院的病历和这次做的所有检查，刚才也听了您自己的叙述，了解到您心脏确实有问题。不过，实事求是地说，您的病情没有想象中那么严重，这些不舒服不一定都是由心脏问题所引起的。我觉得您的情绪有点不对劲，情绪波动也会导致胸闷气短，您不妨多散散心，心情好了，症状可能会有所减轻。我想再听听您的想法。"患者答："医生，您说得有道理，我自己整天也在琢磨，不相信自己已经病到头了，确实可能是心理因素导致的，我相信您说的，觉得一下子轻松了好多。"

[沟通成效]

患者情绪激动地说之前做的支架手术是无效的时候，医生并没有强势地进行反驳，而是动之以情，晓之以理，先是告诉他心脏确实有问题，后来告诉他另有原因，这样的沟通方式更容易让患者接受，从而更好地进行下一步的治疗。

经过服用相关药物两周后，患者胸闷、气短的症状消失，精神状态明显改善，面带笑容地告诉医生病好了大半，以后会坚持接受心脏方面的规范化治疗。

[分析与思考]

（1）医生仔细观察患者的神态表情，认真倾听，换一个角度去思考病因，没有导致误判，可见倾听患者陈述的重要性。

（2）患者寻常的话语中都可能包含与其病因相关的信息，所以不能轻视任何一句话，这些都可能成为医生诊断疾病的依据。

第三节 提 问

一、提问概述

（一）提问的含义

提问是指向对方发出询问或寻求答案的行为或方式。它可以是口头的，也可以是书面的,常见于日常生活中的交流、学习和研究等场景。医生在接诊咨询和采集病史时,时常需要向患者以提问的方式来获得相关信息。提问过程中,医生的行为和话语会极大地影响患者的回答及患者所作出的反应类型。疑问句的形式有特指问句、正反问句、选择问句和是非问句等。特指问句与正反问句、选择问句和是非问句相比,它的疑问程度最高,问者对相关问题涉及的内容所知甚少。因此,医患会话中特指问句能够引出患者最多的信息,而是非问句和选择问句对患者的限制较多,它们仅仅要求回答者做出肯定或否定回答,或者从中选择一个。

（二）提问的类型

在问诊过程中,提问具有十分重要的作用。医生要进行有效的问诊,先要对患者病情进行归纳、梳理,在此基础上才能进行有层次、多方位的提问。常用提问的类型主要有以下几种:

1. 开放式提问

开放式提问又称非限制性提问,指的是向对方提出比较概括、宽泛的问题,对回答的内容无严格限制,给对方充分发挥的余地,可引导其开阔思路,让患者就有关问题给出详细的解释说明。开放式提问可以使患者主动、自由地表达自己的感受,便于医务人员全面了解患者。例如,"您什么情况下不舒服?""您怎么难受?"等,接诊一个患者可以以开放式的提问开始,以获得更加全面的信息。开放式问诊的优点是没有限制、没有思维定式,能让患者自由发挥,有利于医生了解到自己没有考虑到的一些问题。其缺点是患者可能抓不住重点,不知道从何说起,不知道哪些与健康问题有关,哪些内容较重要,也有可能浪费很多时间。开放式问诊与辐射式思维相对应,常常以患者为中心,以了解与患者有关的信息为目的。

开放式问句分成以下三类：一般性开放式问句、生理性开放式问句、社会心理性开放式问句。

（1）一般性开放式问句。

医生的问句涵盖患者所有可能的不适,而不是只针对生理或心理的不适,或某个特定的不适。例如,"你今天来有什么问题?"中的"什么问题"表达了话题范围的开放性,涵盖了生理、心理或社会文化等因素。

（2）生理性开放式问句。

医生的问句涵盖了患者所有可能的生理状态,包括身体异常、药物使用、体检报告、家族病史等,而且问话的语意内容并不指涉任何具体的生理状态。例如,"你今天来有什么不舒服的地方?"可以指所有的生理不适。

（3）社会心理性开放式问句。

此类型问句作用在于鼓励患者说出他们的担忧、压力、所希望得到的协助与治疗。例如，"你最近心情怎么样？"旨在鼓励患者说出其社会心理问题。

2. 封闭式提问

封闭式提问又称限制性提问，是一种将患者的应答限制在特定范围之内的提问。患者回答问题的选择性很小，可以用"是不是""对不对""有没有"等词发问，提出的答案有唯一性。例如，"你吸烟吗？""您的家庭成员中有冠心病吗？"这类问题的答案简单明确，只有一个，不会有双重答案。常用于询问病史、症状、既往健康状况等，也可用于澄清有关问题。封闭式问诊的优点是能直接针对需要了解的问题，得到确切的答案，并节省时间，有利于医务人员对关键的信息获得确定的答案，有利于疾病的鉴别诊断，对处理急症患者尤为合适。缺点是提问涉及的范围太狭窄，容易限制患者的思维，也不容易了解患者的真实感受，不适用于了解患者及其背景和主观体验。封闭式问诊与集中型思维相对应，常常以疾病为中心，以了解与疾病有关的信息为目的。

3. 引导式提问

引导式提问有一个回答范围，让回答者按照提问者的思路走进这个范围。引导式提问往往用虚拟语句或反意问句提问，在交谈时，医务人员应尽量避免使用反意问句来进行引导式提问，因为如果使用不当，引导式提问的问话者往往充当了"关门者"的角色，从而无法走进患者的心里，无法做到与患者共情，会使患者的真实想法被掩盖，失去发现真正问题的机会。

4. 启发式提问

启发式提问是通过对患者的启发，让患者找寻到问题所在。例如，"刚才说了一些不能吃的东西，您能说说可以吃的东西吗？"启发式提问注重人的主体性，可激起患者的能动性并对交流产生兴趣，帮助患者了解与疾病诊疗相关的知识与方法。这种提问的优点在于启发患者思考从没有考虑过的方法；其缺点是如果医生对患者的社会文化背景不熟悉，很难做到有的放矢。

在医患沟通中，医生可以根据不同程度的信息需求、对患者回答情况的推断及患者回答能力的评估，选择不同的提问方式。

二、提问的原则与技巧

（一）医生提问的原则

1. 乐观原则

病史询问中，很容易发现这样的情况：如果医生的问题在语法上设计为肯定,那么患者的回答基本倾向于肯定。反之亦然。总之,医生设计的问题总是倾向于患者拥有积极结果的回答。这种问题设计模式遵循的就是乐观原则。例如,"吃饭不呛吧?""左腿恢复得还可以,是吧?"患者往往会回答"不呛""还可以"。

该原则是医生设计问题的默认原则。这个原则的理念是,除非有特殊原因,医生必须遵循乐观原则,使设计问题的回答倾向于积极结果,并允许患者证实自己的健康状况。

2. 问题关注原则

虽然乐观原则是医患会话病史询问中医生设计问题的默认原则,但是,当医生的提问涉及的疾病症状正是患者寻求医疗帮助的原因时,乐观原则在这些情景中就显得并不合适。例如,当患者表现出明显感冒症状时,医生问"你没有发烧,是吧?"就是不合适的。这时应将问题设计为如下方式,"头昏是持续的,还是一阵阵的?""你近期吃了什么?""今天腹泻了几次了?"这种原则被称为"问题关注原则"。

3. 接受者设计原则

在体检等情景中,往往采用接受者设计原则。接受者设计是指,医生在构建和设计询问时采用的方式,体现了对患者的关注与理解。例如:"你平时是不是有点爱生气?"

（二）有效提问的技巧

1. 选择有效的提问形式

提问的形式有许多,但是在具体的交流中,医务人员应该根据交流的需要选择有效的形式,改善提问的技术,逐步聚焦重点。医生需要逐渐将开放式问题转向封闭式问题。如果一些内容没有在患者的叙述中出现,医生就需要运用封闭式问题来询问这些特定内容,以便更详细地分析症状。

2. 展示合适的肢体语言

医生对患者询问的同时,辅助以肢体语言,如语调、语气、停顿、表情、动作等,这些方式帮助传达语言内容以外的信息。例如,医生抬头,注视患者等,肢体语言会让患者感到医生的专心与关注,有助于患者陈述更多的信息。

3. 其他技巧

（1）一次提一个问题。交流时切忌一次提出几个问题,这样会使对方难以回答,医生尽量一次只提一个问题,使患者明白需要回答哪个问题。

（2）适时使用追问性提问。在医患交流时接触到正题,应尽可能让患者多谈情况,在交流时遇到不清楚之处可以提出追问性问题,但是此种提问形式需要注意交流时的口气,态度一定要缓和,注意表示友好真诚。

（3）避免使用诱导性提问。一般情况下避免使用诱导性问题,这类提问会使患者回答问题时受到提问者的影响,影响患者表达真正的感受、想法。

（4）语言通俗易懂。医务人员要根据患者的社会文化背景设计语言结构,尽可能做到通俗易懂。

【案例 5 - 3】

有 效 提 问

[案例概述]

患者,男性,80 岁。退休工人,曾是煤矿工人,常年吸烟,得过高血压。目前患有尘肺病。就诊原因:最近一直咳嗽,有黄痰,疑似肺病复发,已经影响到呼吸,担心会进一步加重。体格检查:左肺底出现干啰音。

[沟通范式]

医生接诊时首先同患者打招呼,鼓励患者表达自己的看法,进行开放式的问诊。

医生:您好! 今天我能为您做些什么?

然后采用开放式与封闭式交叉的方式询问患者,了解疾病的相关细节,如老人是否有照顾者、是否是从他人那里传染的、老人的工作是否与患病有关等。

医生:在退休前,您做什么工作?

患者:我以前在煤矿工作。我去过很多次医院,做了 X 线检查,结果显示我有尘肺病。(患者说出了具体的病情以及患病的原因。)

医生:我明白了。您最近的生活中还发生了什么事吗? (引导式提问。医生引导患者说出适当的细节,把主诉放到社会和心理背景中,看其是否影响日常生活,有没有需要探索的社会心理问题。)

患者:没有,医生,我只是肺部疾病发作了。

医生:您吸烟吗? (采用封闭式提问获得容易被忽视的信息。)

患者:过去常常每天抽一包,但现在因为肺病不抽烟了。

医生听诊了患者的胸腔,并检查到左肺底的干啰音。

医生:是的,我同意您的看法。您确实有肺部感染。您对何种抗生素过敏吗? (表达同理心,医生做出恰当的初步诊断,考虑患者的理解程度,并用恰当语言进行解释。)

患者：没有。

［沟通成效］

判断为肺部感染，询问过敏史后，开具抗生素处方治疗。

［分析与思考］

通过开放式提问了解到患者对自己肺部状况有清晰的认知，但医生会担心忽视了其既往病史，存在没有考虑到胸部肿瘤的情况，所以应询问体重和高血压史，但他的血压正常，只是胆固醇略微升高。整个接诊过程中，医生采用多种提问方式，设计提问的次序，且充满了人文关怀，每一个步骤均与患者充分互动。接诊医生在问完主诉之后，没有问具体的现病史，而是直接问了生活史，更加人性化，能拉近与患者的距离，同时也能了解病史线索。在语言方面也很少使用专业术语，尽量用患者能理解的语言进行沟通。

 课后思考

1. 简述医患沟通中共情、澄清和倾听的基本策略。

2. 医生设计提问时有哪些方法？

第六章　门诊与急诊的医患沟通

学习目标

1. 掌握门诊与急诊中医患沟通的要点、技巧。
2. 熟悉门诊与急诊的工作特点。
3. 了解门诊与急诊患者的特征。

第一节　门诊医患沟通

门诊是医院面向社会的重要窗口，它既是直接对患者进行诊断、治疗、预防保健和康复服务的重要场所，也是进行医学实践、医学教育和临床科研的重要阵地，是医院接触患者时间最早、人数最多、范围最广的部门。所以，门诊工作对患者、对医生、对社会都具有重要的意义。

一、门诊患者的特征

（一）身份各异

门诊患者来自社会各方，其职业、文化程度、经济水平、生活经历与社会背景都不尽相同。有本地的，也有外地的；有公职人员、企业员工，也有离退休人员等；有城镇居民，也有农村居民。患者就医的经济保障方式也不一样，如自费、基本医疗保险、商业保险等。患者身份的不同直接影响他们的就医需求和就医行为。

（二）病情复杂

门诊有初诊患者和复诊患者，患者的病情也不尽相同。病种构成复杂，有单系统疾病,有多系统疾病。病程长短不一,有急性病也有慢性病。病情的复杂,增加了医生的诊断难度,因门诊就诊时间有限,可能会出现误诊、漏诊。

(三)就诊随机

门诊患者的就诊时间、就诊人数有着很强的随机性。患者就诊时间往往取决于其主观意向,往往集中于某些时间段,如双休日或上午时段;而大型综合性医院由于外地患者的就诊,周一上午常常出现门诊高峰现象。一旦形成就诊高峰,则候诊时间延长,就诊时间相对缩短,部分患者便会出现各种抵触情绪。而就诊时间相对缩短,也使医生观察了解病情受限,容易造成患者误解。同时,门诊高峰现象增加了药剂、检验、影像等科医务人员的工作任务,容易出现差错。因而,患者就诊的随机性给门诊各部门工作增加了压力。

(四)心态多样

由于患者的职业、文化程度、经济水平、生活经历与社会背景的不同,加之所患的疾病不尽相同,病种构成比较复杂,患者的心态及对疾病的诊疗需求也不同。有的患者对自己所患的疾病了解不多,不以为意;有的患者对自己所患的疾病悲观失望,对治疗信心不足;有的患者对疾病了解片面,对疾病的治疗要求过高;有的患者虽然身患疾病,但能正确对待疾病,情绪稳定;有的患者家庭经济条件较差,会更在意治疗费用;有的患者则渴望更优越的治疗条件;等等。

二、门诊工作的特点

(一)诊疗工作的繁重性和时限性

门诊接诊患者比较多,医务人员的诊疗工作十分繁重。在大型综合性医院,有的门诊医生一上午要接诊数十名患者,造成每名患者的就诊时间非常紧迫。在有限的时间内,要完成每一例患者(特别是疑难患者)从询问病史到体格检查、分析病情、作出处置意见、解答患者提出的问题等一系列工作,实在不是一件容易的事。而与之相对应的,患者怀着能治病、治好病的迫切愿望到医院门诊就诊,因此,接诊患者多,接诊时间短,与医疗服务质量形成了突出的矛盾。在这样的背景下,很容易引起医患之间的矛盾与冲突。

(二)接诊过程的不连贯性

参加门诊工作的医生多采取定期轮换的方式,不能长期固定在门诊工作。门诊接诊专家也是按规定时间上门诊,再加上临时任务、休假等因素,这些都导致门诊人员流动相对频繁。因此,对患者,特别是多次复诊的患者,可能先后经过不同的医生接诊。客观上,接诊过程的不连贯性为医生全面了解患者及诊治过程增加了难度,增加了产生医患关系风险的可能性。会造成个别患者的接受困难和医患沟通障碍,可能产生医患矛盾,甚至引起医疗纠纷和医疗事故。

（三）就诊环节的关联性和复杂性

从就诊过程来看,门诊诊疗全过程涉及导医、预检、分诊、挂号、候诊、交费、检查、治疗和取药等环节。每个环节都应该设置合理,环节之间应该紧密连接,保证流程顺畅。在任何一个环节出现问题,都会影响患者的就诊体验,打乱医院运行的正常秩序。同时就诊环节也具有一定的复杂性,每一个环节都有一些问题值得我们去思考,例如,怎样才能做到合理调整窗口业务,如何才能减少患者的候诊时间,如何才能增加有效诊疗时间,如何才能让患者便捷地拿到检查报告单,等等。这些问题的最终目的是更好地帮助患者恢复健康,构建和谐的医患关系。总之,门诊是由多个复杂环节组成的综合系统。

（四）业务工作的专业性和多元性

门诊的业务分工越来越细,技术要求越来越高,很多大型综合性医院或专科医院,门诊分类已扩展到二级学科的各个研究方向,涉及临床与非临床、医学与药学、医院管理学、卫生经济学等多学科领域,需要技术保障、行政管理和后勤服务等多部门的协调与支持。从参与门诊工作的人员组成来看,有医、药、护、技、工程、财会等不同专业的人员,有高、中、初级专业技术职务人员。这些都充分反映了门诊工作的专业性与多元性。

三、门诊医患沟通的要求与内容

门诊是医院的重要窗口。门诊服务需转变传统观念,建立"以患者为中心"的新模式,医疗机构应加强技术力量,严格落实首诊负责制,优化服务流程,实现全程导诊,同时提供多样化、人性化的诊疗服务。门诊亦需要加强各科室协作与整体统筹协调,确保医患沟通顺畅,提高服务质量,增强患者信任,构建和谐的医患关系。

（一）门诊医务人员的基本要求

医务人员应根据医院规定统一着装、佩戴工作牌。这既体现了医院的专业性和规范性,也有助于提升医院的整体形象。同时,工作人员的工作牌需要完整清晰,工作牌上通常包含医务人员的姓名、职务、照片及所属科室等关键信息。这不仅便于患者及其亲属快速识别并找到相应的医务人员,提高就医效率,还能在一定程度上增强患者对医务人员的信任感和安全感。统一着装和佩戴工作牌是医院管理中的重要一环,构成了医院良好的工作环境和秩序。

医务人员要做到举止端庄,亲和近人,言语文明,措辞严谨,尊重同行,对患者一视同仁。医务人员需要时刻关注患者的心理、民族风俗、宗教信仰、受教育程度、经济负担能力等因素,保护患者隐私。

医务人员要以口头语言表达形式为主,必要时可借助图片、视频、模型等形式辅助沟通;涉及手术、特殊检查、特殊治疗、重要医嘱的情况,医务人员应以书面形式沟通,必要时可以采取录音录像、第三方见证、公证等辅助方式。特殊情况下,亦可采取电话、视频、短信、邮件等方式。

医务人员以书面形式沟通的,应对书面内容逐项进行口头解释,并由患者确认必要事项或同意采取的诊疗方案、措施。书面文件通常应为一式两份,一份应交患者保存,一份由医疗机构保存。

医务人员应采取合适的倾听方式倾听患者陈述、意见、建议,对患者提出的咨询应当耐心解释、说明,鼓励患者积极参与、共同决策诊疗方案。

医务人员在说明拟定诊疗方案时,应向患者说明替代性诊疗方案。替代性诊疗方案的具体内容包括该方案的名称、实施流程、可实现目的、医疗风险,以及相对于拟定的医疗方案的利弊、医疗费用等。

各级各类学员在医务人员带教下参与临床诊疗活动的,医务人员应就此事先向患者说明并取得其同意。

(二)门诊沟通服务基本内容

1. 初诊

(1)问候患者,核对患者的姓名、性别、年龄等基本资料,询问患者就诊目的和需求。

(2)获取患者病史资料,了解患者的健康状况、心理状态和对治疗的期望。

(3)向患者说明病情,提供诊疗措施建议。

(4)及时解答患者咨询,鼓励患者参与治疗方案决策,选择合适的治疗方案。

(5)约定复诊时间。

2. 复诊

(1)查看患者先前诊疗记录,询问患者病情变化,包括症状是否改善,有无新的情况或不适症状出现等。

(2)根据治疗用药后患者病情变化情况决定是否需要调整治疗方案。

(3)向患者说明用药方法、注意事项。

(4)记录病情变化及处理措施。

(5)预约患者复诊时间,或建议随诊。

3. 急危重症

(1)迅速评估患者病情,了解患者的主要症状、病史和用药情况,作出诊断。

(2)向患者说明病情的严重性、治疗方案和可能的风险,让患者对治疗方案有充分的了解。

（3）取得患者同意后，安排后续的检查、治疗或住院事宜；拒绝实施医疗措施建议的，应让患者签字确认。

（4）对需要抢救的患者，优先抢救、优先检查和优先住院；随时向患者亲属说明病情、抢救措施、预后等。

4. 涉及多学科疾病

（1）实行多学科综合治疗门诊，由相对固定的专家团队在固定的时间、地点出诊。

（2）详细询问患者关于疾病的症状、治疗情况和药物使用情况，了解患者的病史和目前的状况。

（3）对患者疾病进行综合评估，了解患者的整体健康状况，包括各种疾病之间的相互影响和可能的并发症，制订综合诊治意见。

（4）向患者解释最终治疗方案，包括每种疾病的治疗目标、药物使用方法和可能的副作用。

5. 手术

（1）告知患者拟施手术的相关情况，包括术前诊断、手术名称、术中和术后可能出现的并发症、手术风险、手术方式选择及替代性治疗方案，并要求患者或其亲属签署手术知情同意书。

（2）麻醉前向患者告知拟施麻醉的相关情况，包括拟行麻醉方式，患基础疾病及可能对麻醉产生影响的特殊情况，麻醉中拟行的有创操作和监测，麻醉风险及意外情况，并要求患者或其亲属签署麻醉同意书。

（3）手术后，与患者沟通手术简要经过、术后处理措施及注意事项。

6. 特殊检查、特殊治疗

（1）向患者告知特殊检查、特殊治疗的相关情况，包括名称、目的、可能出现的并发症及风险，并由患者或其亲属签署是否同意检查、治疗的医疗文书。

（2）检查、治疗的费用应事先向患者说明，必要时要求患者或其亲属签署知情同意书。

7. 用药

（1）确认患者年龄、性别、诊断信息，了解患者药物过敏史、用药史。

（2）开具处方，告知患者药名、适应证、用法用量、可能出现的不良反应、用药注意事项、用药周期及药物费用，指导患者合理用药；如有必要，请患者或其亲属签署知情同意书。

（3）提醒患者用药注意事项，如出现不适症状应及时停药并就医。

8. 随访

（1）问候患者，询问患者症状和病情变化，提供药物使用、饮食调整、生活方式改变的建议。

（2）解答患者疑虑和问题，鼓励患者配合治疗，约定好随访的时间和方式，确保患者能够按时接受随访，及时反馈病情变化。

（三）门诊沟通注意事项

1. 明确沟通内容

要达到有效的沟通，医务人员首先要清楚沟通目标，即"我要和他说什么？""说过之后要达到什么目的？"其次，积极的倾听也至关重要，医务人员要清楚"患者想要知道什么？""患者现在已经知道了些什么？""患者现在的想法是什么？"这些信息的获得，都需要医务人员耐心的倾听。研究表明，在医患沟通中，积极的倾听有改善患者症状的作用，可减少患者不必要的复诊，提高患者的治疗满意度，从而减少医务人员的工作量。

2. 掌握沟通技巧

（1）保持温和友善的态度。

温和友善的态度，对于有效的医患沟通十分重要。这不仅需要医务人员的语言和善，还需要用非语言的方式来辅助，比如，医生的端庄举止、良好的目光接触、恰当的面部表情、适宜的手势动作等。

（2）采用通俗易懂的语言。

在门诊工作实践中，由于医患双方的信息不对称，且医方占据主导地位。医务人员在与患者沟通的时候应该少用医学术语，尽量使用患者及其亲属听得懂的词汇，提高沟通效率和诊疗水平。

（3）用双向沟通替代单向沟通。

单向沟通是一方主动发送信息，另一方被动地接收信息，这是没有信息反馈的沟通。而双向沟通则是指沟通双方的定位不断变化的沟通方式，即双方既是倾听者，也是倾诉者。双向沟通既有利于正确理解信息内容，也有利于建立良好的医患关系。

（4）做到因人而异的沟通。

门诊沟通的对象也是人，医务人员应重视因人而异。例如，在问诊的时候，医生要参考患者的年龄、性别、社会背景等，采取恰当的、能被患者接受或理解的方式进行沟通，多表达关心体贴，这都有利于良好的医患沟通。

（5）多进行情感性言语沟通。

情感性言语沟通和医疗信息沟通的重要性是相当的，是门诊医患沟通的左右手，医务人员要学会两手都要硬。在门诊沟通实践中，有许多医务人员只注重医疗信息沟通，而忽视与患者情感上的交流。而在这样的情况下，如果发生医疗意外,容易引发医疗纠纷。因此,门诊医患沟通既要求有医疗信息沟通的基础,也要求医务人员主动、热心地服务患者。

3. 掌握患者心理行为特点

人的心理行为特点多种多样,对于性格、气质不同的人,在沟通时应该有所区别。同样一句玩笑,说给豁达开朗的人听,其可能一笑了之;说给敏感多思的人听,其可能会伤心生气。与患者沟通时,关键要了解患者性格,医务人员要对患者的心理行为特点做出判断,对患者进行多方面的观察和了解。患者的言谈举止、患者与人相处的方式方法、患者的家庭关系等,都有助于医务人员对患者的心理行为特征进行判断。

【案例 6 - 1】

疲惫的王先生

[案例概述]

患者王某,男,37 岁,软件工程师,面容疲惫。

[沟通过程]

医生:"患者,你好。哪里感觉不舒服?"

患者:"就是特别累,很疲惫,不想说话。"

医生:"以前看过医生吗?做过哪些检查?"

患者:"两周前已经看过医生了,这是病历和化验单。"

医生:"你的血常规、HIV 检查、甲状腺功能检查和胸部 X 线片的结果都正常。"

患者:"那个医生也是这么告诉我的。"

医生:"对,你没什么问题。要是不放心的话,可以再做几个化验……"

患者:"你们大夫都一样,不负责任,问不了两句话,就知道开一大堆的单子!"

[沟通风险分析]

(1) 医生对患者的称呼欠妥。

(2) 在整个沟通过程中,患者没有充分阐述自己对当前健康状况的看法与担忧。

(3) 医生只是注意到患者的化验报告,未询问完整的不适症状,更未触及患者内心的忧虑、恐惧及就诊背后复杂的心理因素。

因此,这是欠妥的问诊过程。

[沟通策略]

门诊沟通时,医患沟通最基本的要求是了解患者的就诊目的。在医患双方见面初始、尚未对主诉需求进行实质性诊疗前,医方应当初步了解患者的基本信息,观察患方,做好与患方沟通的充分准备。针对以上要求,可以采取以下几点策略:

(1)构建良好第一印象。接诊时,医方应当主动提供信息,展现出专业素养和亲和力,构建让患方信任的医患关系。

(2)病史采集阶段由患方主导。在病史采集阶段,医方应给患方足够的机会讲述疾病的发生、发展过程,尤其是患方在患病过程中的体验、自己的担忧、对治疗计划的想法和对未来的期望。医方在患方的讲述中尽可能多地获取相关的信息,在患方的生活场景中深刻地理解病情。

(3)病情说明阶段由医方主导。在该阶段,医方应主导沟通的过程,有序地向患方详细解释疾病的发生、发展及可能的治疗方案。同时,医方应关注患者的反应和疑问,及时给予解答。

(4)逐步聚焦患方问题。医方应当逐步聚焦患方的问题,阶段性总结患方陈述的信息,并与患方进行确认,同时,应询问患方是否还有需要补充的重要信息。

(5)与患方共情。医方要能够感知和理解到患方在沟通过程中所传递的情感,并结合这些情感采取行动。通过共情,更好地理解患者的需求和担忧,从而提供更加个性化的诊疗服务。

[沟通范式]

医生:"王先生,您好。哪里感觉不舒服?"(开放式问题)

患者:"就是特别累,很疲惫,不想说话。"(面无表情,说话单调,看起来非常疲惫)

医生:"这种情况多长时间了,能具体说说吗?"(重复信息,辅助性回应)

患者:"三个月了,一直就觉得累。我在单位的业绩明显下滑,老板让我看医生。"

医生:"以前看过医生吗?做过哪些检查?"

患者:"两周前已经看过医生了,这是病历和化验单。"

医生："我注意到了你做了 HIV 检查,这是出于什么考虑?"(初步总结反馈,并询问补充意见)

患者："我 17 岁的时候出过车祸,接受过输血,我担心有可能因此染上艾滋病,还好检查结果是阴性的。"(欲言又止,神态羞愧)

医生："看来阴性的检查结果并没有完全解除你对艾滋病的担忧。"

患者："是啊,我听说有的人染上艾滋病,但检查不出来。"

医生："事实上是这样的,人体感染 HIV 后,一般需要 2~4 周、最多 8 周,血液中就能检测到 HIV 抗体或者 HIV 抗原。从感染 HIV 到机体产生抗体的这一段检测不到 HIV 抗体或抗原的时间,称为窗口期。如果过了窗口期,HIV 检查仍为阴性,那么就可以排除感染 HIV 的可能了。除此之外,你还有别的问题吗?"(再次总结反馈,承接后续的沟通过程)

患者："我弟弟两年前曾试图自杀,还为此惊动了警方,邻居都知道了这个事情,我的父母为此感到极度羞愧。而且我妈妈还告诉我,在生下我之后,她非常地消极、抑郁。我现在睡觉不踏实,总是早醒,很难集中精力,胃口也不好,不想干任何事情,即使是自己喜欢的事情也不想干。我担心患上了严重的抑郁症,但是不想让其他人知道,因为我觉得那和精神病差不多,太丢人了。"

医生："谢谢你告诉我这些,这对我了解你的担忧非常有帮助。听到你家里发生的这些事情,我很难过。抑郁的确是一种非常压抑和痛苦的情绪,但它就像流感一样普遍,很多人的一生中都会出现。你有家族史,现在又有相关症状,建议你去专科医院就诊。如果有需要,你再来找我。"(说明本次就诊的过程和目的,强调交往规则,保持合理距离)

患者："好的,谢谢,那下次见。"

[分析与思考]

患者并没有严重的疾病,但因长期疲惫、业绩下滑及家庭背景(弟弟的自杀、母亲的抑郁史)而深感忧虑。然而,一开始医生未能有效捕捉到这些信息,导致患者感到被忽视和误解。医生未能了解患者的基本信息,也未能细致观察患者的情绪状态,更未能建立起必要的信任关系,这是导致沟通失败的重要原因。许多研究表明,医生并不精于沟通之道,只精于疾病的诊断和治疗。在众多问诊中,医生和患者讨论的好像不是同一件事。在这种无效交流中,医生和患者沉浸于各自的思维逻辑中,无法形成有效的共识与理解。这种以疾病为中心的沟通方式不仅无法真正解决患者的问题，而且可能进一步加剧患者的无助感和挫败感。基于此，医方在病史采集过程中应当充分体现同理心，给予患方充分表达的机会，认真倾听患方的讲述，尊重患方的体验。同时，医方应积极表达对患方的理解，提供及时、专业的帮助。这些行为是医学人文精神最直接的体现，也是构建良好医患关系的重要基础。

第二节　急诊医患沟通

急诊是一门用最少的数据和最短的时间挽救生命、减轻病痛的医疗方式。急诊科作为医院的前沿阵地，集院前急救、院内急诊、重症监护于一体。急诊科救治的患者常常是急危重症患者，具有抢救任务重、病种多等特点。根据 2022 年我国卫生统计年鉴记载，2021 年急诊医学科的诊疗人次数占医疗卫生机构分科门急诊的 4.03%，位列内科、中医、全科医疗科、儿科、外科、妇产科之后。急诊医学科是医患纠纷高发的科室，沟通不充分是主要原因之一。

急诊诊疗基本流程与医患沟通

一、急诊患者的特征

（一）病情的急危重性

急诊患者大多是急危重症患者，就诊时间一般为晚夜间。其病情往往来势凶险，病情危急程度难以估计，部分急危重症患者，病势急，病情重，变化快，要求迅速准确判断，立即需要采取抢救措施。

（二）情况的突发性

急诊有时会遇到一些突发事件，如自然灾害、交通事故、生产事故等，此时可能有大批伤病员同时应诊，医疗机构管理层就需要临时召集相关科室医务人员，调集各方力量加入急救工作中。

（三）求医的紧迫性

急诊患者及其亲属一般求医心情急切，希望医生能立即给出明确诊断，及时采取治疗措施。有些病情较轻的患者，因为缺乏医学常识，也会出现过度紧张和焦虑的情况。多数情况下,急诊患者需要采取紧急的抢救措施,暂时脱离危险或缓解病症。

(四) 后果的严重性

急诊患者病情变化莫测,即使抢救及时,也可能会出现一些严重的后果,如一些患者出现预后不良,甚至死亡。有的患者送来急诊时就已生命垂危,或是经过各方抢救仍然无法挽救,而部分亲属对这样的后果没有充分的心理准备,难以接受事实,将责任完全推卸给医务人员,引发医患纠纷。

(五) 情绪的复杂性

急诊多为突发疾病,有的患者从健康状态转为急重症或病危状态,患者亲属一时不知所措。此种情况对患者及其亲属而言,相当于一个应激源,应激刺激会引发情绪不受控制的复杂现象。

1. 焦虑

焦虑是急诊患者最常见的情绪反应。急诊患者病情紧急、躯体症状明显,加上患者缺乏思想准备,患者及其亲属本能地处于焦虑状态。

2. 恐惧

大多数急诊患者对疾病发生、发展过程了解不充分,对身体状况过分担心,注意力集中在疾病的风险防御上,对疾病造成的死亡、残疾等严重后果非常恐惧。

3. 易怒

急诊患者病情危急严重,心理压力大,自我控制能力下降,容易对外界产生愤怒情绪,并把情绪宣泄在医护人员,甚至患者亲属身上。

4. 悲观、绝望

部分急诊患者为慢性病急性发作,由于病情反复,患者会出现忧伤、悲观、绝望等情绪表现。

二、急诊工作的特点

(一) 救治节奏的紧张性和有序性

"时间就是生命"是对急诊患者最契合的描述。急诊患者发病急骤且多为急危重症,救治工作必须争分夺秒,这就使得急诊工作必须时刻处于紧张的待命状态。为了做好急诊救治工作,特别是突发事件中成批急诊患者的救治工作,急诊医务人员需要具有高效的应急能力,组织严密,服从指挥。危重患者的抢救和治疗还需要多科室的协作,各科室之间密切而有效的配合是急诊救治工作的重要保证。

（二）诊疗的不可预见性和规律性

急诊工作随机性大,季节、气候、流行病、传染病、食物中毒、工业外伤、交通意外等原因,都会造成患者就诊的不可预见性。急诊患者的就诊时间虽然较难掌握,但通过长时间的实践数据不难发现其中存在些许规律。一般情况下,内科急诊患者上午较少,下午较多;创伤急诊患者一般中午少,早晚多。此外,急诊工作还具有一定的季节规律性,如冬季呼吸道感染患者多,夏季肠道传染患者多,麦收季节外伤患者多,雪天骨折患者多,等等。医院应根据这些规律,安排好急诊的技术力量和物质保证,以便顺利地完成急诊患者抢救工作。

（三）病情的危急性和急诊工作的复杂性

急诊患者大多是急危重症患者,病情危急程度难以估计。部分患者病势急、病情重、变化快,要求迅速准确地诊断,立即采取抢救治疗措施。急诊患者的基础健康状况不同,发病程度轻重不一,发病原因千差万别,这些造成了急诊工作的复杂性。急诊患者心情急切,导致急诊医务人员的心理压力巨大。有时一些患者送来急诊时已经去世,或经极力抢救仍未能挽回生命,患者亲属对这些后果没有充分的心理准备,难以接受现实,这容易引发医患纠纷。

（四）技术的专业性和全面性

急诊患者病情严重而复杂,往往波及多个器官。因而一方面需要医务人员熟练掌握本专业医疗护理的理论与技术,及时、准确、有效地抢救患者;另一方面,医务人员需要掌握多个相关学科专业的医疗护理知识和急救技能,这样才能抓住有限的抢救时间,挽救患者生命。

（五）矛盾的突出性和尖锐性

由于急诊患者病情危重,涉及科室和服务环节多,医患双方发生矛盾的可能性也就会增加。同时,患者虽然病情危急,求医紧迫,但医务人员为了保证治疗的准确性和安全性,除一些紧急处理,必须先详细采集病史,进行一些必要的检查方可采取救治措施,这就造成了医患双方的需求和实际工作规范之间的矛盾。再加上急诊患者在抢救中病情有时变化很快,有的患者亲属难以接受,医患之间的矛盾就比较突出,对于一些性格比较冲动的患者亲属,矛盾会更加尖锐。

三、急诊医患沟通的要求与分类

由于急诊工作的特殊性,急诊科的医务人员必须在短时间内了解患者的病情、病史,甚至患者的社会背景。因此,急诊诊疗过程的医患沟通具有一定的特殊性,如急诊医生可能需要边抢救边沟通,存在反复沟通的可能。

（一）急诊医患沟通的要求

1. 增强责任意识，提升心理素养

急诊工作责任重大，稍有不慎，可能给患者带来不可弥补的损失，甚至会危及生命。急诊医务人员要有强烈的责任意识，强调"首诊负责制"，耐心询问病史、认真查体、密切观察病情变化；及时接诊、会诊、转诊，将患者交接给下一位医生时要衔接紧密、交代清楚；遇到合并症患者时，主动服务，做到对患者不推诿。在未请示上级医生，未与被转诊医院联系的情况下，不随便将患者转院。

急诊工作有很强的不可预见性，对医务人员的心理素质、身体素质等都提出了高度的挑战。如果医务人员没有克服困难的坚强意志，就难以很好地完成任务。品格良好的医务人员既要有坚强的意志，在困难面前百折不挠，又要有高度的理智，处事不慌乱，从容应对。

2. 迅速诊断，积极施救

由于急诊患者病情的危重性、突发性、紧迫性，留给医生问诊、确诊的时间非常有限。医务人员应积极果断，分秒必争，迅速投入到急救工作中去。在询问病情、查体和安排相关检查时，尽可能迅速、准确地采取急救措施，紧张而有序地实施各项工作。只有这样，才能满足患者的迫切需要，及时挽救患者的生命，同时使患者及其亲属对医务人员产生依从、信任和尊重。此外，通过院内急诊绿色通道，及时将急危重症患者转入病区，争取抢救时间，提高急诊患者的救治率。

3. 协调调度各科室，救治疑难危重症

急诊中一些患者往往病情复杂严重，常涉及多系统、多器官的病变，因而一方面需要急诊医生具备多学科的综合医学知识，另一方面要求各科室积极紧密地协作和配合，用系统性、全局性的视野研究疑难危重患者的病情，并在第一时间采取最佳的治疗措施，对患者进行全方位的诊疗，使之得到及时、全面、有效的治疗。科室间的团结协作是急诊抢救的重要保障，也是一个医院急救能力和综合管理水平的重要体现。而在疑难危重患者急诊中出现的问题往往是医患矛盾的集中之所在，如科室间的相互推诿、衔接滞后，患者和亲属为此疲于奔波，不知所措，很容易引发医患矛盾。

4. 讲究沟通策略，注重人文关怀

相对于门诊来说，急诊患者是无法做到有序遵从就诊流程的。对于急诊患者，医务人员在接诊时要态度和蔼，多向患者解释，使患者感到亲切，消除患者的恐惧感，并迅速分诊，让患者得到及时诊疗；对重症患者，医务人员在采取急救措施的同时，要耐心疏导。医务人员应该用自己的语言行动去感化患者，尊重他们，安慰他们，鼓励他们，帮助他们，并通过医学知识的宣教，做好心理疏导，减轻

其心理负担,建立起接受治疗的最佳心理和身体状态,促进患者早日康复;对意外死亡的患者,其亲属面对突如其来的打击,往往难以承受,医务人员要与其共情,给予患者亲属情绪缓冲的时间和空间,使其控制情绪,配合院方善后。

5. 增强法律意识,如实记录急诊经过

急诊医务人员要充分认识急诊中潜在的纠纷和法律问题,提高执行规章制度的自觉性,要以高度的责任心投入急诊工作。医务人员在抢救中要用恰当、正式的言辞及时向其亲属交代病情的变化情况、治疗方案和预后,取得亲属的理解和配合。同时,医务人员要如实记录抢救经过,准确判断、认真描述患者的情况、接诊时间、通知医生的时间及医生到达的时间、进行抢救的时间等。医务人员要尊重患者的知情权和选择权,重要的检查、治疗和危重病情交代,不仅要有书面记录,而且要有患者或其亲属的签字。如实记录病情和抢救经过是处理医患纠纷的重要法律依据。完整准确的资料不仅能保护医务人员和患者的合法权益,而且是进行科研活动的原始资料。

6. 急诊医患沟通策略

(1)建立医患共同决策模式。

急诊患者一般因起病急、变化快,常有紧张、烦躁、焦虑等情绪。如果在急诊期间可以迅速找到病因,对症治疗,患者紧张等情绪会有所缓解。但当病情每况愈下,诊断不明的情况出现时,患者的抢救对医患双方都是巨大的挑战。此时,医务人员在与患者或其亲属沟通时,应注重构建医患共同决策的工作模式。比如,多用"我们"来表达对治疗的重视,也鼓励患者多方咨询,更清晰地展现病情复杂性。

(2)重视诊疗过程的各个环节。

在患者诊疗过程中,医务人员的表现会影响医患沟通的效果。例如,医务人员及时与其他科室的医生沟通,衔接有序,为患者的诊疗提供便利,让患者全程感受到医务人员的用心。

(3)忌用词绝对。

急诊患者的病情发展具有非常大的不确定性。医务人员在沟通时应避免使用"一定可以治好"或"已经没救了"等绝对性的话语。即便是十分有把握的治疗,也要为自己和患者留有余地。否则,一旦发生意外,患者或其亲属没有思想准备,容易引发医患纠纷。

7. 与急诊患者亲属的沟通策略

有时,急诊患者就诊时就已经意识不清了,此时医务人员只能和患者亲属进行医疗决策的沟通。针对患者的不同情况,医务人员应采取相应的沟通策略。

（1）及时沟通，共同决策。

患者的病因尚不明确时，医务人员只能进行探索性检查。此时，医务人员和患者亲属的单次沟通时间不宜过长，而应根据病情的变化随时沟通。让其亲属感受到病情的变化过程，共同参与决策。

（2）抢救过程透明化。

让患者亲属了解抢救过程是急诊医患沟通的重要内容。若患者亲属知晓医务人员的尽力救治，当出现不良的治疗结果时，他们会更容易接受，而不是迁怒于医务人员。

（3）详细记录诊疗过程。

医务人员应详细记录诊疗过程，必要情况下，进行录音、录像，并做好资料保存，以便患者亲属有需要时查阅，更好地理解治疗的过程，获得患者亲属的信任和理解。

（4）告知不良结果。

医务人员在进行告知时，可采取循序渐进的方式进行。心理学研究表明，短暂、多次的弱刺激比快速、激烈的强刺激更容易被接受，这样的沟通效果更好。

（二）急诊医患沟通的分类

1. 急诊门诊的医患沟通

在急诊门诊中，医生在问诊和检查后，会对患者病情有一个初步的了解，此时医务人员开展积极主动的医患沟通最为重要。

（1）告知患方当前的病情、疾病性质及严重程度：如果病情危重还需要患方签署书面的病重通知书或者病危通知书。

（2）检查的沟通：医务人员对需要进行的检查及缘由、已完成的检查及检查结果，以及进一步检查的必要性、目的、费用等都需要告知患者。如果检查为有创检查，还需要告知患者检查利弊，必要时要患方签署书面的知情同意书。

（3）对患者下一步诊疗计划的建议：临时观察、留院观察或回家观察等。

（4）服药须知：如果患者需要用药，服药的注意事项等也需要一并告知。

（5）医疗费用通知。

（6）尽快通知关系人：对于急诊现场无直系亲属或其他关系人的，医方应尽最大可能第一时间联络关系人，如果有必要可以请求警方协助处理，并向上级部门报告并做好交接工作。

2. 急诊留观的医患沟通

当患者从急诊门诊转到留观区后，医患沟通的要求更加具体细致。具体包括：

（1）全面细致介绍急诊留观区的相关情况及医保的相关信息,告知患者留观后的检查与治疗策略,饮食和行为等注意事项,询问是否需要陪护人。

（2）在检查结果出来后,可考虑立即通知患方,或者根据实际情况在次日查房的时候向患方反馈检查结果、病情诊断分析,以及下一步的治疗措施。

（3）转科或转院的指导:告知患方转科的重要性,以及在转运过程中可能存在的风险,必要时要患方签署纸质的知情同意书。对于转到专科医院住院的患者,医务人员要耐心解释,并详细介绍分院或其他医院的情况。

（4）对于出观的患者,要告知随诊、服药和注意事项等内容。

3. **急诊重症监护室的医患沟通**

入住重症监护室的患者一般病情危重,病死率较高,而且治疗费用较高,患者及其亲属期望值较高。在实际的医疗过程中,重症监护室会比其他科室更容易发生医患纠纷。因此,患者在入住时,医务人员要和其进行必要的沟通,如告知其急诊重症监护室的相关规定、费用情况及预后情况。对病情预后不佳的患者,病情的诊断和治疗方案的选取及确定,医务人员需要充分评估患者本人的接受度。

【案例 6 - 2】

腹痛的急诊患者

[案例概述]

徐医生于某晚 19:00 接诊患者刘某,男性,56 岁,5 小时前患者进食油腻食物后出现上腹痛,为持续性疼痛,伴有恶心呕吐,呕吐物为胃内容物,约 5 次/日,不伴有腹泻,发热,遂至急诊就诊。

入院后一般生命体征:血压 154/85 mmHg、心率 85 次/分、呼吸 14 次/分,体格检查提示:墨菲征（+）、右下腹压痛（+）、反跳痛（-）,其余查体未见明显异常。辅助检查:血常规、淀粉酶检查。血常规提示 WBC：$13.56×10^9/L$、N：$8.21×10^9/L$、L：$2.61×10^9/L$、N%：84.1%、L%：12%;淀粉酶示：97 U/L。心电图提示:窦性心律。肝胆胰脾 B 超提示:囊内可见数个强回声光团伴声影,胆囊壁增厚、毛糙,提示胆囊结石伴胆囊炎。

初步诊断:急性胆囊炎伴胆囊结石。

治疗:予以解痉、抗感染等药物治疗。

由于接诊患者较多,医生建议患者留观。约半小时后巡视留观病房时,患者表示上腹部疼痛有所好转,但右下腹仍有轻度疼痛,医生详细询问患者病史,患者表示既往有阑尾炎病史,再次对患者进行体格检查,检查提示:麦氏点压痛、反跳痛(+)。医生急查下腹部 CT,CT 提示:阑尾增粗,阑尾直径大于 13 mm,管壁增厚伴周围渗出。考虑急性阑尾炎的可能,医生立即请普外科会诊。

经会诊,明确诊断:急性化脓性阑尾炎伴粪石形成。

患者在收住入院后进行手术,治疗后患者腹痛消失,各项指标好转。但患者及其亲属认为,医生初始诊断耽误了阑尾炎的治疗,要求医方给予赔偿。

[沟通风险]

(1) 医生与患者及其亲属沟通不够充分。

(2) 医生对患者的问诊不足,信息采集缺少,导致诊断不全面、治疗不充分。

(3) 医生对患者病情的发展、预后评估不足,主动向患者及其亲属交代病情不充分。

[沟通策略]

(1) 增强责任意识,及时有效采集病史信息,全面沟通诊疗信息。

(2) 增强人文关怀,要将自己掌握的专业知识,转化为患者听得懂、听得进的表述。

(3) 增强医患互动,围绕病情发展与治疗,医生要主动沟通、及时沟通,形成合作。

[沟通建议]

(1) 践行"敬佑生命、救死扶伤、甘于奉献、大爱无疆"的崇高职业精神。

(2) 医患双方围绕病情及治疗措施开展全方位的沟通交流。

(3) 注意诊疗过程中的知情同意书等书面文件的签署和保存。

课后思考

1. 简述门诊患者和急诊患者的特征。

2. 简述门诊医患沟通的要求。

3. 分析不同类型的急诊医患沟通的策略。

第七章　内科与外科的医患沟通

学习目标

1. 掌握内、外科诊疗的医患沟通策略。
2. 熟悉内、外科常见的医患沟通问题及解决方案。
3. 了解内、外科室患者的特征。

第一节　内科医患沟通

一、内科患者的特征

（一）内科患者的心理特征

1. 紧张焦虑

焦虑是一种常见的负面情绪,是多种内科疾病的明确诱因之一。内科疾病多为慢性病,病程长,病情易反复,治疗过程漫长,患者往往对自己的病情较为担忧,容易出现紧张、焦虑等情绪。另外,由于内科疾病需要进行反复检查,或长期服用各种药物,医疗费用压力较大,部分患者会担心医药费用,以及疾病对家庭带来的影响,心理负担加重。

在临床中,患者的焦虑情绪一方面会影响并加重其疾病的发生与发展,如长期焦虑的人群中,高血压、消化性溃疡的发生率较高,发生中风、心绞痛和心梗的风险也较高,同时,焦虑会引起血糖和血压的波动,会增加发生急性心梗及恶性心律失常的风险。人在情绪激动、暴躁或高度紧张的情况下,血管容易收缩痉挛,加重心脑血管疾病,甚至诱发急性心脑血管疾病。另一方面,疾病相关症状也会导致焦虑紧张,如冠心病、心力衰竭患者经常有胸闷症状,会产生焦虑情绪。对于一些诊断不明的患者,需要做一些特殊检查,如胸部穿刺、胃肠镜、支气管镜等,患者对检查目的、检查过程、注意事项不够了解,常常会害怕发生意外,进而产生紧张、焦虑情绪,此外,患者也会因为担心检查结果不好而惶恐。

2. 悲观抑郁

大量研究发现,内科慢性疾病均可加重心理负担,诱发负面情绪,而心理压力和负面情绪会反过来影响人体健康,进一步加重疾病。首先,抑郁本身会诱发或加重心脑血管、消化系统疾病,并伴随一些躯体症状,涉及多个系统。其次,对于内科慢性疾病的患者,他们受疾病影响,神经体液因素的改变会加重抑郁症状,对医嘱的依从性也会降低。再次,长时间受到疾病折磨,他们精神状态变差,经济负担加重,甚至因病致穷,进一步加重悲观、抑郁情绪。还有一种极端情形,患者的经济负担会加重思想负担,易产生悲观失望心理,对治疗失去信心,甚至厌烦、拒绝治疗。

在临床中,一些患者因长期住院治疗,个人形象改变,周围病友病情恶化甚至离世;这些负面因素都可能引发器质性病变,加重悲观抑郁情绪,临床表现为落寞、敏感、易怒、郁郁寡欢和社交退缩。

3. 自卑

传染性疾病的患者,在人群中会遭到刻意的回避和疏远,容易因症状而产生自卑心理,这对患者本人及其工作生活造成许多不良影响,进而产生自卑心理;一些老年慢性病患者由于病情较为严重而生活不能自理,也会滋生自卑感。内分泌疾病和代谢疾病多伴随着身体外形的改变,包括面貌、体形的异常变化,如体态改变、毛发改变、皮肤或黏膜色素沉着等,这些患者在社交活动中,容易因为自身的身体外形和常人不同而产生自卑心理。此外,在就诊的过程中,此类患者可能对于自己的异常情况会羞于启齿或不愿与医生沟通。对此,医生在沟通时要注重人文关怀,给予患者必要的鼓励,不能因为患者的症状而歧视他们。

(二)内科患者的生活方式特征

人们日常生活中的不良行为,以及社会各方面不良因素会导致个体在躯体或心理层面产生慢性非传染性疾病,有学者对此类慢性非传染性疾病进行了大量调查研究,发现其与生活方式密切相关。

1. 不良的饮食习惯

在当代社会,人们的饮食过于"精细",肉类及油脂摄入量过多,经常使用煎炸、烧烤、烟熏、腌制等加工方式食用高蛋白、高脂肪、高胆固醇、高盐、高糖食物，而对膳食纤维、维生素和矿物质等摄入不足。

2. 久坐及缺乏运动

随着汽车等交通工具的普及和工作模式转变，越来越多的人习惯久坐，并缺乏运动，这些都可能引发糖尿病、高血压、冠心病、脂肪肝等疾病。

3. 作息时间不规律

近年来，随着人民生活水平的提高，加之现代社会生活节奏快、工作压力大、娱乐方式多，这些导致人们的生活方式发生了巨大变化，作息时间不规律成为部分人的常态。长期睡眠不足易引发循环系统、消化系统、内分泌系统等方面的疾病。

4. 吸烟

吸烟能使血管内皮功能紊乱，增加血栓生成；吸烟亦会破坏正常的肠胃活动，引起胃黏膜血管收缩，使胃黏膜中保护胃黏膜的前列腺素合成减少，胃黏膜受损。同时，吸烟和呼吸系统疾病关系较为密切。大量研究发现，吸烟是肺癌病死率增加的重要原因，是人类健康的"杀手"。长期吸烟者普遍有慢性咳嗽、痰多症状，容易引起呼吸道炎症，如长期大量吸烟会引起慢性支气管炎，甚至导致肺气肿；长期吸烟使低密度脂蛋白易于氧化，引起周围血管及冠状动脉收缩、管壁增厚、管腔狭窄和血流放缓，造成心肌缺血、缺氧。

5. 饮酒

临床数据表明，因饮酒过度而引发的消化道疾病非常多，其中消化道出血、急性胃炎和急性胰腺炎是过量饮酒最易引起的三大类消化道疾病。长期大量饮酒还可能引发酒精性肝硬化。另外，乙醇和心脑血管疾病也有关联。乙醇能够刺激脂肪酸从脂肪组织释放，加重高脂血症，即使每日少量饮酒，也会促进肝脏胆固醇的合成，引起胆固醇及中性脂肪含量增高，从而引起动脉粥样硬化，发生心脑血管疾病。

（三）社会因素

1. 社会支持单一

患者亲属是患者社会支持系统最重要的组成部分，内科慢性疾病带来的生理痛苦和经济负担都会给患者及其家庭带来不同程度的心理负担。很多慢性疾病会产生很多不同的症状，要采取不同的治疗方式，而治疗时间长、治疗见效慢对患者的生活方式产生了重大的影响。很多患者因病被迫放弃了正常的学习和工作，减少社交活动，一些患者长期选择待在家里或者医院中，进而感觉自身的社会价值降低或丧失，社会活动范围明显缩小，获得其他社会支持的机会也大大降低。

2. 人口老龄化程度加深

我国老龄化程度逐渐加深。老年人的身体素质相对较弱,同样的疾病老年患者的康复周期更长。医院在收治老年患者的时候,面临的风险与挑战更大。此外,部分老年人可能存在口齿不清、视力下降、听力下降等问题,导致与他人沟通存在一定困难。在医患沟通中,老年人更倾向采用口头语言沟通和面对面咨询的方式。然而,这可能无法满足所有场景的需要,并且容易产生误解和混淆。

3. 经济负担较重

内科患者主要的经济负担包括化验费、药费及住院费等。除了这些直接的经济负担,患者还要承担交通费、护理费和营养费等间接费用。尽管我国拥有相对完善的医疗保障制度,但这对一般家庭来说是一笔不小的开支。随着医学的进步,内科疾病有了更多的诊疗方案,但新技术在普及前的费用相对较高。

4. 健康知识匮乏

尽管人们越来越关注健康问题,但对于健康知识的获取能力、判断辨识能力和应用能力,大多数人都有所匮乏。健康知识的匮乏是糖尿病、血脂紊乱、骨质疏松症等内科疾病发生、发展的重要原因之一。以糖尿病为例,很多患者因为没有及时诊断病因,及时治疗,掌握自我护理、饮食、用药等方面的健康知识,对血糖控制的重要性认识不到位,没有养成定期检测和筛查并发症的习惯,直到糖尿病晚期才就诊,而此时病情已经无法逆转了。

二、内科医患沟通的要求与内容

(一)内科诊断中的医患沟通

1. 病史采集、体格检查

(1)病史的采集一般从患者的主诉开始,医患沟通要以主诉症状为重点,遵循先易后难的原则,逐渐深入,进行有目的、有层次、有顺序的询问,深入了解主诉症状,然后针对相关症状进行详细问诊。问诊是获得诊断线索的基本方法,是建立良好医患关系最重要的时机。医生通过问诊可以了解患者病情发展的全过程,避免漏诊和误诊。

特别强调:问诊开始时,医生先作自我介绍,说明职责;在问诊过程中,医生应消除患者紧张情绪,注意保护患者隐私,使用恰当的语言和表达方式,拉近医患间的关系。

(2)问诊过程中,医生要注意仪表仪态,营造和谐氛围,尊重患者,有同理心,认真倾听,使患者感到温暖亲切,得到患者的信任。

(3)问诊结束时,医生需要感谢患者的合作,引导患者做体格检查。医生在体格检查过程中要注意保护患者隐私。

2. 重要检查项目

医生根据病史采集、体格检查的信息，为了鉴别诊断结果，需要将待完善的重要检查项目，告知患者及其亲属，并说明相关检查项目的必要性及可能存在的风险。

（二）内科治疗中的医患沟通

1. 针对性的医学与健康知识教育

（1）针对性的医学知识教育。

医生应加强患者及其亲属对疾病方面基本知识的掌握，例如通过宣教，医生使患者及其亲属了解病因、发病机制、治疗方案、疗程等，让医患沟通更加顺畅，这有助于患方配合治疗、患者尽快康复。对于慢性疾病，医生还要告知患方此类病疗程长、易复发等特点，让患者了解并认识到长期、规范用药的必要性。医务人员要帮助患者树立与疾患斗争的信心，解释定期的门诊随访和复查的必要性等，以便患者能理解治疗过程中应注意的事项。介绍这些与疾病相关的医学知识，可以帮助患者及其亲属理解疾病、配合治疗、提高医疗效果、降低复发风险等。

（2）针对性的健康知识教育。

内科慢性疾病的发生与人们的生活习惯、生活方式有密切联系。了解和把握与疾病相关的健康知识，养成良好生活习惯对内科疾病的预防和治疗具有重要意义。因此，医患沟通过程中，有必要针对患者及其亲属开展相关的健康知识教育，这有利于缓解患者紧张焦虑的情绪，帮助患者保持健康稳定的心态。

2. 开展心理辅导

内科疾病大多病程较长，因此树立信心对战胜疾病至关重要。随着社会的进步，医学心理学提示我们，人体的健康与疾病不仅与遗传因素和环境因素有关，而且与人格特征、情绪状态、心理活动、社会文化背景等密切相关。大量的临床事实表明，除了具有良好疗效的药物，良好的心理辅导也有利于疾病的治疗和身体的康复。因此，进行内科疾病治疗的同时，医务人员需要适时地开展患者的心理辅导。例如，针对紧张焦虑型患者采取支持性的心理辅导，通过暗示使其放松，并增加其安全感，消除对方焦虑恐惧的心理；对抑郁型患者采取解释性和指导性相结合的心理辅导，照顾对方敏感多思的特点，多进行心理安慰，以减轻其抑郁情绪。

3. 适度告知风险

和内科疾病相关的风险主要有三种，第一种是疾病本身的风险，第二种是治疗过程中可能出现的风险，第三种是由于疾病或者治疗产生并发症或合并症的风险。

对于第一种风险，由于内科疾病中常有各种临床急症重症，像心脑血管意外、消化道大出血、重症急性胰腺炎、急性肾衰竭等，这些疾病本身就含有较高的风险。因此，医生在治疗前要充分告知患者亲属疾病的风险，让患方对可能的病情变化有充分的心理准备。

对于第二种风险，医生在治疗的过程中要明确告知检查治疗的必要性、过程的规范性及可能的不良反应，以便使患者能有充分的思想准备并能积极地配合治疗。例如，心内科的介入检查和治疗、消化内科的内镜检查和治疗，这些是内科疾病中较为常用且效果较好的方法，检查之前，医生要充分告知患者侵入性检查或治疗的必要性、检查的具体操作过程、可能出现的不适或并发症等，也要清楚地告知一旦出现并发症后可以采取的应急措施，从而帮助患者了解治疗过程，进而使患者能积极配合检查或治疗。

第三种风险主要是由于个体差异，大多器质性、老年性内科疾病预后效果一般较差。一些出现严重并发症的内科危急重症，预后效果更差，治疗期间会出现新的症状，导致临床风险。因此，医生在医患沟通时需要对此进行说明并提出解决方案。

4. 尊重知情选择

内科疾病病种多，不同的疾病可能会有相同的临床症状，同一疾病又有不同的治疗方法，预后也会不同。医方要尊重患者的知情权，及时告诉患方疾病的多种治疗方案，以及不同治疗方案的疗效、预后、费用、风险等，方便患者做出选择。例如，对于高血压患者来说，由于药品种类繁多，医方需告知患者不同药物的适应证、疗效及可能引起的不良反应。对于必须要进行的手术，医方要明确告知手术方式、此次手术及术后可能发生的并发症和风险等，并且解答患者关于手术的相关问题。总之，医方有责任和义务告知患方治疗方案的适应证、利弊、风险和费用，与患方共同商定治疗方案，把选择决定权交给患方。

5. 引导配合治疗

内科疾病病因复杂，起病普遍较为隐匿，患病早期大多无明显症状。如高血压病，有些患者可能在定期体检时发现，但并没有对此给予足够的重视，这类疾病属于慢性病，需要长期服药，医生需要用通俗易懂的语言将高血压病的特点、危害及相应药物的作用、特点、用法告诉患者或其亲属，嘱咐他们服降压药后血压降至正常水平，只能说明此时血压得到了控制，并非治愈，故不能擅自停药；当血压平稳一段时间后，可以在医生的指导下适当减少药量。除了帮助患者正视疾病外，引导其配合诊疗也是医生日常工作之一。以冠状动脉造影为例，冠心病患者就诊时主诉大多是胸闷、气短、心悸等，虽有服药经历，但并没有系统检查。因此，为了进一步了解病情，医生需要建议患者采用冠状动脉造影的检查方式进行检查。在沟通的时候,医生除了要将冠心病的特点、常见病因和病变告知患者或其亲属,还要告知造影对冠心病诊断的帮助,如了解病变的范围和程度,为选择治疗方案提供可靠依据等。

【案例 7 - 1】

内科检查前的医患沟通

[案例概述]

患者,女,68 岁,肩及腰腿痛 6 个月,以左侧显著,向颈部、左乳旁及下肢放射。左肩关节及腰椎正侧位片示:左肱骨溶骨性损害,L_{1-3} 椎体退变增生,诊断为肩关节周围炎及腰椎骨性关节炎,给予对症治疗。治疗中症状逐渐加剧,下肢肌肉萎缩,继而完善 CT 检查,CT 检查显示:肺部有阴影,怀疑左中央型肺癌并骨转移。医生建议做纤支镜检查,患者及其亲属不同意。

[沟通风险]

(1)患者对检查目的、检查过程、注意事项不够了解,对意外产生过度紧张焦虑情绪,故而不同意检查;

(2)患者亲属不忍心老年人承受检查的痛苦。

[沟通策略]

医生随后和患方进行了细致的沟通,肺癌往往通过血道转移至骨骼,有的甚至在原发肺癌未被发现之前就发生了转移,老年人处于脊椎退行性改变的高发期,不少老年肺癌患者首发症状就是腰腿、颈肩痛,如不进一步检查,极易发生漏诊、误诊。如果担心纤支镜检查会有痛苦,可以选择无痛纤支镜检查。

[沟通结果]

患方经过商量后签署了知情同意书,决定进行无痛纤支镜检查。纤支镜检查报告显示为低分化肺鳞癌。

[分析与思考]

呼吸系统疾病的诊疗阶段有很多检查方法,一些方法可能会给患者带来不适感,有时还会出现并发症。因此在给予患者相应检查之前,医方应明确告知检查的意义、可能产生的不适感及并发症,让患方在充分知情的情况下自行做出选择。

第二节　外科医患沟通

一、外科手术患者的特征

外科疾病往往需要以手术作为主要手段进行治疗,因此,患者的身心状态与手术密切相关。外科患者常带着自己独特的身心需求接受治疗,有效的医患沟通,给予患者更多关怀,使患者身心处于最佳状态,有利于手术顺利开展,改善术后生活质量,减少医患纠纷。任何手术对患者都是生理和心理的强刺激,需要实施手术治疗的患者,在住院期间的身心状态存在一定的共性。

（一）手术前患者的心理特点

焦虑和恐惧是患者手术前最常见的心理反应,其原因主要有三个方面:一是患者入院后的求助心理迫切,急于得到及时有效的治疗,解除病痛的折磨,希望得到医务人员的尊重和理解;二是患者对手术安全、手术效果、医生的技术水平存在顾虑,缺乏必要的了解;三是患者担心手术造成身体创伤,担心治疗费用超过自己的承受能力,担心手术后学习、生活、工作受到影响。

（二）手术中患者的身心特点

全身麻醉后的患者无主观心理感受,身体主要器官机能处于监测中,但麻醉前患者会观察医务人员的言行举止且对麻醉醒来时的所见所闻格外留心。非全身麻醉的患者会全程观察术中医务人员的语言、行为,甚至对手术器械撞击声音都格外留心。

（三）手术后患者的身心特点

手术后,患者的生理机能需要较长时间的恢复,焦虑、恐惧、紧张等心理反应也伴随始终。有些重大手术可能引起患者部分生理功能丧失和体征改变,容易出现愤怒、自卑、焦虑等心理问题。有些患者可能因术后一时生活不能自理、长期卧床、对手术效果不满意等而继发严重的心理障碍。

有些患者受到医生和患者亲属对病情的善意"隐瞒"影响,术后敏感、多疑,对别人说话的声调、神态、表情等都会异常关注。有些患者也会对诊断准确性、手术效果、术后并发症、医生手术能力等产生怀疑,出现敏感、害怕等心理。

二、诊疗中的医患沟通策略

（一）手术前的沟通

手术前,患者及其亲属希望了解手术的必要性和风险。手术医生应根据患者的不同情况,采取不同方法对患者做针对性的解释和开导,消除患者顾虑。

1. 告知手术方案

对医生而言,术前要同患者做一次详细的谈话,告知手术的名称、方法,手术中的感受,手术中可能出现的问题及处理办法,手术预期结果,可能发生的医疗意外,术后并发症及力所能及的应对措施,让患者了解手术的大致情况和应对方法。

针对患者在术前可能存在的恐惧、焦虑等情绪,医生要以同理心不断鼓励、舒缓其情绪,争取患者最大程度的配合。医生必须以诚恳的态度、通俗的语言、悉心的关怀让患者意识到,医方是站在他的立场,本着对患者负责的原则,努力解决疾病问题,医生应尽量用较短的时间争取患者的支持和理解。

2. 指导术前准备

医生在术前要调动患者的主观能动性,使其配合医生做好手术准备。如对心理紧张的患者,医生应培养患者的自我分析能力、控制能力和联想能力,让患者分析是采取保守治疗好,还是采取手术治疗好,主动控制自己紧张、恐惧的情绪;医生应适时告知患者,其亲属会在手术室外等候,减少患者无助感,提高患者手术期间的安全感和信任度,增加患者对手术治愈的信心,缓解心理压力;对睡眠障碍的患者,医务人员要告知良好的睡眠对术中体力消耗的积极作用;对害怕疼痛的患者,医务人员要说明为免除疾病长期折磨,手术是必要的,且目前的技术手段已能很好地控制疼痛,使患者平静地接受手术。

3. 术前谈话

（1）明确手术的作用。

手术前,医生要与患者及其亲属谈话,并要求他们在谈话记录上签字,这是一种常规制度。通常情况下,医生是在征得患者及其亲属同意后才决定手术的。谈话签字有双重意义:一是医生对患者人格和权利的尊重,手术是以损伤为前提的,患者是否接受这种治疗,有知情及决定权;二是患者及其亲属对医生的信任,这对医生而言责任重大,具有法律意义。因此,医生应向患者及其亲属充分说明手术的必要性,以及不及时治疗可能产生的严重后果,使患者及其亲属作出决断。患者及其亲属充分理解手术的必要性之后,也会对手术后可能的并发症表示理解。

（2）理清谈话顺序。

在与患者亲属谈话时，应注意分清患者与亲属的关系及家庭成员的构成，一般来说，排在第一位的群体是患者的配偶、父母、子女，第二位是患者的兄弟姐妹、祖父母、外祖父母。在同一序列中的每一个人都具有同等的权利，这一点应加以注意，特别是当患者失去表达能力时，有时会因亲属的意见不统一而产生医患纠纷，医务人员可以建议亲属先统一认识，然后再做出决定。

（3）谈话注意事项。

第一，医务人员要坚持实事求是，应讲清楚手术治疗的意义、手术前期准备和具体方案、手术和麻醉风险等；对术中、术后可能出现的危险与并发症进行全面的说明与解释，特别是有可能危及生命的情况，更要解释到位，使患方在术前就有充分的认识和思想准备。同时，也要对医生为防止和应对风险及并发症所做的举措做适当介绍，取得患者亲属的信任和理解。谈话要实事求是，切忌主观片面，既要讲清情况，又要留有余地，任何不恰当的说法都可能成为医患纠纷的隐患。

第二，医务人员要学会灵活变通，若患者想知道实情，而其亲属不愿意让患者知道，应该在执行保护性医疗制度的前提下，满足患者的部分愿望；对于某些病情较重、预后较差的患者，应特别注意谈话技巧，直接与患者谈话时，可以有所保留，但对患者的亲属应讲清讲透。

第三，医务人员要突出分类指导，医生不能千篇一律地向所有的手术患者及其亲属说同样的内容，要根据每个患者的具体情况，有针对性地进行沟通，让患者及其亲属意识到，医生术前谈话不仅是履行工作程序，更是尊重患者权利，全面分析评判病情，保障手术顺利，共同提高疗效。

第四，医务人员要明确风险共担，医生不能把患者及其亲属签字作为推卸责任的凭据，不能认为有了签字，就可以不承担风险，不承担手术的任何责任。同时，医生也需要将麻醉医生、护士和后勤保障情况作基本介绍，以使患者及其亲属对手术保障措施有更全面的了解，增强患者及其亲属的信任感，降低医患纠纷风险。

（二）手术中的沟通

手术进行中，是医患双方都高度关注的治疗阶段。医务人员除仔细手术外，还要认真执行查对制度和汇报制度，以免出现差错事故。由于疾病和个体的差异，术中仍可能发生各种难以预料的情况，这决定了术中仍应进行实时的医患沟通。

1. 举止表情自然得体

医务人员应该做到仪表端正。非全麻患者对医务人员的一举一动都非常关注,切不可在非全麻患者面前表露摇头、耸肩、跺脚等动作,或者惊讶、可惜、无可奈何等表情,以免患者受到不良的心理暗示。

2. 言语交流注意分寸

医务人员在手术中不要谈论与手术无关的话题,尤其是在患者清醒状态下,无关的话题会让患者认为医务人员态度不认真,使者产生恐惧感和不信任感,也会增加后期医患纠纷的风险。医务人员不要说容易引起患者误会的话,如"糟了""错了""反了""血止不住"等,以免引起医源性纠纷。例如,一位非全麻的患者,术中听医生说"脂肪层打结不要打成滑结了",术后患者一直心存疑虑,担心医生打结没有打好,不停追问医生打滑结的后果,经上级医生充分解释后,才解除了焦虑。

3. 尽量避免不良刺激

手术中医疗器械的撞击声,医务人员的走动声,都会对患者产生不良刺激。医生在术前就要和患者说清楚,并告诉患者如何应对,以免引起患者恐慌。恐惧和紧张情绪会导致生命体征的不稳定,增加疼痛的敏感度,影响麻醉效果和手术进程。医生术前要告诉患者不要将精力集中到医务人员手术交流、表情变化等,要放松心态,全力配合医务人员完成手术。

4. 术中有变及时沟通

因患者个体生理差异和手术的特殊性,手术过程中仍然可能出现与术前预期不一样的情况,如部分患者因病情出现变化、损伤程度估计不足导致术前方案需要调整,部分患者在手术过程中发现需要扩大手术切除范围,部分患者术中会出现意外大出血的情况,医生应立即下台与患者的亲属沟通,根据术中情况提供可选择的手术方案和应对举措,在征得患者亲属同意并签字后方可继续手术,避免擅自更改治疗方案导致医患纠纷。

(三) 手术后的沟通

手术顺利完成,并不意味着病情稳定了。术后仍随时可能发生病情变化,医生应重视术后对患者的观察,细心与患者及其亲属沟通,及时处理突发情况,稳定患者病情,保障生命安全。

1. 多嘱咐,勤观察

手术结束后,医务人员仍要耐心细致地与患者或其亲属沟通,要嘱咐患者或其亲属,在麻醉未完全清醒前,保持患者头偏向一侧,以免呕吐造成患者窒息或引发吸入性肺炎;嘱咐其亲属定期呼唤全麻患者,保持患者意识清醒。医务人员要定期巡视查房,与患者或其亲属沟通,了解术后病情变化,必要时需要连续观察患者,直至病情平稳。

2. 多沟通,强信心

医生应在手术结束后,及时向患者或其亲属说明手术情况,以及术后病情恢复的一般规律、可能出现的并发症及观察与治疗的方案。有些患者术后身心反应严重,虽然手术非常成功,但患者仍可能有较多的不适和顾虑,情绪不稳定。医生要给予指导,让患者认识到术后病情逐渐好转,增强信心。

3. 多指导,促康复

医生应正确指导患者的术后活动,如颈部手术后,要尽量少说话,注意有无渗液,防止大出血;腹部手术后,患者要适当下床活动,加速血液循环,促进身体康复,一有排气要及时告诉医务人员;骨科手术后,要保持功能位,加强功能锻炼。医生要告知患者适度活动和功能锻炼不会造成切口裂开,消除疑虑。

4. 多说明,除顾虑

手术后,患者及其亲属有诸多疑虑,医生要做充分的解释说明,消除顾虑。有些患者在麻醉药理作用后疼痛,要求使用止痛剂,医生要注意合理使用,避免成瘾;有些患者术后心理压力较大,医生要多与患者解释病情,阐明手术已成功完成,会逐渐康复,帮助患者卸下思想包袱。

【案例 7-2】

外科手术的医患沟通

[案例概述]

患者,女,63 岁。因"下腹部疼痛 4 小时伴呕吐"就诊某市医院,拟"腹痛待查"收住入院。

入院检查:下腹部压痛(+),反跳痛(+)。B 超显示:急性化脓性阑尾炎。于当日 14 时 30 分在硬膜外麻醉下手术探查:术中证实急性阑尾炎伴小肠憩室炎。手术方式:阑尾切除及小肠憩室切除。术后加强抗感染、补液及对症处理。

1 周后晚间患者出现腹痛、腹胀等肠梗阻症状,经积极保守治疗症状无改善,于第二天上午 10 时 20 分在硬膜外麻醉下行"肠粘连松解及横结肠造瘘",术后患者病情平稳。

2 个月后在硬膜外麻醉下行"造瘘肠管还纳术"。

术后第 8 天,患者再次出现肠梗阻症状,在局部麻醉下行"切口清创及结肠减压术"。术后肠镜检查:"降结肠狭窄",给予支持、对症治疗。

一个半月后,在全身麻醉下行"左半结肠切除术",手术顺利,但术后患者出现持续发热,胸部 X 线片示:"胸膜炎伴胸腔积液",予以胸穿刺抽液处理。

后复查腹部 B 超及 CT 提示:"脾周感染",又在全身麻醉下行"脾周感染清除及腹腔引流术",术中发现脾下极部分坏死,予以清创、引流,术后加强抗感染、对症处理。因患者出现急性腹泻,予抗炎及调节肠道菌群等处理,但症状仍无好转,应患者要求转某医学院附属医院外科进一步治疗,经过积极的营养支持、抗感染治疗和腹腔引流,并给予 B 超定位下双侧腹腔积液穿刺治疗,治愈后出院。

[沟通风险]

(1)患者因腹痛住院检查,进行手术治疗,出现诸多并发症,期间缺乏有效沟通,后又反复手术,并发症反复发生,造成患者最终脾脏、结肠部分缺失,遗留功能障碍,提高医患关系风险发生率。

(2)医方在患者首次就诊过程中考虑不全面、不慎重,以致首次诊断有误,切口选择不当,手术探查不全面,难以充分冲洗、引流。第 3 次手术前未做系统、必要检查,后期出现并发症难以控制。

(3)前 4 次手术基本由同一手术组人员完成,这对手术并发症处理十分不利,也是造成病情迁延不愈的主要原因之一。加之术者所在的医院为市级医院,应积极请有经验的上级医生协助处理,必要时及早转至上一级医院诊治。

[沟通策略]

认清医患双方信息不对称的现实,急性阑尾炎是常见的急腹症,但需要和其他急腹症加以鉴别。医方在患者入院后,应针对患者病情,给予充分考虑,与患者进行全方位沟通,分析疾病及术后并发症的多种可能性,取得患方的认可和理解,要客观强调病情的复杂性。如果把握不了沟通技巧,会让患者的亲属认为仅仅是一个单纯的阑尾炎,而医方反复手术,导致脾脏及结肠部分切除等恶劣结果。在患者反复出现并发症时,医方应提请更高级别或者经验更加丰富的专家介入,或者转至上一级医院进行治疗,不要简单盲目地治疗,致使医患关系恶化。

[沟通建议]

"阿姨腹痛,可能是阑尾炎,不排除有穿孔的可能。"用第三人称指示词来代替第二人称指示词，这是出于对患者的尊重，强调了医生和患者身份的平等性，使得患者及其亲属感受到医生是关心自己的。

在此基础上，医生可以运用共情策略，从患者的角度出发，减少患者的恐慌："手术中存在感染扩散、无法探查详尽等状况。"对医生而言，手术前要同患者做一次详细的谈话，告诉患者手术中可能出现的问题及处理办法、手术预期结果、可能发生的医疗意外、术后并发症及力所能及的应对措施，让患者了解手术的大致情况和适应办法。医生必须以诚恳的态度、通俗的语言、悉心的关怀让患者意识到，医生是站在患者的立场，秉持着对患者负责的原则，愿意为他们着想，共同解决问题，尽量用较短的时间争取患者的支持和理解。

[分析与思考]

（1）医方对患者诊疗应全面，需要和其他急腹症加以鉴别。医方在患者入院后，应针对患者病情，给予充分考虑，与患者进行全方位沟通，分析疾病的多种可能性，客观与患者的亲属沟通，取得其理解，同时完善各项相关检查。

（2）术中遇到难以处理的问题或术后出现并发症，医方应积极请有经验的上级医生协助处理，必要时及早转至上一级医院诊治，避免盲目治疗，致使医患关系恶化。

课后思考

1. 内、外科室患者的心理特点有哪些共同点和差异点？
2. 内、外科医患沟通的策略各自是什么？

第八章 妇科、产科、儿科的 医患沟通

学习目标

1. 了解妇科、产科和儿科患者的心理特点。
2. 熟悉妇科、产科和儿科常见的医患沟通问题及解决方案。
3. 掌握妇科、产科和儿科诊断和治疗中的医患沟通。

第一节　妇科医患沟通

一、妇科疾病的特征

（一）年龄跨度大，疾病谱广

女性自新生儿期开始至老年期，各阶段都有患妇科疾病的可能性，而且不同阶段具有不同的特点。儿童期有患外阴炎和阴道炎的可能；青春期女性因神经内分泌功能不健全，可能出现青春期功能性子宫出血或闭经；性成熟期女性生殖系统炎症、月经紊乱、子宫肌瘤、子宫内膜异位症等妇科疾病的患病率较高；围绝经期妇女因卵巢功能衰退可能引起更年期月经紊乱；老年妇女生殖道肿瘤发病率高。

（二）受情绪影响较大，涉及个人隐私

许多妇科疾病与情感相关，如下丘脑性闭经、产后抑郁症、更年期综合征等。一方面说明女性是身体状况受情感影响明显的群体，另一方面也说明医生非常有必要了解妇科疾病的诱因。

妇产科疾病也常涉及患者的个人隐私,如性传播疾病可能与性生活史有关,不孕症可能与婚前性行为、人工流产等有关,这些疾病对患者的生理、心理以及社会生活等方面均可能造成负面影响。若医患沟通不足,可能导致误诊和漏诊。另外,患者对阴道检查常怀有害羞、惧怕心理,尤其对于男性医生,患者更容易产生厌烦和躲避情绪。针对女性患者的这些特点,妇科医生尤其要以关切亲和的言谈举止,促进医患关系的融洽。

（三）患病率高,重视程度低

世界卫生组织数据显示,中国女性一生中妇科疾病的患病率高达 90%,每年因各类女性生殖系统疾病死亡的人数超过 20 万。由于妇科疾病经常涉及婚姻、家庭和两性关系等个人隐私,妇科疾病患者常会感到不好意思,不少患者不能及时就诊,或就诊时不能明确表述就诊目的,医生询问病史困难。有些患者甚至拖延成重病才就诊,对某些妇科疾病重视不够,使病情延误而影响预后。例如,人乳头瘤状病毒(HPV)疫苗接种及宫颈疾病筛查意识不强,致患者宫颈癌变。

（四）其他特征

妇科疾病各有特点,如宫颈癌可通过定期体格检查发现癌前病变,及时通过适当范围的手术,可以将癌症阻断于萌芽状态;卵巢癌往往发现已是晚期,需要较大范围的手术、术后多次化疗等,且多数患者预后不良;滋养叶细胞疾病可以通过成功的化疗而治愈,治愈后的患者甚至能成功孕育下一代。

妇科的一些良性疾病,如子宫内膜异位症,具有良性疾病、恶性疾病生物学行为的特点。这种发生于育龄女性,严重影响生育功能、生活质量的疾病,在绝经以前几乎不可能治愈,甚至会反复发作。对于这些疾病,医患之间必须充分沟通,患者知晓各种治疗方法的利弊风险,与医生共同决策,密切配合,这样才能取得成效。

妇科疾病若需要手术治疗,会涉及摘除部分内生殖器官,如子宫、卵巢等。患者会担心自己术后丧失生育能力,特别是未婚或者无子女的患者,心理负担更重,情绪忧郁;有些会担心自己丧失了女性特征,影响夫妻感情和家庭幸福。涉及能否保留生育器官、维持生育功能的决策,可能影响患者日常生活,故患者对手术的必要性、危险性都有迫切了解的诉求。这也要求医生务必了解患者自身的愿望、对治疗的期待和担忧,向患方进行充分解释,与他们达成共识并做出适宜决策。

二、诊疗中的医患沟通

（一）诊断中的医患沟通

1. 首诊沟通

从首次接诊开始,医生就应建立良好的医患沟通关系。这样,患者从就诊开始就能感受医生的充分关注,知晓自身的诉求,得到医生理解。医生要在诊疗过程中保持对患者的全程关切,要从患者的角度来思考问题和解决问题,如对于子宫腺肌病患者,有多种治疗方式,手术或药物,孰重孰轻、孰先孰后,医生均要根据患者的年龄、对治疗的愿望、对生育的要求等来做分析,并与患者共同决策。这就要求医生耐心倾听患者诉说,认真询问病史,了解既往治疗的效果,结合客观检查结果,准确判断病情。

2. 相关检查中的沟通

作出初步诊断和处置意见之后,患方需完善各种体格检查、实验室检查、影像学检查等。检查的风险以及花费需要与患方沟通,让其知道检查的目的和必要性,让患者知晓并认可。签署知情同意书时,医务人员要详细告知患者检查注意事项、检查时间、标本留取等。结合患者病史及检查结果,医生对患者病情综合分析,作出精确评估,并与患者一起制定出具体的治疗方案。医务人员要及时与患者沟通病情及治疗建议,包括治疗周期及费用,让患方做好时间上、精神上及经济上的准备。妇科检查相对于其他科室的检查有其独特性,为了让患者体验更加人性化的妇科检查,应该注意做到以下几点。

(1)创造舒适环境。

妇科的房间不宜过大,室内干净,物品放置整齐,温度适宜,灯光符合检查要求,各种器械尽量不外露,减少对患者的不良刺激,备好屏风、润滑油等必需品。男医生检查时须有女性医务人员陪同。

(2)消除恐惧感。

针对患者的心理矛盾,加强卫生知识的宣教及评估,消除其因缺乏相关妇科检查知识而产生的恐惧感,改变她们对健康的理解,树立正确的健康观,使其养成科学的、有益的健康行为习惯。医生要耐心讲解与妇科检查有关的知识,包括检查的目的和意义、检查的过程、配合的方法、深呼吸的技巧等。

(3)满足患者的基本需求。

医生在妇科检查时要加强与患者的沟通,根据患者耐受能力,选择大小合适的手套及器具,动作轻柔,尽可能将不适感降到最低限度。尽量减少检查现场人数,如患者有特殊需要,检查时可由护士及患者的亲属陪伴左右,给予安抚。

(4)维护患者的尊严。

妇科检查时有些患者会因为生殖器官的暴露而感到失去尊严,所以检查时应注意适当遮盖,尽量减少身体的暴露,特别注意检查时不要谈论与检查无关的话题。

（二）治疗中的医患沟通

妇科手术前后做好充分沟通至关重要。做出手术决策前，医生需要得到患者及其亲属的理解和积极配合。医生既要遵循医学原则和规范，也要了解患方对自身疾病的认识及治疗需求（如对于良性疾病，卵巢、子宫等器官去留的决策等），及时与患者商讨以便做出最适宜的治疗决策。例如，对于治疗子宫肌瘤而言，是剔除肌瘤还是切除子宫，是腹腔镜还是开腹手术等，医生要使患方知晓各种方法的疗效与风险，使患者充分理解目前医疗技术水平及可能遇到的风险，让患者深思熟虑，和医生达成共识，决定治疗方式。对于恶性疾病而言，医生应该以恰当的方式向患者及其亲属传达病情恶性程度，说明治疗的方法、预后，给予鼓励。

对于必须手术的危急重症患者，医生一方面尽快准备手术，另一方面也要向患者及其亲属充分交代手术的必要性、急迫性以及风险性，使其有充分思想准备。对于暂无手术适应证的妇科急症，如病情尚平稳的宫外孕，需要密切观察患者病情变化，及时监测血 HCG（人绒毛膜促性腺激素）以决定下一步治疗方案。此类特殊情形更需要医生详细向患者及其亲属解释流程，取得其理解和配合。

（三）特殊情况下的医患沟通

1. 化疗前的沟通

一些妇科恶性肿瘤患者，手术之后，本应该接受化疗，但患者对化疗存在偏见或忽视了术后化疗的必要性，如滋养细胞肿瘤，仅用化疗就可以治愈。对于患者的不同情形，医生要有的放矢地耐心与其沟通。另外，年轻的恶性肿瘤患者想保留生育功能，期待疾病治愈后能够再生育，则更要进行个体化治疗，如手术切除的范围及个体化的化疗方案。经过详细的沟通，医务人员可以发现患者对化疗的担忧，如：脱发、呕吐、腹泻、对器官功能的影响等。医务人员需要针对患者的担忧努力开导患者，打消患者顾虑，鼓励患者树立战胜疾病的信心，取得患者及其亲属的理解和积极配合。同时，医务人员也要告知患者化疗期间和化疗之后的不良反应，并按要求签署知情同意书。

2. 出院后的随访

任何疾病的治疗都是有连续性的，妇科疾病亦是如此。妇科有相当一部分疾病与卵巢功能相关，如子宫内膜异位症等。除此良性疾病之外，也存在部分恶性疾病，如卵巢癌、宫颈癌等。恶性疾病并非都不能被治愈，如滋养叶细胞疾病、早期宫颈癌等都有治愈的可能。值得强调的是，疾病治疗后的定期随访非常重要，更需要持续的沟通。在随访中，患者感受到医务人员一直在关心她，牵挂她，对她的病情有整体把握，这可以增强患者对医务人员的信任。

3. 健康教育

定期体检可以筛查出早期的宫颈病变、子宫内膜病变等,这对于女性的健康有着巨大的帮助。因此,医生的重要职责之一是在与患者沟通之时,传达预防疾病意识。现在众多医院都有适合不同人群的科普活动,科普宫颈癌与 HPV、健康科学避孕等相关知识,引导大众关注女性更年期等内容。

【案例 8 - 1】

妇科医患沟通中的人文关怀

[案例概述]

患者,李某某,女,80 岁,2020 年 12 月 30 日因左侧腰痛 1 周余,腹胀 4 天入住某医科大学附属医院泌尿外科,入院后完善相关检查,结合影像学检查,诊断考虑盆腔肿瘤伴全身多发转移(脑,胸腹盆腔)。

患者于 2021 年 1 月 1 日转妇产科,入院后告知其病情重,给予持续心电监护,签病重知情同意书,并配合营养支持治疗。2021 年 1 月 5 日下午在超声引导下行颈部结节穿刺(2021 - 01 - 08 病理提示为高级别侵袭性 B 细胞淋巴瘤),1 月 5 日 18:00 开始静脉滴注脂肪乳氨基酸葡萄糖(卡文),患者有恶心不适症状,21:53 因全身疼痛不适,予双氯芬酸利多卡因 2 mL 肌注,23:40 出现呕吐症状,暂停药物输注,10 分钟后症状好转,继续静滴卡文,因输液过程中仍有恶心症状,1 月 6 日凌晨 2 点停药。2:40 出现下腹胀痛不适,因夜间尿量极少,予保留导尿,静脉速尿 20 mg 推注,后引出尿液 40 mL。同时给予 654 - 2(山莨菪碱)10 mg 肌注,患者腹痛有所减轻。3:50 患者心率增快,急请心内科会诊,完善心电图、血常规、肝肾功能电解质、心肌酶谱、BNP 相关检查,会诊意见不考虑心功能不全,无特殊处理。患者因持续腹痛、心率快,情绪焦虑,4:56 给予舒乐安定 1 mg 口服。6:00 发现血氧及血压无法测出,心率进行性下降,患者意识丧失,立即面罩给药,胸外按压,请心内科、ICU、麻醉科、呼吸内科紧急会诊,床旁气管插管,给予肾上腺素、多巴胺处理。患者自主心率短暂恢复,建议转 ICU 继续治疗。患者亲属放弃抢救。6:47 瞳孔对光反射消失,7:00 心电图呈一条直线,宣布临床死亡。

死亡诊断:晚期恶性肿瘤伴全身转移、急性呼吸衰竭。

建议患者的亲属尸检,其拒绝。

随后患者的亲属认为患者在治疗期间医方存在明显过错：① 医疗识别不当，未及时进行颈部包块穿刺检查；② 患者出现呼吸困难时使用安定存在重大过错；③ 部分医务人员在患者病情加重过程中治疗不积极，态度差。经司法鉴定，判决医方赔偿 36 670 元。

[沟通风险]

（1）患者自入院到明确诊断间隔多日，因中间涉及转科及节假日，导致诊断推进过程缓慢，如果在住院期间医方给予患者足够的关注，同时向其亲属充分告知预后不良，让患者的亲属做好足够的心理准备，病情加重时，患者的亲属会有一定的思想准备。

（2）妇科医生很少遇到癌症终末期患者，因此在这类患者出现生命体征不平稳时，医务人员的处理经验不足。该患者若在病情加重的早期及时转入重症监护室，患者的抢救可能更有效，同时患者的亲属也有一个对病情接受的过程。

（3）人文关怀有利于医务人员树立全程服务的理念。医务人员应该满足患者的人文关爱，并且运用合适的语言与患者及其亲属沟通，这在疾病的诊疗过程中尤为重要。

[沟通策略]

诊断不明确或难以快速诊断明确的疾病，医生要以全院多科会诊的方式，积极推进疾病的诊断和治疗。要坦诚、及时地与患者及其亲属沟通会诊情况，讲明患者病情和下一步采取的诊疗措施。

[沟通范式]

医务人员在沟通中多用第三人称代词，表示对患者的尊重，强调了医生与患者身份的平等，使得患者及其亲属知道医生是关心他们的，如"阿姨目前的情况可能是肿瘤导致的"。在这个基础上，医生可以运用共情策略，从患者的角度出发，减少对方的恐慌并拉近双方的情感距离，如"当然我们还要通过穿刺病理进一步诊断"。同时在等待检查结果的过程中，还需要与患者的亲属交代，如"阿姨年龄大，肿瘤全身转移，情况不太乐观，但我们一定尽最大努力去诊治"。既让患者的亲属做好最坏打算，又让其觉得医方并没有放弃救治。因此，可以看出，医生运用恰当的人称代词，付出一定的心力，共情于患者，产生一定的关联性，这样不仅能展示医方的交际意图，获得患者及其亲属的好感，也能在一定程度上克服患者由于医学背景缺失引起的恐惧紧张心理，达到成功交际的目的。

[分析与思考]

注意诊疗过程中的人文关怀，及时请患方签署知情同意书等纸质文件并妥善保存。这些文件通常涉及治疗方案的详细说明、可能的风险和副作用，以及患者的权利和义务，确保患者及其亲属在充分了解情况后作出知情选择。特别是患者及其亲属关心的疾病预后、潜在风险和费用明细要确保传达留痕，这既能确保信息传达的精确性和有效性，也能为应对可能发生的风险事件提供依据。

第二节 产科医患沟通

一、孕产妇特点

（一）情绪容易波动

孕产妇在受孕期间，由于激素水平的变化，可能会出现焦虑、抑郁、恐惧等情绪波动。这些情绪变化可能会影响她们与医生的沟通意愿和沟通效果，需要医务人员更加关注孕产妇的情绪变化，给予她们足够的情感支持和安慰。

（二）对医疗期望值较高

孕产妇及其亲属往往对医疗期望值较高，希望母婴都能保持健康。当现实与其期望偏离时，可能会产生不满情绪，影响医患关系。医务人员需要合理调整孕产妇及其亲属的期望值，明确告知医疗行为可能带来的风险和好处，促进医患之间的良性合作关系。

（三）期望尊重隐私

孕产妇的个人信息和医疗记录属于敏感信息，这些信息应得到严格保密；在生产过程中孕产妇承受着巨大的身体和心理压力，期望得到医务人员的尊重和理解，应给予安慰与鼓励。

（四）分娩前后心理压力较大

1. 产前保健期间

孕产妇的忧虑、害怕心理始于备孕阶段，这样的心理状态一直持续到产后，尤其是那些有过不良妊娠史的孕妇。而不良的心理状态,可能引起神经系统的功能失调,使子宫及其动脉收缩,进而影响胎儿神经系统的发育;或出现前列腺素增多,促使子宫发生收缩而导致流产或早产;还可能引起反复的或持续的血压升高,出现妊娠高血压综合征。有研究发现,如果受孕时孕妇有严重的紧张、焦虑情绪,则孩子成长后可能表现为情绪不稳定。因此,在孕妇的孕期保健检查中,要增加心理指导内容,消除孕妇不必要的紧张情绪,这对保证胎儿的健康发育,预防流产、早产、妊娠高血压综合征等有重要意义。

2. 临产前

我国绝大部分孕妇是初产妇,由于缺乏对分娩的直接体验,以及社会媒体对分娩痛苦的不适当宣传,孕妇在分娩期常表现出明显的心理变化。另一方面,由于社会、家庭对分娩的重视程度提高,这些因素加重了孕妇的精神紧张程度。孕妇在临产前出现意外或胎儿异常时,则精神更为紧张。当孕妇有分娩先兆进入待产室时,因对周围环境感到陌生,会产生焦虑情绪,出现失眠、食欲下降等现象,引起疲劳、脱水和体力消耗,可能因宫缩乏力而难产。

3. 分娩中

初产妇普遍对分娩过程存在焦虑和紧张心理,孕妇及其亲属一方面非常依赖医务人员,另一方面,面对分娩过程中的意外,特别容易迁怒于医务人员。正常总产程不超过 24 小时,部分孕妇能够顺利阴道分娩;部分孕妇因产程进展异常而需要手术助产,如剖宫产、产钳助产、胎吸等;更有少见而危急的情况(如胎盘早剥、脐带脱垂等),孕妇需要紧急剖宫产。此时,进行医患沟通难度较大,孕妇已经进入无法共同决策的非理智状态。

二、诊疗中的医患沟通

(一)诊断中的医患沟通

1. 计划妊娠中的沟通

计划妊娠首先是一种理念,需要向待孕家庭大力宣传倡导。计划妊娠是基于当前人类对生育行为的科学认识,希望生育的夫妻有意识地主动对自己的妊娠行为作出安排,根据男女双方生殖生理的规律,将身心和环境调整到最佳状况,选择适宜的受孕时机,创造良好的妊娠环境,以期获得一个满意的妊娠结局,包括母亲安全和孩子健康。如果说孕产期的保健质量很大程度上由社会公共服务水平决定,那么孕前保健受孕时机的选择则更多取决于个人,计划妊娠至少包含以下几个方面:

(1)对相关知识的了解、适宜的受孕时机的选择、不良行为方式和环境的改善、均衡的营养摄入、心理和生理上的调整，以及经济上的准备等。

（2）有些人还需要根据自身情况，如是否有遗传病史或是否处于某种特殊的工作和生活环境等，接受婚前医学检查、孕前优生健康检查和遗传咨询，以及专科医生的诊治等。

（3）避孕节育方法的调整，这与计划妊娠的各种措施是否能够施行密切相关。

虽然现代避孕方法的有效性不断提高，但即使在正确使用的情况下，意外怀孕仍不可能完全避免，意外怀孕后是否可以继续妊娠需要经过专科医生的检查和评估。特别需要强调的是，计划妊娠是男女双方共同的责任，在受孕环节中，男方对生育质量有一半的决定性作用。如果选择终止妊娠，医方应告知后续治疗的方案，如药物流产、人工流产和引产等，以及可能出现的合并症、注意事项等。如果选择继续妊娠，医方应告知孕期保健的必要性、孕期保健的具体步骤，以及必要的检查和用药，同时，医方应告知新生命的诞生由夫妻双方共同决定，建议夫妻双方与其亲属慎重商议后再决定。

2. 诊断胎儿畸形、妊娠合并症时的沟通

我国有完善的孕产妇三级保健网络，绝大多数孕妇能够按时进行保健，接受孕期指导，及时发现妊娠合并症、并发症，得到及时诊断和治疗，保障妊娠安全。绝大多数孕妇的孕期是平顺的，但临床实践中确实存在少量的胎儿畸形或妊娠合并症现象。胎儿畸形对于孕妇及其家庭的打击很大，不仅是短期的影响，而且可能会影响到孕妇的一生甚至一个家庭的稳定。因此，针对胎儿畸形或妊娠合并症的医患沟通显得尤为重要。在医学层面，对于胎儿畸形的处理有严格的指征：有的畸形对于胎儿是致命的，或者对于新生儿的身心发育非常不利，建议引产，即终止妊娠；部分胎儿畸形影响不大，或者后期医疗可以进行补救的，如唇腭裂、简单先天性心脏病等，需要听取孕妇及其亲属意见，让他们自己决策。

对于妊娠合并症诊断后的沟通主要注意以下几个方面：

（1）妊娠合并症对于孕妇的影响。

（2）妊娠合并症对于胎儿的影响。

（3）在妊娠合并症出现的条件下，继续妊娠的风险及可能发生的意外。

（4）在妊娠合并症出现的条件下，终止妊娠的风险及可能发生的意外。

（5）妊娠合并症对孕妇再次妊娠的影响。

（6）现代医学能解决的问题。

（7）终止妊娠后，早产儿或者流产儿可能出现的情况。

3. 妊娠期检查前与患者的沟通

B 超是超声传导,只是一种声波传导而不是电离辐射和电磁辐射,这种声波对人体组织没有伤害。孕期需要做多少次 B 超要依据具体情况而定,医生需与患者解释清楚。

磁共振(MRI)是一种利用强磁场和射频波激发体内氢原子核产生电磁信号,通过计算机处理形成图像的检查方法。临床上 MRI 已作为超声检查的辅助方法,用于胎儿脑部畸形的诊断以及先天性膈疝的诊断。虽然目前没有确切证据证明孕期运用核磁检查有增加胎儿出生缺陷的风险,但是造影剂的安全性目前尚不明确,因此不推荐进行 MRI 下静脉造影。如无必要,孕 12 周之内属于胎儿器官形成期,应当尽量避免不必要的磁共振检查。对于孕妇来说,任何的影像学检查都会联想到"辐射",会让她们担心流产、早产、新生儿畸形等。

因此,实验室检查、影像学检查等的风险、费用需要与患方沟通,让其知道检查的目的和必要性,让患者知晓、认可并签署知情同意书。同时,医方应详细告知患方检查注意事项、检查时间,不要让患方认为只见检查不见治疗,这会滋生不信任及逆反情绪,而易引起医患纠纷。医方应将检查结果及时告知患者,进行分析,对病情作出较精确评估,并制定出具体的治疗方案,估计所需的治疗周期、治疗时间及治疗费用,让患方做好时间上、精神上及经济上的准备。

(二)治疗过程中的医患沟通

1. 妊娠期用药的沟通

妊娠期用药有严格的要求,在正规的药物上市之前会有严格的 FDA 分级,其中 A 类是对人类妊娠无害,如维生素;B 类是经动物临床对照研究,未见对胎儿有危害作用,基本也认为可以使用,但要详细和患者交流。对于其他类用药,医生一定要详细地与患者分析病情,阐明用药可能带来的风险和收益、不用药可能存在的风险,让患者有充分的思想准备和知情权。

用药前或更换药物时,医方应向患者或其亲属交代使用药物的作用、可能发生的不良反应及防范措施、用药注意事项和医疗费用等。对于使用贵重药物,患者要签署特殊用药知情同意书,用药后医生要了解患者可能出现的不良反应及疗效等情况。

有条件的医院设立了"妊娠期用药风险评估与沟通专科门诊",旨在解决困扰临床医生和患者的药学专业问题。在门诊开设以前,孕妇遇到类似问题只能咨询妇产科医生,而妇产科因门诊量巨大,加上对药物本身的了解有限,往往只能为孕妇提供限于本专业常用药物的信息,而对非本专业用药,能提供的信息较少。同时,孕妇遇到妊娠期用药的疑惑,找不到合适的人咨询,得不到专业的答复,有的就会到网上搜寻答案,但这些答案往往不能保证科学性,甚至很多孕妇因得不到咨询,产生了心理负担,造成妊娠期心理健康问题。临床药师承担起这项工作后,全院临床医生遇到相应问题时就可以找临床药师会诊,孕妇也能得到专业的答复。

2. 医学需要终止妊娠的沟通

《中华人民共和国母婴保健法》第十八条规定:经产前诊断,有下列情形之一的,医师应当向夫妻双方说明情况,并提出终止妊娠的医学意见:

(1)胎儿患严重遗传性疾病的;

(2)胎儿有严重缺陷的;

(3)因患严重疾病,继续妊娠可能危及孕妇生命安全或者严重危害孕妇健康的。

3. 分娩过程中的沟通

从围产医学角度来说,分娩时孕妇及胎儿都处在高危状态。分娩是对母亲和胎儿健康状况的一个考验。孕产妇分娩过程大致分为顺产、手术助产和紧急剖宫产三种类型。其中,紧急剖宫产往往发生在危急的情况下,如胎盘早剥、脐带脱垂等罕见情形,此种情况一旦发生,孕产妇基本处于非理智状态,无法做到有效沟通。因此,分娩过程中的沟通要以安慰鼓励为主,让孕产妇努力配合并消除恐惧。尽可能在产前保健时,医务人员已经给孕妇及其亲属概要讲解分娩过程、可能遇到的风险以及应对措施,尽最大可能让孕妇及其亲属做好准备。

在分娩方式选择上,大多数孕妇无论从自身还是孩子的角度考虑,均以安全和健康为重。在整个围产期保健中,医务人员应该利用每次与孕妇接触的机会,通过医患沟通不断强化孕妇对阴道分娩与剖宫产利弊的认识,方便孕妇对分娩方式做出自主选择。因产程进展异常而需要手术助产,如剖宫产、产钳助产、胎吸等,需要及时和产妇或其亲属进行有效沟通。孕妇分娩过程中,若出现少见而危急的情况(如胎盘早剥、脐带脱垂等),需要紧急剖宫产时,医务人员需要准确判断、果断决策和积极干预,保障孕产妇、胎婴儿的安全。医生此时要言简意赅地告知孕产妇:现在所做的是为了保护您和孩子的生命安全。

4. 发现新生儿畸形时的沟通

尽管产前保健中,医方曾积极地筛查过新生儿的染色体畸形与外观畸形,但仍有大量的疾病做不到产前筛查的准确诊断。在进行胎儿畸形筛查时,医务人员就应该充分地告知孕产妇产前筛查的意义及风险,使孕妇及其亲属对医疗效果抱有客观的期望值。当存在缺陷的新生婴儿降生时,产妇有一定的心理准备,同时医务人员除了要和亲属坦诚交代新生婴儿的病情,还应竭尽所能地为新生儿提供后续治疗。

5. 产后的沟通

（1）分娩后。

胎儿分娩后,产妇往往情绪激动,急切关心新生儿的健康状态和性别,甚至会问许多细节问题。此时,医务人员应该在保证临床安全的前提下尽可能告知,并提醒产妇胎盘娩出以及后续助产步骤是非常关键的,以便让其继续配合治疗。产妇的情绪和子宫收缩密切相关,过度的兴奋、失望和悲伤均会影响子宫收缩,并可能导致产后出血。胎儿娩出后,应该立即进行早吸吮以有效地诱发机体分泌催产素,增加子宫收缩。母婴皮肤接触,既能缓解产妇的紧张情绪,也能够减少产后出血,促进母乳更早和更多分泌,实现母乳喂养。若分娩过程中发生并发症,医务人员应该格外关注产妇精神状况,适时给予疏导,促进医患合作。

（2）产褥期。

① 指导养育新生儿:目前,我国的产妇多为初产妇,缺乏照顾新生儿和自我护理的经验,医务人员应该主动予以指导。对于产妇及其亲属的疑问,医务人员应耐心解答并告知在未来几天或几周,产妇以及新生儿会有怎样的变化,指导产妇顺利康复和新生儿健康成长。

② 预防产后抑郁:产后初期,产妇和其亲属的注意力往往集中于新生儿。有研究指出,产后初期是女性情绪障碍的高发时期之一,10%～85%产妇在产后10天内情绪低落,在第3～5天达到顶峰,表现为情绪波动、易激惹、悲伤、疲劳、惶恐等;产后4周内产后抑郁症患病率达到6.5%～15%,这可能导致母婴关系不良、新生儿或婴儿喂养及教育困难。产妇若难以得到适当的产后指导,自身远期患抑郁症的风险会增加,甚至会影响孩子身心健康,孩子远期患精神疾病风险也会增加。

所以,医务人员要高度关注产后妇女,与产妇及其亲属多交流。医务人员不仅要关注产妇分娩相关的生理性恢复及病理状况,也要关注其情绪、精神状态,及时发现易被忽略却具有潜在危害的心理问题,及时给予解决,促进产妇身心全面康复。

【案例 8 - 2】

产科医患沟通中的协商

［案例概述］

产妇蒋某,女,30 岁,2023 年 3 月 25 日 6:00,因妊娠 34 周,双胎妊娠,阴道流液 3 小时入院,诊断为:① 双胎妊娠(LOA/ROA),② 胎膜早破(妊娠 34 周 G1P0)。入院后积极完善术前准备,拟急诊行子宫下段剖宫产。8:00 进入手术室后,孕妇有规律宫缩,查宫口开 3 cm,孕妇拒绝阴道试产,行硬膜外麻醉,麻醉起效后孕妇有便意。8:30 再次阴道检查,宫口开全,先露头+2,胎心正常,请二线班评估后再次与孕妇的亲属沟通可否考虑阴道试产,减少剖宫产对产妇创伤。孕妇及其亲属同意阴道试产。由二线班医生上台接生,8:48 及 8:51 在会阴左侧切下经阴道分娩出两女婴,新生儿早产转新生儿科。胎盘完整娩出,二线班阴道填塞纱布后下台,住院总行侧切口缝合,缝合结束后未规范行肛门及阴道检查,未取出阴道填塞纱布。产妇 3 月 27 日出院,3 月 29 日自阴道排出纱布。产妇及其亲属带阴道纱布来住院部要求合理解释,接班医生以产后 1 周会通知产妇来院复诊为理由向产妇及其亲属解释,产妇及其亲属不接受,向省卫健委投诉,要求医院调查此事并给产妇一个交代。第二天由当时接生的医生主动联系产妇丈夫,承认为工作失误,向产妇及其亲属道歉,并表示愿意给予一定的经济补偿。最终取得产妇及其亲属谅解,撤销投诉。

[沟通风险]

(1) 在医疗操作的过程中未严格执行交接制度及核查制度。

(2) 发生医疗差错后,医方刻意回避或逃避问题导致医患矛盾加重。

[沟通策略]

协商是指医患双方在发生争议后,就与争议有关的问题进行协商,在自愿、互谅的基础上,通过直接对话摆事实、讲道理,分清责任,达成和解协议,使纠纷得以解决的活动。协商和解是一种快速、简便的争议解决方式,无论是对患方还是医方,都不失为一种理想的途径。

[分析与思考]

医患之间具有共同的目的,即医治疾病、解除或者减轻痛苦,医患之间是一种信任合作的关系。医患纠纷的产生多数是由于医患之间缺乏沟通、互不信任。因此,在沟通中,医患双方应本着尊重、理解和解决问题的态度,以事实为依据,坚持公正合理、适度可行和互谅互让的原则。

第三节　儿科医患沟通

一、儿科患方的特征

（一）患儿的身心特点

1. 表达能力差

患儿往往因为年龄小、认知能力低，不能明确地向家长和医务人员表达自己的不适，多表现为哭闹、烦躁不安等，患儿的病情常常靠家长代为叙述，因此儿科从古至今被称为"哑"科。

2. 对疾病的耐受力弱

三岁以内的婴幼儿，处于生长发育初期，患儿的中枢神经发育不完善，对外界刺激的反应较强，一个系统的疾病往往有多个系统的表现，容易呈现疾病泛化现象，对疾病的整体耐受力较弱。

3. 情感控制能力弱

患儿在检查及治疗时不易配合，情感控制能力较弱。尤其是 3 岁以下的患儿，一看见穿白大褂的医生，就容易出现紧张不安等负面情绪。此外，患儿注意力相对不集中、转移较快，容易被外界事物所吸引。有些患儿生性好动，害怕生人、害怕疼痛，难以配合进行体格检查和治疗。

（二）家长的身心特点

1. 情绪紧张焦虑

家长常常因为孩子生病而出现紧张、焦虑、担忧、迷茫、无助等情绪，住院患儿的家长更是如此。家长因为陌生的医院环境，而产生紧张和焦虑，同时对于主管医生的医疗水平、药物治疗的副作用、侵袭性的检查，以及住院后沉重的经济负担等产生的担忧也会接踵而来。

2. 对治疗效果期望值过高

孩子身体健康是所有家长的心愿。对于绝大部分家长来说，他们对疾病的发展过程不了解，对正常的诊疗过程也不理解，往往因过分担忧而不配合医生的工作，甚至过多干涉医疗过程。如有的家长抱着高热的孩子一天内多次看急诊，希望孩子的病能够立即治愈，对疾病治疗效果的期望值过高。

3. 对高年资医务人员依从

家长看病时都希望孩子得到医务人员最好的治疗和护理，对年资高的、经验丰富的医生比较信任且依从性好,而对年轻医务人员则相对不信任、不尊重。如刚刚进入临床工作的实习医生,缺乏医患沟通的技能,临床经验不足,操作技术不熟练,容易被家长怀疑、挑剔、轻视和不信任,患方拒绝年轻医生参与医疗过程的情况时有发生。

4. 缺乏医疗信息

家长由于缺乏相应的医学知识,不理解医学的高风险性,甚至有些家长认为医生应该"包治百病""药到病除"。面对现代医疗技术解决不了的问题,有的家长会认为是医生的医术不高,"花钱未治好病"的怨愤就直接发泄到医务人员身上,产生了医患矛盾。

(三)儿科疾病特点

1. 免疫功能尚未完善

小儿各器官发育尚未成熟,免疫功能要随年龄增长而完善。小儿体内的细胞免疫和体液免疫功能均较差,白细胞吞噬能力也较低,其他体液因子如趋化因子、补体、调理素等活性较低,因而防御疾病能力差,如婴幼儿体内免疫球蛋白 A(IgA)水平低,特别是分泌型 IgA 水平较低,2 岁以内儿童易患消化道及呼吸道感染性疾病。

2. 疾病谱和成人不同

儿科疾病谱常围绕小儿的生长与发育特点,其年龄越小与成人差异越大。不同年龄阶段小儿在解剖、生理、病理、免疫等方面均有其特点,并且相同的临床症状在不同年龄阶段小儿的疾病症状也各不相同。有些疾病是儿童时期特有的,如佝偻病是因生长期缺乏维生素 D 所致的一种慢性营养缺乏病,多见于 2 岁以下的婴幼儿。儿科疾病谱与成人不同,如心血管系统疾病,小儿以先天性心脏病为多见,成人则以冠心病多见,许多遗传代谢性疾病在儿童时期发病。

3. 疾病起病急,进展快

小儿出生自母体获得的抗体约在出生半年后基本消失,自此便开始易患感染性疾病。儿科疾病大多起病急且不易诊断,尤其是新生儿及体弱儿在严重感染时,往往临床表现不明显,缺乏典型的症状及体征,例如新生儿患败血症时,易患化脓性脑膜炎,该病因缺少典型的临床表现而容易造成漏诊;儿科疾病大多变化快,如发生病毒性感染,并不仅仅表现为鼻、咽、喉等上呼吸道感染,还会出现腹泻、呕吐等消化系统症状,导致脱水等全身症状,甚至发生休克。虽然小儿病情变化多端,进展快,易反复,但只要诊断及时、处理得当,疾病治愈率较高。临床不少病情危重的患儿,都能经及时诊断、治疗后迅速转危为安,直至痊愈。当然,也有某些患儿特别是新生儿、体弱儿,防御疾病能力差,虽然起病时较轻,但由于病原体毒力较强、机体抵抗力较弱等原因,使病情骤然加重,甚至突然死亡。

二、诊疗中的医患沟通

医务人员所接触的患儿各不相同,其家庭情况也是千差万别,采用同样的方法对待不同的患儿及其家长显然是行不通的。医务人员要从患儿和家长的具体情况出发,在整个诊治过程中充分考虑患方的愿望和所在家庭的实际经济状况,找到切实可行的出发点,同时根据患儿不同年龄特点和家长进行有针对性的沟通,给患方更多的决策权,积极推行医患共同决策,达到最佳医疗效果。

（一）与患儿的沟通

1. 与新生儿沟通

新生儿不会用语言交流,常用啼哭表达身心变化和需求。新生儿需要爱抚时哭声清脆响亮;新生儿饥饿时哭声很大,直至不适解除;新生儿生病时会长时间哭闹,但当疾病严重时,哭声低甚至不哭,并伴有不吃、不动、体重不增等现象。医务人员应熟练掌握观察病情的技巧,操作时动作轻巧、敏捷,并用语言和抚触等给予患儿无微不至的关爱和呵护。

2. 与婴幼儿沟通

当医生询问病情时,患儿不会明确表达,通常不能告诉医务人员疼痛与不适的部位,而是用哭闹、烦躁、不爱吃东西、呕吐或腹泻表达自己的诉求。医务人员应尽量让长期照顾患儿的家长代为叙述,了解患儿饮食、睡眠、排泄情况,以及最近新出现的症状等,注意动作轻柔、熟练、敏捷,以减少对患儿的额外刺激。对于那些能够听懂话的患儿要有耐心,医务人员要用亲昵的言语、温和的爱抚及称呼患儿的乳名来消除其内心的陌生感和恐惧感,以安抚、引导为主,尽量让患儿主动地配合医生的检查工作。对于已经会说话的患儿,医务人员应尽量使用简单的语言,调动孩子的积极性,在其回答问题后要给予及时的夸奖和鼓励。

3. 与学龄期儿童沟通

在与学龄期儿童沟通时,医务人员要多交流和互动,这个年龄阶段的儿童认知功能和学习能力都非常强大,已经形成自己独特的个性,但在患病时,仍表现得十分依赖父母,医务人员应充分了解其性格特点和喜好,多谈些他们感兴趣的话题,获得他们的信赖和认同。在交流时,要语气亲和,语调活泼,使用鼓励性语言,注意倾听患儿的表述并适时地予以重复和肯定,表示自己在认真倾听和注意患儿。同时,医务人员也要给予患儿眼神上的鼓励,表达自己的理解和支持。在沟通交流过程中,不要随意打断患儿的叙述,尽量使患儿能够脱离对家长的依赖,主动配合医疗和护理工作。此外,有的患儿性格活泼好动,注意力难以集中,需要医务人员具备足够的耐心,与患儿进行反复的沟通,完善体格检查,获取正确全面的信息。

4. 与青春期儿童沟通

随着年龄增长,有些孩子表现欲增强,希望得到认可,认为自己是勇敢的人,无所畏惧,不希望自己被当作小孩子和弱者来保护和对待。医务人员在与青春期患儿沟通时,要注意其独立性和主动性逐渐增强的特点,关注患儿的思想变化,如有些患儿因为担心治疗的花费情况、疾病影响自己未来的生活,或是耽误课程想早日出院等原因,会隐瞒自己的某些症状。医务人员在与青春期患儿沟通的时候,要尽量用平等的态度,努力使自己尽快成为患儿的"朋友",为其详细地讲解病情并分析其中的利害关系,采纳患儿提出的正确意见和建议,体现出医务人员对其的重视和尊重,使患儿能够及时主动地向医生反映自己的不适症状。同时,医务人员也要考虑到患儿的心理承受能力,注意在治疗过程中及时发现他们的情绪变化,不断地鼓励使其勇敢面对疾病和治疗中的压力和痛苦。

（二）与家长的沟通

1. 将治疗方案告知家长

医务人员应将治疗方案告知患儿家长,利用通俗易懂的解释和说明,将应做的检查或治疗方案告知患儿家长并经其同意,签署知情同意书,充分尊重患方的权利,严格执行谈话签字制度。例如,先天性心脏病进行内科微创心导管介入性治疗,医务人员应向家长告知手术的目的、基本知识、可能的并发症及危险性等,患儿在手术中可能存在"因为封堵不成功而需要外科急诊手术"的风险,患儿家长应该清楚地了解"治疗措施的选择和决定",并明确表示是否同意,此过程可以取得家长的信任,减少引发医患纠纷的风险。再如,对白血病患儿,医生在化疗之前应详细介绍化疗方案,可能因为化疗而出现的并发症,如白细胞降低、严重感染、脱发、胰腺炎、消化道症状等,明确告知预后和详细的治疗方案,取得家长的信任。

2. 引导患儿和家长配合治疗

医务人员应把握各阶段的医患沟通时机,如门诊沟通、入院沟通、住院期间沟通、出院沟通和随访沟通等,提倡家长陪伴儿童住院,让家长参与患儿疾病治疗的全过程。家长的全程陪伴使患儿住院后无孤独感,且增强了安全感。同时,医务人员也应重视患儿家长的心理变化和身体健康状况,防止他们因为心理负担过重、过度疲劳而患病。很多学龄期儿童因为生病需要住院治疗,但是家长害怕耽误学习而拒绝住院治疗,医务人员需要耐心地向家长及患儿说明病情,短期的住院和及时的治疗是为了更好地学习和生活,建议患方积极配合治疗,争取家长的理解和支持。

3. 针对性的健康教育

在沟通过程中，医务人员应充分体谅患儿及亲属的心情，耐心鼓励患儿和家长有充分的时间诉说病情。医务人员要认真观察家长的反应，倾听患儿及家长倾诉，帮助患儿及家长重复要点，确保表述问题的准确性，以提高沟通效率。医务人员应针对患儿的疾病特点，解释病情，引导患方正确地对待疾病，同步进行相关医学知识与健康知识教育。例如对高热惊厥、脑电图轻度异常的患儿，医生应该告诉患儿的家长，6岁以下的小孩由于其大脑神经系统发育不完善，高热容易引起惊厥，但一次短时间惊厥对孩子的智力不会有大的影响；脑电图暂时的轻度异常，不会留下严重的后遗症，家长不必为此过多担心。

4. 治疗中的风险告知

本着实事求是的原则，医务人员应及时告知患儿的家长，孩子疾病治疗的效果或风险，真实、准确地进行表述。医务人员和家长之间的谈话应避免让患儿听到，特别是负面的信息，不应在患儿面前显示出消极的情绪。医生应该清楚明确地交代病情，应杜绝明知病重，而轻描淡写的方式说明病情，医生的这种表达会使家长误以为病情很轻微，不够重视，若出现不良结果则易引发医疗纠纷。例如，对确诊为白血病的患儿，医生应明确向家长交代病情，实事求是地讲清疾病的严重性，引起家长重视，避免疑虑和侥幸心理，要使其积极配合治疗。

（三）儿科沟通方式

儿科患者是一个特殊的群体，婴幼儿一般无法用语言来表述自身的不适和需求，即使是大龄儿童，有时候也难以正确描述其不适症状。而家长作为患儿的"代言人"，在医生和患儿之间起着桥梁和纽带的关键作用。医务人员要有耐心，有关心爱护患儿的意识，依据各年龄段的特点，通过不同的方式进行有效的沟通，给予孩子关爱、尊重。

1. 熟悉患儿的体态语言

儿科素来被称为"哑"科，医务人员需要了解和熟悉患儿的各种体态语言含义，明晰患儿面部表情、身体动作、声音所表达的独特内涵。婴幼儿患病不能诉说身体不适及感受，医务人员在接诊时，要以仔细观察和共情式倾听的方式为主，以便及时获取患儿的体态语言和倾诉信息。在医患交流过程中，患儿的体态语言能否被医务人员正确解读，是能否达成有效沟通的基本保证。

儿童患病后，大都会由活泼好动转变为无精打采，对父母的依赖性增强，并且会特别留意医务人员的非语言行为。医务人员应从患儿的面部表情、动作、态度中进行细致的临床观察，发现病情变化，给予及时的处理。

2. 缓解患儿的负面情绪

患儿在就医时会产生不同程度的医疗恐惧,年龄越大,其恐惧程度越高。医务人员在见到患儿和家长时应做到如下几点:

(1) 面带微笑,态度和蔼可亲,耐心和细致地观察患儿。

(2) 声音柔和,亲切地称呼患儿的名字或乳名,消除陌生感,营造一个轻松、和谐的就医环境。

(3) 在体格检查时,尽量缩短查体时间,并通过观察患儿的表情来判断其感受。

(4) 在查体时要注意保护患儿的隐私,注意细节,如查体前搓暖双手,查体结束后为患儿盖好被子等。

(5) 应注意满足孩子的"皮肤饥饿"需要,如搂抱婴幼儿,抚摸患儿的头部,轻拍他们上肢和背部,使其获得亲切、友好的满足感,增强患儿的信任感和安全感。

(6) 对住院的幼儿及儿童应主动接近,多加爱抚交谈,讲清生病住院的道理,帮助熟悉环境,合理安排患儿的生活作息,并为他们介绍小伙伴,鼓励他们积极参加集体活动,消除紧张恐惧心理,主动配合治疗。

3. 营造良好的医疗环境

陌生的医院环境会使患儿缺乏认同感,表现出紧张、焦虑、恐惧等负面心理,进而出现不愿配合诊治的行为。良好的就医环境,对患儿及家长的心理能产生积极的影响,如门诊的诊察室与病房要求保持安静,光线、温度及湿度适宜,清洁整齐,卫生明亮,空气流通等。反之,如果医院门诊大厅吵吵闹闹、候诊室拥挤不堪、诊室里空气浑浊,这样的就医环境会让患儿及家长心生烦躁,情绪不安,不利于医患沟通。因此,医院环境是影响医患沟通效果的重要因素。

医疗机构在布置病房和装饰墙壁时应选用白色、粉色、浅蓝色、浅绿色等,构成柔和、清新的色调;可在墙壁上绘制使儿童心情愉悦的卡通图案;在病房内张贴一些宣传图、祝福的词语和患儿绘画;医务人员的着装、病房被褥也应注意色彩,给患儿以安静、平和与舒适的感受;病区可设儿童娱乐厅,备有必要的文娱用品,作为恢复期患儿的娱乐场所。

【案例 8-3】

儿科中的危急病情

[**案例概述**]

患儿小明,男,2岁,因"发热 1 天,抽搐 2 次"紧急入院。经过初步检查,医生怀疑患儿可能患有脑膜炎或其他中枢神经系统感染,需要进行腰椎穿刺术采集脑脊液,明确诊断。然而,当医生向患儿的亲属提出这一治疗建议时,患儿的父母表现出强烈的抵触情绪。他们对腰椎穿刺存在很多误解,尤其担心这个操作会导致脊髓损伤甚至瘫痪。母亲表现出明显的激动情绪,拒绝签署手术知情同意书,甚至质疑医院的诊断和治疗建议。患者亲属的强烈抵制,手术的安排被延误,导致患儿的病情进一步加重,错失早期治疗机会,增加了疾病的治疗难度和潜在风险。

[沟通风险]

(1)缺乏医学知识:家长对腰椎穿刺术的认识不足,尤其对操作部位和风险理解存在误区。许多家长错误地认为腰椎穿刺会导致脊髓损伤,甚至瘫痪,因此产生过度恐惧感。

(2)过度保护心理:家长看到孩子病情严重,且出现抽搐时感到非常焦虑。在这种情况下,家长往往倾向于采取过度保护的态度,拒绝任何他们认为的额外风险操作,尽管这些操作实际上是必要的诊断和治疗手段。

(3)对医务人员缺乏信任:患者的亲属可能因过去的医疗经历或媒体报道,对医院的医疗水平和医生的诊断能力产生怀疑,进而在面对侵入性操作时,表现出质疑和抵抗情绪。

(4)沟通不足或策略不当:医务人员在与患儿亲属沟通过程中,未能充分解释操作的必要性、具体流程和风险控制措施,使其亲属在信息不对称的情况下,过度放大了手术风险。

[沟通策略]

(1)建立信任:医生需要表现出对患者及其亲属情感的理解和共情,表达对其焦虑情绪的理解,拉近医生与患者及其亲属的距离,建立情感连接。

(2)解释操作必要性:医生应从医学角度详细解释进行腰椎穿刺术的必要性,让患者及其亲属了解如果不进行穿刺,可能会错失早期诊断和治疗时机,加重病情。

(3)风险对比分析:医生需要通过科学数据和实际案例来展示操作的安全性,尤其要重点说明操作风险很小,且远小于不进行操作带来的潜在风险。

（4）详细解释操作过程和安全性：医生需详细描述操作的每个步骤，让患者及其亲属了解腰椎穿刺术的具体操作位置，以及为什么不会伤及患者脊髓，同时讲解医院相关的安全规范及术后监控措施。

（5）提供选择权并鼓励提问：沟通中保持开放态度，让家长提问并解答疑虑，通过给予家长参与决策的机会，增强掌控感，缓解焦虑。

[沟通技巧]

技巧 1：同理心和情感安抚

在沟通中，医生首先表达对家长情绪的理解："我明白，看到孩子抽搐和发烧，任何家长都会非常担心，这是完全可以理解的。"通过这样的情感安抚，医生帮助家长放下部分心理防备，为进一步沟通打下基础。

技巧 2：形象化和可视化解释

医生可以用一个简单的比喻向家长解释腰椎穿刺术："腰椎穿刺就像是我们从水桶底部取一点水来化验，它不会伤害脊髓，因为针头插入的部位是在脊髓以下的安全区域。"通过这种形象化的解释，家长对手术的理解会更加直观，减少恐惧感。

技巧 3：数据支持与案例分析

医生可以引用成功治疗的案例，并展示一些数据："在我们医院，每年都有很多孩子像小明这样做腰椎穿刺，99%的孩子都没有出现严重的并发症。通过及时诊断和治疗，很多孩子都康复了。"这种基于数据和真实案例的分析有助于增强家长的信任感。

技巧 4：开放式的沟通与引导

医生鼓励家长提出疑问："如果您对手术有任何担心，随时可以告诉我，我们会详细解答。"这种开放式的沟通让家长感到被尊重，也有助于缓解他们的情绪波动。医生同时强调："最终的决定权在您，我们希望您在完全理解和信任的基础上做出决定。"

技巧 5：风险对比

医生用清晰的对比方式解释操作的重要性："如果不进行腰椎穿刺术，我们可能无法准确判断病情，耽误了最佳治疗时间。相比之下，腰椎穿刺术的风险非常小，主要风险是短暂的头痛或腰部不适，这些都是可以控制的。"

［分析与思考］

　　在处理此类危急病情的医患沟通时，医生通过有效的共情、详细的解释，并及时给出实际数据予以支持，缓解家长的焦虑和恐惧情绪。与此同时，医生通过开放式的沟通和充分的提问机会，增强家长对治疗方案的理解和信任，最终成功推进治疗方案。这种沟通方式不仅实现了医患共同决策，还增强了医患之间的信任感。

 课后思考

1. 妇科、产科患者的心理特点有哪些异同？
2. 儿科医患沟通时，面对患儿和患儿家长，有哪些沟通技巧？

第九章 其他科室的医患沟通

学习目标

1. 掌握口腔科疾病诊断和治疗的医患沟通。
2. 熟悉口腔科和医技科室常见的医患沟通问题及解决方案。
3. 了解口腔科患者的身心特点。

第一节 口腔科医患沟通

一、患者心理特点

（一）自卑心理

健康的口腔和美丽的牙齿是人体外表形象的重要部分,口腔任何一个部位由于疾病而变形、破坏或缺损,都影响正常的生理功能,同时还破坏了其面部外形,影响面容美观,对患者心理造成严重的创伤。这种影响面容的心理创伤,让口腔疾病患者与人交往时产生自卑的心理。

（二）畏惧心理

口腔科诊室里,患者常常听到口腔电机和涡轮机高速运转的声音、各种钻头磨牙时产生的声音和金属器械的碰撞声。当医生用探针检查深龋或牙髓时、拔牙时用力过猛注射麻药推注过快时,患者会发出不自主的呻吟声,尤其是儿童会因疼痛或害怕发出哭闹声,患者在不良环境刺激下容易产生一定恐惧心理,甚至是患上"牙科恐惧症"。

（三）轻视心理

口腔疾病治疗的效果与疾病发现和治疗的时机密切相关，许多患者不了解这一点，同时又不懂得口腔疾病治疗的复杂性，总是期望口腔医生能"手到病除"，这种想法是不现实的。患者及其亲属对口腔疾病治疗过程中出现的疼痛或病情反复，治疗后出现的红肿、疼痛、病牙折断等问题，不可理解，不能接受。容易盲目认为看牙病很简单，就是补牙、拔牙和镶牙，没有多少高技术含量的成分，甚至认为不论口腔疾病的早期、中期还是晚期，治疗都应该比较简单，效果都应该比较好。患者容易认为只要疾病治疗结果与预期不吻合，就是由于医生技术不过关或者处理不当所致，因此容易引发医疗纠纷。

牙病主要以局部症状为主，因其病程有长有短，轻重差别较大，多数情况下也没有严重的全身症状，不直接危及生命，不容易引起人们的重视，所以口腔疾病往往得不到及时的治疗。

一些错误的观点和说法仍然根深蒂固。例如，很多患者错误地认为牙痛不是病、龋齿没有必要治疗等。实际上各种牙病一般没有自愈性和终身免疫性，当全口多数牙齿病变受累或发展到牙病晚期时，就会破坏组织器官的完整性，严重影响咀嚼消化功能和营养吸收，影响全身健康。

二、诊疗中的医患沟通

（一）有针对性地进行医疗健康教育

医生应向患者及其亲属普及口腔疾病知识，如基本的牙齿结构及组成、健康牙齿的标准，这有助于促使患方配合治疗。医务人员向患者讲述保护牙齿的良好生活习惯，如不抽烟、不酗酒，正确使用牙线、牙刷、牙膏等。鉴于龋病及牙周病是危害人体健康最常见、最多发的口腔疾病，医务人员可在就诊大厅借助自媒体宣传龋病和牙周病的病因、临床症状、预后及其防治方法。在临床实践中，医务人员可根据患者不同的病症和需求，普及相应口腔疾病医疗保健知识，如介绍一些除龋病、牙周病以外常见口腔疾病的病因、主要症状、对局部和全身的危害等。此外，医务人员还可以宣传常见口腔疾病治疗方法，如拔牙术、根管治疗、种植义齿、活动矫治等。通过图文并茂、科学、实用、简便、通俗的方式普及口腔疾病的治疗方式，有助于患者配合治疗。针对性的医疗健康教育有利于促进临床实践中的医患有效沟通。

（二）开展心理辅导

口腔疾病常会影响患者日常的工作、学习和生活，同时患者自身的机体也会受到情绪影响，加重病情，造成健康损害的恶性循环。因此，口腔疾病治疗的同时,医务人员应该同步对患者进行心理辅导。例如,对自卑、恐惧型患者采取支持性的心理治疗,使其树立自信并增加其安全感,减轻或消除自卑、恐惧的心理体验;对患者轻视的心理状态,医务人员要着重讲解口腔卫生的重要性和忽视口腔健康的弊端,兼顾患者的个性特点,进行及时的心理安慰。

（三）适度地告知风险

多数人认为口腔治疗是绝对安全的,这种观点是错误的,患者在就医过程中,应该将个人医疗信息及时提供给牙科医生。有记录显示,牙科医生因为警惕性不高,对患者医疗信息未及时采集,进而对患者的全身情况缺乏了解,导致患者在诊疗过程中发生一些本可以预防的风险,出现了危及患者生命的意外。从口腔疾病治疗的经验来看,其医疗行为是存在一定风险的。例如,需要拔除低位下颌阻生牙的患者,手术可能损伤下齿槽神经,术后可能会出现伤口出血、张口受限、局部肿胀、疼痛、干槽症等。因此,医生在与患者沟通的过程中应注意风险告知方式和方法,科学适度,既不夸大,也不忽略,更重要的是告诉患者如何配合医生治疗,防止和减少风险的发生。在出现风险后,医生应沉着稳重,科学处理医疗风险,积极消除后患,用真实、真诚、认真、负责的态度影响患者,取得患者的理解和信任,避免一些潜在的医患纠纷。

（四）尊重患者知情选择

医生应尊重患者对自身疾病具有的知情权,在口腔诊疗开始之前,根据不同病情选择不同的治疗方式,事先与患者讨论有关治疗的具体内容及治疗中可能存在的风险。在条件允许的情况下,医生尽可能与患者签订《口腔科治疗知情同意书》,以避免一些潜在的医患纠纷。医生应尽量用通俗易懂的语言向患者客观地介绍各种治疗方法的利弊,以及所需要的费用,并提出自己的意见和建议,让患者自己权衡后做出决策。患者对一些复杂的情况无法决定时,医生可以建议患者与家人朋友商量,考虑成熟后再与医生共同制订切实可行的治疗方案,避免医患纠纷的发生。

（五）引导配合治疗

医生应引导患者及其亲属配合治疗。在治疗过程中,患者及其亲属常常很难理解医生的表述,尤其是关于口腔疾病的病因、治疗方法和治疗效果等。在医患沟通存在障碍时,医生可以利用一些形态学资料和视觉工具帮助患者理解,此过程可以录音或录像,作为资料保存。常用的形态学资料和视觉工具主要包括照片、图书画册、幻灯录像、口腔模型、X 线片、口腔内窥镜等。利用这些形态学资料和视觉工具向患者及其亲属解说治疗方案、治疗步骤、预测治疗效果,使患者更加直观详细地了解自己的口腔疾病,帮助患者对自身口腔疾病的诊治过程有更加充分的了解,促进他们更加积极地参与和配合口腔疾病的诊疗活动。

(六)及时沟通应变

在给患者治疗的过程中,由于一些难以预测或不可抗的因素,不得不临时改变治疗方案时,医生需及时与患者沟通;若术前没有向患者交代清楚,突发情况出现时,医生就应该及时与患方说明原因和将采取的措施,并征得患者或其亲属的理解和同意后,方可进行下一步的治疗。例如,在牙齿龋坏充填中发现有露髓,如果不处理露髓将会引起牙髓炎症,医生应及时与患者沟通,可以保存的牙髓做活髓切断术,否则采取根管治疗,避免牙髓炎的产生,切不可在发现露髓的情况下仍然坚持简单充填,也不可未经患方同意就擅自采取其他的治疗方法。

(七)加强有效交流

医患之间的交流不是医生单方面的告知与介绍,而是医患间信息的相互传递。医生应结合检查报告将患者当前的症状、可能的原因和治疗方案等信息反馈给患者,并与患者共同商定接下来的治疗方案。少儿期是口腔疾病多发期,因为年龄较小,患者就诊时常由家长陪同,所以与少儿期口腔疾病患者的沟通有一定的特殊性,医生不仅要了解儿童在接受口腔疾病治疗时的心理状态,还要处理好"医生—患儿—家长"之间的关系,帮助患儿消除恐惧和不安。具体操作方法可参照如下方案:

首先,医生要取得陪同家长的同意和合作。通过家长了解和证实患儿的病情,医生要详细说明治疗的作用、必要性、步骤和效果,消除他们的顾虑。

其次,医生要积极有效地倾听。医生需要用和蔼的态度和亲切的语言与患儿沟通交流,站在患者的角度上去倾听,这样才能对患者的话进行正确解读,并识别患者的情绪。

最后,医生需要对患儿做适当的鼓励和支持,如,"我有什么可以帮你吗?""还有呢?""然后呢?""小朋友你是怎么想的呢?"医生可以积极引导患者倾诉,这有助于患者积极表达他们的症状和需求。

【案例 9 - 1】

牙疼的李爷爷

[案例概述]

患者李某,男,65 岁,2024 年 9 月 23 日就诊于某口腔医院牙体牙髓科。患者主诉:右上后牙夜间痛、自发痛 3 天。患者右上后牙曾有食物嵌入性疼痛,剔除后疼痛立即缓解。约3天前右上后牙自发性、阵发性疼痛,夜间痛明显,有时放射至颞部,现因剧痛难忍就诊。

患者自述既往病史:患有高血压(经药物控制平稳),否认心脏病、糖尿病病史,无肝炎及结核等传染病史及其密切接触史,无重大外伤及手术史,无药物食物过敏史,无输血史,预防接种随当地,其他系统自我回顾未见明显异常,无过敏史,有咬硬物习惯。

医生诊断结论为牙髓炎。

治疗计划:拟行14RCT+冠修复,存在根管钙化不通、器械分离等可能,若疗效不佳或者出现牙齿折裂,需拔牙。术后患牙应避免咬硬物,防止牙齿折裂。

临床处置:碧兰麻局部麻醉后,去除腐质(腐质未净已露髓),开髓,揭净髓顶,拔髓,疏通根管,初备,2.5%次氯酸钠+0.9%氯化钠溶液超声荡洗,隔湿,吸潮纸尖干燥,封氢氧化钙糊剂,暂封膏暂封,调牙合。

[沟通风险]

(1)患者有高血压病史,经药物控制平稳,根管治疗过程中,刺激牙神经,术后不良反应可能会出现牙齿疼痛明显加重,从而导致患者情绪紧张,引起血压升高。

(2)医嘱术后患牙应避免咬硬物,但患者有吃坚果习惯,咀嚼硬物可能发生牙齿折裂。

(3)若疗效不佳或者出现牙齿折裂,需拔牙。

[沟通策略]

(1)医务人员针对口腔疾病特点进行沟通,防止患者因"牙科恐惧症"给治疗带来消极影响,如肢体乱动、焦虑不安、拒绝治疗等。

(2)医务人员应掌握老年患者的生理和心理特点,如多病共存、起病缓慢、恶化快、自尊心强等,向患者或者其随行亲属耐心细致地询问病史,言行举止体现出对患者的充分尊重,沟通时要清晰简单地向患者及其亲属说明病情、治疗方案及其可能面临的风险。

(3)医务人员与患者沟通时尽量使用鼓励性、安慰性语言和积极暗示,必要时寻求其亲属的帮助。

[沟通范式]

"叔,您的牙痛可能是因为牙髓炎引起的。当然,我们还要做个X射线检查进一步诊断。"用敬称,表示对患者的尊重,使得患者感觉医生是关心自己的。在这个基础上,医生可以运用共情策略,从患者的角度出发,减少对方的恐慌并缩短双方的情感距离,借助"我们"来表示诊断的权威性。可以看出,医生运用恰当的敬称,共情于患者,有助于拉近与患者的心理距离。

"我们尽量修复保留,先做一下根管治疗,治疗过程中可能会有一点点酸痛,您不用过分紧张。"这样说可以消除患者的恐慌心理,达到配合治疗的目的。

[分析与思考]

(1)对患者高度关心和体贴。医生应多与患者交流日常生活习惯,牙痛发生的时间、情形和感觉,一方面可以拉近与患者的心理距离,消除患者的紧张情绪,另一方面还可以了解病情,帮助准确诊断。

(2)多使用敬称。本着尊重长者、对患者平等相待的原则,医生在与老年患者沟通时使用敬称,以使患者在诊疗过程中能与医者充分和深入地交流,有利于增强诊疗效果,增进医患和谐。

(3)注重启发和疏导,诚恳慎言。老年患者往往记忆力、理解力减退,医生在与其沟通时要尽量采用浅显易懂的话语,避免过多的专业术语,恰当地反复提问或提醒,以确保患者准确理解。医生应向患者交代清楚治疗计划和预后、费用,确保患者知情同意。

(4)注意保存相关沟通记录。诊疗过程中的知情同意书、协议书等纸质沟通文件通常涉及治疗方案的详细说明、可能的风险和副作用,以及患者的权利和义务,要确保患者在充分了解情况后作出知情选择,特别是患者及其亲属关心的潜在风险和费用明细要确保有痕传达,这既能确保信息传达的精确性和有效性,也能为应对可能发生的风险事件提供依据。

第二节　医技科室医患沟通

医技科室,旧称辅助诊疗科室,是运用专门的诊疗技术或设备,协同临床各科诊疗疾病的科室,包括检验科、放射科、药剂科、病理科、麻醉科、手术室、康复理疗科、供应室等。医技科室作为医院的重要构成部分,根据其特点,运用本专业理论和技能,配合临床科室提供诊断、治疗和预防疾病的依据和条件。因其不设病床,不收患者,医技科室也被称为非临床科室。医技科室为患者提供服务的质量好坏也直接影响医院声誉,在这一方面与临床科室无异。随着医技科室的范围不断扩展、内涵不断变化,传统的被动服务方式将转变为"以患者为中心"的主动服务方式,医患沟通在转型中显得尤为重要。

一、患者的心理特点

(一)急切心理

患者因急于了解自身患病情况,迫切想要得到检查与检验,着急获取相关检查结果。除此之外,部分检查检验程序过于复杂,患者排队等候时间过长等因素进一步加剧了患者的急切心理,容易引发医患矛盾。

(二)焦虑心理

医技检查作为排查患者身体异常情况的重要手段,为医务人员对疾病的早期诊断和治疗提供了有力支持。医务人员与患者进行病情沟通、病史采集之后,开具相应医技检查以辅助疾病诊断,这会无形增加患者的心理负担。患者在等候、进行医技检查的时候,对检查结果的不确定性会感到担心,对检查行为本身是否损伤自身健康会感到焦虑,这些因素均会影响患者,让其产生一定的心理焦虑。

(三)恐惧心理

患者通常会有"讳疾忌医"的心理,对到医院检查治疗有着一种莫名的恐惧和抵触,会产生紧张不安的情绪,严重者甚至会发生晕厥情况。此外,由于医技检查所带来的感官刺激,亦容易加剧患者的恐惧心理。比如,患者惧怕采血时针刺所带来的疼痛,磁共振检查引起的幽闭恐惧症等。

二、医技科室的医患沟通策略

(一)沟通的注意事项

1. 优化软环境

改进医技科室相关制度与服务流程,优化沟通"软环境",这将为有效的医患沟通提供有力保障。医院应抓好医技科室的日常管理和质量提升,推动管理制度系统化、操作程序规范化,建立良性的运行机制,减少患者的等候时间,为医技科室医务人员与患者沟通创造良好的前提条件,节约不必要的沟通成本和精力。

2. 适当适度

适当适度是指在特殊情况下,医务人员根据患者的特点和当时的状态采取适当的方法,如某种情况下的适当沉默。医务人员的态度和举止,在患者眼中可能会有特定的含义,并以此来判断病情好坏。因此,医务人员必须控制好自己的情绪,避免因不恰当的情感流露传递给患者错误的信号。特别是当患者或其亲属情绪激动时,医务人员以温和的态度保持适度的沉默,让患者及其亲属有一个调整情绪的时间,但沉默时间不宜过长,以免陷入僵持而无法继续交流。

沟通中的适当适度是医务人员在与患者沟通过程中的一种能力,医务人员跟患者解释检验结果时一定要有分寸、留有余地,不宜给出"完全正常、没有任何问题"等结论,否则一旦发生意外,就容易造成医患纠纷。

(二) 不同医技科室的沟通策略

1. 检验科医患沟通

检验医学主要是对患者血液、体液、分泌物、脱落物等标本通过物理、化学等检测技术进行检验,尤其是借助先进仪器和试剂等对标本进行实验室检验分析,进而为疾病提供正确诊断与防护治疗的相关理论与实物依据。检验科医务人员基本沟通策略包括:

(1) 耐心倾听。

检验人员应耐心地倾听患者对检验项目的陈述,在本科室业务范围内,客观真实地解答患者的问题,介绍检验目的,避免回答超过执业范围的咨询。

(2) 认真细致地核对信息。

为使检验结果如实反映患者情况,检验人员对检验申请单上的姓名、性别、年龄、送检者、检验项目要仔细核对、询问,对字迹不清及不规范的检验申请单要及时改正,避免检验报告的差错和延误;同时要对自带标本者加以注明,强调检验报告的数据仅对所检测的标本负责。

(3) 详细告知。

检验人员在采集标本前应明确告知患者具体事宜,如空腹采血、是否服用药物、采样时间、采样体位等,对大小便标本的正确采集方法也应详细告知患者,以免影响检验结果的准确性。医务人员在采血前后采用适当方法消除患者的恐惧心理,采血窗口明确标示"抽血后请按压 5 分钟"等字样,并口头告知患者,同时详细告知患者取得检验报告的时间,真正做到"以患者为中心"。

(4) 科学、客观的语言表达。

检验人员解答咨询时应使用保护性语言,避免"肿瘤筛查结果怀疑您有癌症"等刺激性表述。医务人员应科学、客观地解答问题,减轻患者对疾病的恐惧感,消除其悲观情绪,缓解心理压力,增强战胜疾病的信心。

（5）坚守保密原则。

检验人员在工作时要注意保护患者的隐私,特别是有关乙肝、癌症、HIV、HCG 等敏感内容,检验人员要争取创造独立空间,单独与患者本人交代病情。

（6）及时转化信息。

检验人员要积极地把检验数据有效地转化为临床信息,如发现不妥之处,应该及时与临床医生进行信息沟通,以免引起歧义而导致不良后果。

2. 医学影像科室医患沟通

医学影像科室是利用不同的成像设备,如 CT、MRI、DSA、USG、ECT 等,对人体器官的结构和功能显示出影像,从而了解人体的解剖结构、生理功能状况及病理变化等,以达到诊断和治疗目的的科室。其医患沟通的要点包括:

（1）切实尊重患者。

医务人员要切实尊重患者,包括患者的知情权和选择权,医务人员要耐心、细致地解释相关检查,让其有更多选择的余地。凡是有风险、有创性的检查及造影剂的使用,医务人员都应事先如实、详细地告知患方,需征得患者同意并签字。

（2）明确告知。

在放射科、CT 室工作区张贴"禁止靠近,避免或减少射线损害"等温馨提示,特别是对妇女、儿童做放射检查前要明确告知,避免因此而引起医疗纠纷。

（3）善于共情。

医务人员要充分考虑患者的心理感受,尊重患者的人格权和隐私权。

（4）注意沟通方式。

医务人员工作时为弥补语言沟通的不足,可采用书面语言沟通的方式,将就诊流程及注意事项等常规问题做成宣传牌,便于患者及其亲属知晓。

3. 病理科医患沟通

病理诊断是对手术切下的活检组织、尸体剖验和脱落细胞等病理标本,固定染色后,在显微镜下进行组织学检查,以诊断疾病。病理诊断是研究疾病发生的原因,以及疾病过程中患病机体的形态结构、功能代谢改变与疾病的转归,从而为疾病的诊断、治疗和预防提供必要的理论基础和实践依据。它对许多疾病的确诊、治疗方案的选择和预后判断具有重要的指导意义,有时甚至是决定性的意义,被誉为疾病诊断中的"金标准"。同时病理诊断作为疾病诊治的终末诊断,其结果负有法律责任,病理医师被称为诊断疾病的"法官"。病理科进行医患沟通应注意以下几点:

（1）尊重患者知情权。

在冷冻切片诊断中,病理科医师接到预约申请单后,应负责将术中冷冻知情同意书的具体内容认真地向患者进行讲解。在与患者谈话时要注意谈话技巧，病理科医师应从患者的角度出发，实事求是地将患者病情、冷冻切片的优缺点，以及检查费用告知患者。如患者表示同意接受冷冻检查，必须在冷冻知情同意书上签字，患者如放弃冷冻检查也必须在不同意栏内签字。

（2）仔细审查申请单。

病理科医师应详细了解临床情况及临床对冷冻检查的具体要求，对于不规范的预约申请单应要求临床医生予以纠正，并要求临床医生提供完整的临床资料以及临床诊断意见，必要时病理医师可亲临科室了解病情，做到心中有数。

（3）恰当地表述病理报告。

病理科医师应恰当地表述病理报告，既要体现客观性和法律意识，又要使临床医生和患者充分明白病理报告的含义。

（4）加强医技合作，营造和谐的医患关系。

病理科医师应避免在患者面前评论临床医师的诊断和治疗结果。若结果与临床医生诊断相反或相差较大时，病理科医师应重复检查，并及时与临床医生联系，切实加强医技合作，营造和谐的医患关系。

（5）同理心交流。

病理科医师在与患方交流中应使用通俗的语言，尊重患者，建立平等、互信的和谐关系，同时应注意患者的心理特点，耐心倾听，慎重解答。

（6）应告知的其他事项。

病理科医师应及时向患者说明领取病理报告单的时间、地点及方式等，避免延误患者治疗。

【案例 9－2】

检查中的隐私保护

［案例概述］

患者田某，女性，在其先生张某的陪伴下来到某医院做 X 线检查。进入拍片室后，一名 30 多岁的男性大夫对田某说："把上衣脱了。"田某便脱去外面的牛仔服。可大夫再次强调："把上衣脱光。"田某有些疑惑，不安地脱去上衣。男医生又说："快脱，全脱。"田某以前没做过 X 线检查，紧张得脑子都蒙了，只能机械地脱下内衣。由于那名大夫的嗓门很大，等候在外的张先生感觉医生的态度粗暴，赶紧从另一个门进入放射室。他看到田某的双手护在胸前,男医生在她身后,把一只手放在田某肩上,另一只手抓住田某胳膊,让她抱住机器。张先生气愤地质问大夫:"为什么让她脱光上衣?"大夫回答工作需要,医院就是这么规定的,可他也拿不出什么书面文件来证明这是医院的规定,患者及其亲属遂到医院相关部门投诉该医生。

[沟通风险]

(1)隐私保护缺位。医务人员保护患者隐私权的意识不够强,对患者的心理感受共情不够,造成患者产生不安全感,自尊心受到伤害。

(2)服务态度不佳。医务人员在检查前未能如实、详细地告知患方 X 线检查注意事项,对患者的知情权保障不足。此外,医务人员工作态度粗暴,机械地执行相关工作要求,未能充分安抚患者情绪。

(3)沟通技巧缺乏。医务人员面对患者亲属的质疑,缺乏对患者亲属心理的洞察能力,问题解释过于生硬和简单化。

[沟通策略]

(1)医务人员应认清医患双方信息不对称的现实,沟通时要清晰简明地向患者及其亲属说明应告知的检查方式、注意事项、可能产生的风险等。

(2)医务人员应对患者有无本项检查的相关禁忌证再三询问,凡是有风险、有创伤性的检查,要充分尊重患者的知情权和选择权,用专业、真诚赢得患者及其亲属的信任理解。

(3)在沟通过程中要体现良好的服务态度,巧妙运用沟通技巧,消除医患双方隔阂。

[沟通范式]

医务人员应当换位思考,尊重患者的隐私权,理解其认知和感受,在 X 线检查前应详细告知患者及其亲属注意事项。例如,向患者告知"衣服上的饰品等高密度的物体,会影响图像的观察,影响对病情的判断。待会儿做 X 线检查,可能要脱去全部衣物",通过事前告知,让患者做好心理准备,并鼓励患者提出问题,及时予以鼓励性回应,言语要轻柔,积极消除患者的不安和质疑。另外,也要注重和患者亲属沟通。例如,告知亲属"胸部 X 线检查一般 2 分钟就能完成,您可以在外面稍坐等候",消除亲属等候的烦躁情绪和不确定感。

[分析与思考]

（1）注意在诊疗过程中要充分尊重患者及其亲属的知情权和选择权，履行好告知义务，耐心、细致地解释相关检查，尽可能地采取一些方法化解风险，将可能发生的风险降到最低限度，用专业素质赢得患者信任。

（2）坚持"以患者为中心"理念，充分考虑患者的心理感受，表现出良好的服务态度，设身处地为患者考虑，消除医患隔阂。

（3）提升沟通技巧。注重沟通时效，在医技检查的各个阶段要合理运用沟通艺术，进行有针对性的沟通，避免沟通"简单化""形式化"。

 课后思考

1. 口腔科患者的心理特点有哪些？

2. 口腔科与医技科医患沟通的差异有哪些？

第十章 医患纠纷概述

学习目标

1. 了解医患纠纷的定义、特征和分类。
2. 理解医患纠纷与医患沟通的关系。
3. 熟悉应对医患纠纷的沟通方式和沟通技巧。

第一节 医患纠纷的定义、特征和分类

医患之间原本是最亲密的关系,是共同对抗疾病的"战友"。然而,随着医学和科学技术的快速发展,公众对医疗服务质量的要求也在不断提高,如今的医患关系渐渐失去了理想中的温暖和纯粹,医患之间变得紧张和冷漠,甚至剑拔弩张。信任危机存在于医患之间,医患纠纷的出现影响了社会的和谐和稳定。

由于医疗服务的特殊性、医学的客观局限性、医患双方医学信息不对称等因素的影响,医疗活动中,医患双方围绕疾病的诊疗和护理难免会发生各种分歧、摩擦,甚至是争执。医务人员拥有医学专业技术,应当为患者解决健康问题,需要深入思考和分析医患纠纷产生的原因,努力提高识别、防范和应对医患纠纷的能力,尽可能从源头上减少医患纠纷。一旦发生医患纠纷,医务人员需以真诚的态度冷静面对,积极妥善处理,及时有效化解,避免矛盾扩大升级。

一、医患纠纷的定义

医患关系是在医疗实践活动中产生的一种特殊的人际关系,也是一种法律

关系,由相关的法律法规加以调节。医患双方有着共同的敌人——疾病,医患沟通与合作有着天然的基础。然而,在医疗实践活动中,医患之间非常容易产生摩擦、分歧和争议,造成医患双方关系紧张、对立,甚至演变为纠纷。

医患纠纷是在医疗服务过程中,患者与医疗机构及其医务人员之间因医疗行为引发的争议与矛盾。在医疗活动中,医患双方有着明确的权利和义务。当医疗机构及其医务人员在诊疗过程中,未能尽到应有的医疗注意义务,或者医疗行为存在过错,导致患者的身体健康受到损害,或者患者对医疗结果不满意,认为医疗机构及其医务人员存在过错时,就可能引发医患纠纷。

二、医患纠纷的特征

(一)主体限于医患双方

医患纠纷的主体限于医患双方。其中,医方是指医疗机构及其全体医务人员。医疗机构是依照法定程序设立的,以救死扶伤、防病治病、服务公众的健康为宗旨,从事疾病诊断和治疗的卫生服务单元。医务人员是指各级各类医疗机构内所有从业人员,包括管理人员、医师、护士、药学技术人员、医技人员及其他人员。患方是指患者、患者亲属及其相关利益群体。患者不仅是指患有某种疾病、伤痛或功能障碍的人群,还包括并未患病或受伤,仅要求医疗机构提供健康检查、免疫接种及接受诊疗护理服务的人群。与"其他方"的纠纷即使有医疗服务的内容也不属于医患纠纷的范畴。例如,患者认为卫生行政部门对医疗事故的处理存在问题,而产生的争议,这种争议属于医疗纠纷中的医疗行政纠纷,不属于医患纠纷。

(二)客体主要为人身权和财产权

医患纠纷的客体主要是医患关系主体权利和义务所指向的对象,即人身权和财产权。其中,人身权主要涉及患者的生命权、健康权,这是公民最基本的权利。医患双方都希望延长患者的生命,保护患者的健康。现实的医疗实践中,医务人员的过错使患者生命权、健康权受到损害是引起医患纠纷的重要原因之一。财产权包括医患双方的财产权。医方的财产权受侵害主要表现为患方享受医疗护理服务后,拖欠或者拒不缴纳医疗费用;患方的财产权受侵害主要表现为因医方的医疗过错使患者及其亲属财产遭受损害,包括不必要的医疗费、护理费、误工费、转院治疗的交通食宿费用等。

(三)争议因诊疗护理服务引起

判断医患双方的争议是否属于医患纠纷,关键在于争议是否因诊疗护理服务而引起。例如,未经卫生行政部门批准而开展医疗活动,造成不良结果发生,并不属于医患纠纷,而是构成了非法行医罪。诊疗护理服务的范围涉及面广,医疗机构中医生、护士、技师等各类人员在各个环节、各个流程所提供的服务都可以看作诊疗护理服务。这些环节构成了一个系统工程,共同服务于患者这个中心,为患者的健康保驾护航。另外,随着近年来药品市场的发展,药品的采购、配制、保管、使用过程也成为诊疗护理服务的重要组成部分。

(四)社会关注度高,处理难度大

尽管医学技术在不断进步,但仍有许多疾病无法治愈或存在治疗风险。由于医患双方对医学知识的理解存在差异,这往往导致医患沟通不够充分或有效,进而产生误解或不满。此外,大部分患者往往对疾病的治疗抱有过高的期望,一旦就医的结果没有达到心理预期,就很容易产生纠纷和争议。社会舆论对医疗行业的关注度越来越高,一些媒体对医患纠纷的报道可能带有偏见,这导致公众对医疗行业产生误解或负面印象,加剧医患之间的信任危机。

医患纠纷的处理,往往涉及复杂的医学技术和专业问题,非医学专业人士难以准确理解和判断,一定程度上增加了医患纠纷处理的难度。此外,人民法院在实际审理医患纠纷案件时,面对高度复杂的医患关系,对如何准确适用法律及如何平衡医患双方的利益等问题需进行多方鉴定和评价,处理难度相对较大。

三、医患纠纷的分类

(一)医源性纠纷和非医源性纠纷

根据医患纠纷发生的原因,医患纠纷可以分为医源性纠纷和非医源性纠纷。

1. 医源性纠纷

医源性纠纷是指由医方因素而引起的纠纷,主要包括医疗过失纠纷和服务缺陷纠纷。

(1)医疗过失纠纷是指由于医疗机构或医务人员在提供诊疗、护理服务过程中存在过失行为,出现医疗差错、医疗事故等而引发的纠纷。例如,医务人员在诊疗护理工作中出现疏忽、未严格执行医疗规章制度、违反诊疗护理操作常规等引发的纠纷。

(2)服务缺陷纠纷是指由于医方在职业道德、服务质量、医疗收费、医院管理等方面存在一定缺陷,患方对医疗服务质量不满意而引发的纠纷。例如,医务人员责任心不强、服务态度不好,或者医院管理不到位等引发的纠纷。

2. 非医源性纠纷

非医源性纠纷是指由非医方因素而引起的纠纷。这类纠纷的产生大多因为患方缺乏基本的医学知识,对正确的医疗处理、疾病的自然转归、不可避免的并发症，以及难以防范的医疗意外等的不理解而引起。非医源性纠纷主要包括无过错损害、患方不配合诊疗、患方不良心态等。

（1）无过错损害是指医疗机构及其医务人员在诊疗护理活动中不存在过失行为，但由于并发症、疾病的自然转归等各种客观情况，患者出现了难以避免的不良损害，这时患方往往误以为是医务人员不负责任或医生技术水平差而引发纠纷。

（2）患方不配合诊疗是指因患方不积极配合医疗机构及医务人员的诊疗活动，导致不良后果出现。例如，患者不遵守医院的规章制度，不积极配合医务人员的治疗，住院期间未经同意擅自离院等。此类情况引发患者健康损害时，患方往往以医院管理不到位、医务人员未履行职责等为由投诉医院，引发纠纷。

（3）患方不良心态是指部分患者存在不良心态和不法动机。诊疗护理活动中一旦出现不良损害后果，患方企图通过干扰诊疗活动、扰乱医疗秩序、威胁或辱骂医务人员等非法行为将事情闹大，以获取经济赔偿。

（二）医疗事故纠纷和非医疗事故纠纷

根据引发纠纷事件的性质，可以把医患纠纷分为医疗事故纠纷和非医疗事故纠纷。

1. 医疗事故纠纷

医疗事故纠纷是指医疗机构及其医务人员在医疗活动中，违反医疗卫生管理法律、行政法规、部门规章和诊疗护理规范等，过失造成患者人身损害的事故而引发的医患纠纷。

从法律角度来说，医疗事故的判定需要满足一定构成要件。实际过程中，对患者造成的人身损害是否构成医疗事故，需由专门的医疗事故技术鉴定委员会进行鉴定。

2. 非医疗事故纠纷

非医疗事故纠纷是指因医疗事故以外的原因引起的纠纷，通常涉及医疗服务的质量、医疗收费、患者知情权和隐私权等方面的问题。

另外，疾病的自然转归、并发症、医疗意外、难以防范或避免的不良后果等引起的纠纷都属于非医疗事故纠纷的范畴。以上情形发生时，虽不构成医疗事故，但对患者生命权、健康权造成了损害，双方也容易产生纠纷。此时，双方可通过自愿协商、申请调解、提起诉讼等方式合理合法地解决纠纷。

（三）医疗侵权纠纷和医疗服务合同纠纷

根据追究责任的类型，可以把医患纠纷分为医疗侵权纠纷和医疗服务合同纠纷。

1. 医疗侵权纠纷

医疗侵权纠纷是指医患双方就医疗机构及其医务人员是否实施了医疗侵权行为,以及是否因此承担侵权责任而引发的医疗纠纷。

侵权行为通常包括不必要的检查、不必要的治疗、手术侵权(如隐瞒手术风险、诱骗患者签署手术知情同意书等),以及其他违反医疗义务的行为。《中华人民共和国民法典》中,第七编第六章明确规定了医疗损害责任的相关情形。患者在诊疗活动中受到损害,医疗机构或者其医务人员有过错的,由医疗机构承担赔偿责任。

2. 医疗服务合同纠纷

医疗服务合同纠纷指医患双方就是否违反医疗服务合同,以及是否承担相应违约责任而引发的纠纷。

医疗服务合同是医疗机构与患者之间就明确双方权利和义务关系而订立的合同。实际诊疗护理活动中,任何一方不履行合同约定的事项都要承担相应的违约责任。例如,患者有义务真实告知疾病的详细情况,遵守医院的规章制度,配合医务人员的诊疗护理;医务人员有义务履行充分告知义务,尊重患者的知情同意权、隐私权,积极实施救治等。

第二节　医患纠纷与医患沟通

医患纠纷发生后如何积极应对、妥善处理,将直接决定着医患双方能否有效化解纠纷。面对医患纠纷时,医疗机构及其医务人员应在充分尊重客观事实的基础上,依法解决,公正处理,高效沟通,积极妥善地应对矛盾、化解危机。医患纠纷沟通过程中,医方要充分尊重患方的权益,保持冷静与理性,采用恰当的沟通方式,运用有效的沟通技巧,以达到更好的沟通效果,赢得患方的理解和信任。

医患纠纷解决途径及流程图示

一、医患纠纷与医患沟通的关系

自古以来,医患双方沟通合作,互惠互利,共同对抗疾病,不断推动着医学发展和社会进步。然而,随着医学技术的突飞猛进,人们的健康意识不断增强,医学人文精神却逐渐弱化,医务人员诊疗疾病时更多地关注疾病本身,忽视了患病的人,忽略患者的思想和情感。近年来,医患关系日益紧张,医患纠纷不断增多。

有统计表明,80%以上的医患纠纷是由沟通不良或沟通障碍导致的。现实的诊疗活动中,医务人员服务态度冷漠、不耐烦、缺乏同理心、不尊重患者、言语表达刺激或伤害患者等,这些都容易引起患者的不满和投诉,甚至引发纠纷。良好的沟通能够融洽双方的关系,提高医疗服务质量,提升患者的满意度。医患沟通与医患纠纷二者之间有着紧密的联系,加强医患沟通是预防医患纠纷的重要手段之一。

（一）医患沟通不良容易引发医患纠纷

医患沟通是医患双方围绕诊疗护理活动而进行的全方位信息传递,并达成共识、建立信任的过程。医学知识博大精深,医疗行为专业性强,患者大多不懂医学知识,同时对医疗行为抱有较高的期望值。在诊疗护理活动中,患者具有知情同意权,医务人员应履行充分告知的义务。医方应该向患者详细说明病情及治疗措施,告知患者不同治疗方案的利弊、治疗效果及可能出现的并发症、医疗风险和意外等,以取得患者的信任、理解和配合。

如果医患双方未能进行充分、有效的沟通,患方对治疗方案了解不足,医务人员未提供充分的解释和说明,这些可能导致患者不理解正常的医疗行为,或者患者认为医务人员服务态度差,进而不信任医务人员,由此造成医患关系紧张。一旦诊疗过程中患者出现了不良损害后果,或治疗效果没有达到患方预期的结果,患方常常将正常的医疗风险误认为是医务人员的技术和水平不行,从而引起医患纠纷。

（二）有效的医患沟通可以预防医患纠纷

患者患病之后变得敏感脆弱,具有较强的依赖心理,就医过程中总是希望能够得到医务人员更多的关心支持和情感慰藉。医患之间围绕疾病的诊疗护理进行充分、有效的沟通和交流,医务人员积极倾听患者的诉说、耐心解答患者的疑虑和担忧、及时对患者进行心理疏导,可以充分满足患者的情感需求,帮助患者树立战胜疾病的信念和信心,建立起接受疾病治疗的最佳心理环境,赢得患者的信任和尊重,提高疾病治疗的效果,达到合作共赢的结果。

诊疗护理服务中,医务人员积极发挥主导作用,运用有效的沟通技巧,引导患者合理表达疾病信息和情感信息,可以使医务人员更好地了解患者对疾病的认知、对治疗的期待,了解患者的心理状态及医疗费用承受力等。患者也可以更多地了解自身疾病的病情及诊断、疾病的不同治疗方案及其利弊、疾病治疗的效果及预后、潜在的医疗风险和并发症、医疗费用等详细情况。通过真诚的沟通和恰当的交流,医患双方彼此信任,相互理解,达成共识,共同合作,这可以有效预防医患纠纷的发生,提升医疗服务质量和患者的满意度。

二、应对医患纠纷的沟通原则

受到各种复杂因素的影响,在实际医疗活动中,医患纠纷难以避免。当医患纠纷发生时,医务人员应保持沉着冷静,积极面对,避免情绪化反应,理解、尊重和共情患者,认真倾听患者及其亲属的倾诉,站在患方的角度考虑问题,主动与患者及其亲属进行及时有效的沟通,采取积极有效的应对措施,必要时寻求卫生行政部门、公安机关和司法部门等帮助,尽可能妥善地化解矛盾、处理纠纷,避免事态进一步扩大。

(一)及时安抚患方,做好情绪管理

医患纠纷一旦发生,医务人员首先要做的就是尽力安抚患者及其亲属的情绪,确保双方保持冷静和理性,为后续的沟通和协商打下良好的基础。同时,医务人员应表现出同理心,加强与患方之间的信息交流,用通俗易懂的方式,清晰、准确地阐述医方的医疗过程和相关事实,倾听患方的陈述和诉求,了解患方的需求和问题,充分理解和尊重患者及其亲属的焦虑与不满等情绪,取得患者的信任和密切配合。此外,医务人员应以真诚的态度和良好的职业素养面对患者,真诚地关心和尊重患者。面对纠纷时,医务人员应做好自身情绪管理,保持情绪稳定,展现出解决问题的诚意,减少误解和冲突,避免情绪化反应以激化矛盾。

(二)相互尊重,相互理解

由于医学的未知性、个体的差异性及医疗技术的局限性,医疗风险和意外是客观存在的。当诊疗护理活动中患者出现了不良损害后果,患者生命权和健康权遭受威胁时,医患之间非常容易产生纠纷。此时,医患纠纷一旦发生,医患双方应相互尊重、相互理解,换位思考,考虑对方的立场和感受,彼此本着解决问题的态度积极应对纠纷。作为医务人员,应耐心倾听患者的诉求,理解患方的处境和情绪,尊重患者的意愿和感受,给予他们足够的共情;作为患方,也应理解医疗活动的复杂性和不确定性,理解医学科学的局限性,认真听取医方的解释,不要无端责难,更不要采用非法手段主张自身权益。

(三)及时报告,降低损害

诊疗护理活动中,当医患纠纷发生时,相关医务人员应第一时间向所在科室负责人报告,科室负责人接到报告后应及时向院方主管部门报告,主管部门接到报告后,应立即启动院内纠纷应急预案,尽可能保持纠纷现场的原状,并对纠纷事件展开调查,同时向医疗机构主要负责人报告。另外,医疗机构应成立医疗救治小组,组织相关专家立即对患者进行紧急救治,尽最大努力降低损害,避免损害后果进一步扩大。同时指派专人与患者及其亲属进行充分的沟通,解释医疗

行为的过程、结果及可能的原因,争取患方的理解和支持。

(四)如实通报情况,争取协商解决

医患纠纷发生后,医疗机构应成立院科层面两级调查处理小组,对整个事件发生的经过进行认真细致的调查。在对纠纷事件进行详细调查、认真核实、明确责任后,医疗机构应如实向患者及其亲属通报相关情况,提出初步的纠纷处理意见,解释事件发生的原因、已采取的补救措施,并与患者和亲属协商,寻求双方都能接受的解决纠纷的方案。医患双方可以选择在专门的场所进行协商,协商过程中双方应坚持自愿、合法、平等的原则,尊重客观事实,文明、理性地表达意见和诉求。

(五)尊重客观事实,依法依规处理

发生医患纠纷时,医患双方围绕纠纷而进行的沟通和交流,必须以尊重客观事实为前提。要在全面、客观调查的基础上,还原事件的真实情况,做到以事实为依据,以法律为准绳,公平公正地处理医患纠纷。纠纷的处理必须严格遵守国家的法律法规和诊疗护理规范,遵循一定的程序和规范,明确双方的权利和义务,不得有任何违法行为。处理医患纠纷时,必须弄清楚事件的原因,明确双方的责任,充分考虑医患双方的具体情况和实际条件,合理合法地化解各种矛盾与纠纷。医患双方不能抱着息事宁人、花钱买平安等不合理的心态去面对和处理问题,保证应有的公平公正,切实维护医患双方的合法权益。

(六)明确事实真相,直面问题责任

妥善解决医患纠纷的前提是明确事实、厘清责任。面对患者的质疑,医务人员要尽可能全面地掌握患者的详细情况,包括患者的病情、检查结果、诊断结论、治疗经过和医疗费用等,明确双方争议的关键问题,深入分析纠纷事件产生的原因。如果争议的产生是由于患者缺乏医学常识,对客观的医疗风险缺乏理解,片面地将责任归于医务人员,则需要借助充分的医学科学知识对客观事实进行谨慎、通俗易懂的解释说明。如果患者不良损害后果的出现,确实是因医方的过错或过失导致,医方则需要正面回应、积极面对,鼓起勇气直面责任,及时向患方表达歉意,并第一时间采取救治措施,争取患者的谅解。如果争议涉及的某些事实有待进一步验证,医方则应不回避问题,及时商讨处理方法,明确时间期限和操作程序等。

(七)重视语言技巧,恰当有效沟通

在医患纠纷的沟通过程中,医务人员要特别注重语言沟通技巧的使用,可以通过细心的观察、耐心的倾听、科学的解释、正确的引导等技巧,有效化解医患纠纷。比如医务人员在与患者谈话之前,要做好充分的准备。对患者的详细情况

和即将谈话的内容认真仔细梳理,尤其要重视患者最关心的问题,如事件发生的原因、医方有无过失、过失的性质及赔偿问题等。同时,医方要关注患者的文化水平和受教育程度,采取差异化的沟通,向患方解释问题时,应尽可能减少或避免使用患者无法理解的医学专业术语,口头语言表达要严谨、准确、恰当,使患者真正听明白。另外。医务人员要熟悉医疗卫生法律法规,通过科学的语言表达,引导双方合情、合理、合法地进行沟通。

(八)沉着冷静处理,引导依法维权

随着经济的发展和社会的进步,社会公众的维权意识不断增强。当发生医患纠纷时,有少部分患者无理取闹,企图通过非法方式获取不当利益。如果遇到这种情况,医务人员应沉着冷静,不卑不亢,拿起法律武器维护自身合法权益,切不可抱着息事宁人的心态满足患方的不合理要求。如果患方无理取闹,威胁、辱骂、殴打医务人员,索要高额赔偿的,医方应及时告知科学的维权方案,明确赔偿要有充分的法律依据和赔偿标准。当患方试图暴力解决纠纷时,医方应劝说患方依法依规处理,必要时可以争取上级卫生行政部门和患者所在单位的支持。当患方出现严重过激行为,应迅速报告当地公安机关和上级卫生行政部门,在确保人身安全的前提下进行沟通。

三、应对医患纠纷的沟通策略

纠纷不可避免,关键在于如何应对。医患双方积极有效的沟通,有利于及时化解矛盾和冲突,避免纠纷升级。当医患纠纷发生时,作为医患沟通的主导者,医疗机构及其医务人员应积极应对、正面回应,针对不同情况采用不同的沟通方式,尽力做到情感表达和理性表达相结合,体现医者的仁爱之心。面对患方的不满和质疑,医方要综合运用各种语言的和非语言的沟通技巧,有效化解纠纷和冲突。在发生医患纠纷时,可以采用以下沟通策略。

(一)认真倾听患者陈述,积极回应诉求

医患纠纷发生时,医务人员应尽可能耐心、专注地倾听患者的陈述,展现出解决纠纷的良好态度和共情能力。通过耐心倾听患者的诉说,医务人员可以了解纠纷事件发生的经过,在倾听的过程中不随意打断患者的陈述,并且关注患者的肢体语言信号,准确、全面地理解患方所表达的信息。同时,医务人员应积极安抚患者的情绪,并作出回应,尽可能帮助患方解决问题,满足患者的合理要求。

(二)谨慎解释,科学引导

由于患者缺乏医学知识,对医疗行为的期望值普遍较高,对客观的医疗风险存在误解,当诊疗护理活动未达到预期效果时,患方往往会认为是医方过错导致

的。对此,医院的投诉接待人员要根据医学科学知识对客观医疗行为进行谨慎的解释,对患方一时无法接受的客观事实,要尽可能用通俗易懂的医学知识进行阐释,讲清楚原因,对患方表现出的不恰当、不理智的行为要及时加以制止,并告知患方正确处理医患纠纷的方法,科学引导其合法维护自己的权益。

（三）留意情绪变化,加强心理疏导

情绪会直接影响医患双方的沟通效果。当纠纷发生时,医务人员要留意患者的情绪反应。患者患病后,情绪状态会变得复杂,且会直接影响医患沟通的效果及医患双方的关系。当面临压力和困难时,患者往往会难以控制自己的情绪,并且可能产生过激行为。此时医务人员应特别关注患者的情绪,加强患者心理疏导,尽力满足患者的合理要求,赢得患者的理解与配合,拉近双方的距离并建立信任关系。当患方情绪不稳定或过激行为明显时,医务人员应鼓励患方表达意见,慢慢释放内心的压抑。

此外,医务人员也要做好自身情绪管理。当医患纠纷发生时,医务人员务必要保持镇定和冷静,不能被患者情绪左右,不能和患方比气势,可以尝试深呼吸来帮助自己平复心情。医务人员要始终牢记,纠纷发生时,要积极寻求有效的沟通方式来化解冲突,而不是加剧矛盾。良好的情绪是进行有效沟通的前提,管理好自己的情绪,安抚患方的情绪,建立起沟通的最佳环境。

（四）交换对象沟通,提高沟通效果

在处理医患纠纷的过程中,适时变换沟通对象往往可以起到更好的沟通效果。如当医疗机构的某个医务人员与患者及其亲属的沟通存在一定困难、无法达成一致时,可以更换另一位医务人员或相关科室负责人与患方进行沟通。当医疗机构的医务人员不能与患者或者患者的某位亲属进行有效沟通时,可以重新选择一位更容易沟通的亲属作为患方的代表进行沟通。当医务人员与这位亲属沟通好意见以后,再请这位亲属说服患者和其他亲属,这可以更好地达成沟通目标。此外,还可以根据实际情况邀请医方或患方的代表进行沟通,进一步改善沟通效果,有效处理纠纷。

（五）协调统一沟通,避免引发矛盾

当发生医患纠纷时,医方应特别注意保持内部意见统一,做到协调统一沟通,避免因内部意见不同而引发新的矛盾和冲突。① 医方内部要有协调一致的意见。医方在解答患方疑问时必须要做到意见一致,避免引起患方不必要的猜疑和揣测。② 医方统一意见后,应委派专门的人员与患方进行沟通。不能由不同人员将不同的意见传递给患方,这样可能会造成纠纷进一步升级。③ 医方内部各部门之间要协调一致,相互配合,相互支持,共同做好患者的救治保障工作。

如医疗主管部门做好组织和协调,后勤、药剂等部门做好物资和药品供应及保障,医技部门提供方便快捷的检查和检验服务等。

（六）加强各方沟通,共同化解纠纷

当医患纠纷发生后,患方情绪往往较为激动,甚至产生愤怒和抵触等情绪。若双方协商解决纠纷难度较大,或双方对纠纷事件的认识存在较大差异时,医患双方对纠纷的处理就很难达成一致意见。此时,医患双方当事人可以在遵循自愿平等原则的基础上,积极寻求第三方机构的调解。通过第三方调解机构提供中立的意见和解决方案,有助于促进医患双方对纠纷处理的一致。如医患双方可以向卫生行政部门提出调解申请,或者向医疗纠纷人民调解委员会申请调解。若调解仍无法解决双方的纠纷问题,双方有权向人民法院提起民事诉讼。在此过程中,医患双方应继续进行对话和沟通,以寻求最佳的解决方案。

当发生重大且复杂的医患纠纷时,医方需要加强与卫生行政部门、公安机关、司法机关、新闻媒体等各方的沟通,争取各方力量的支持,共同化解矛盾。

第一,加强与卫生行政部门的沟通。卫生行政部门是医疗机构的业务主管部门,管理着医疗机构的有效运转。当发生医患纠纷时,医疗机构应第一时间将事件进展、核查情况、采取的措施等及时向上级卫生行政部门报告。卫生行政部门根据医患双方纠纷事件的性质和严重程度,指导医疗机构积极开展沟通协调工作,必要时启动相关预案,组织相关力量与医疗机构共同解决纠纷。

第二,加强与公安机关的沟通。公安机关承担着维护医疗秩序的神圣职责。《关于进一步做好维护医疗秩序工作的通知》明确规定:"各地公安机关要始终保持对涉医违法犯罪的严打高压态势,要严格按照《公安机关维护医疗机构治安秩序六条措施》的要求,对各类伤医、闹医等违法犯罪活动依法果断处置,当场查证,严厉打击。""各地公安机关要对在医疗机构聚众滋事,严重影响医疗机构正常秩序的行为坚决果断依法制止,对挑头和主要人员要强制带离现场,依法严肃查处,对其他聚集人员要加强教育,并对其个人身份信息进行登记掌握。""各地公安机关要会同相关部门和医院,加强医院及周边的秩序维护工作,要进一步调整警力部署,加大公开力量的震慑力度。"因此,当医疗秩序遭受严重冲击,人民群众生命健康面临严重威胁时,医疗机构必须请求公安机关及时介入,以保障医务人员的人身安全,使医患双方进行安全有序的沟通。

第三,加强与司法机关的沟通。随着患者法律意识的不断增强,依法维权的意识已深入人心。用法律手段解决医患纠纷,成为绝大多数患者的理性选择。日常工作中,医疗机构可以通过座谈交流、普法宣传教育、医学知识讲座等各种形式搭建医法沟通平台,从而不断增强医务人员的法律意识和法律素养,加深法

学界对医疗领域和医学知识的了解,为依法处理医患纠纷奠定良好的基础。

第四,加强与新闻媒体的沟通。《医疗纠纷预防和处理条例》明确规定:"新闻媒体应当加强医疗卫生法律、法规和医疗卫生常识的宣传,引导公众理性对待医疗风险;报道医疗纠纷,应当遵守有关法律、法规的规定,恪守职业道德,做到真实、客观、公正。"因此,发生医患纠纷时,对不属实且会产生负面影响的报道,医方应主动联系新闻媒体积极沟通,还原事件真相。对于新闻媒体善意的批评报道,医方应高度重视,及时改进。通过积极加强与新闻媒体的沟通,医方可以树立良好的社会形象。

课后思考

1. 医患纠纷的类型有哪些?
2. 谈谈医患纠纷与医患沟通的关系。
3. 医患纠纷发生时,医方有哪些应对纠纷的沟通原则和策略?

第十一章　医疗纠纷处理

学习目标

1. 掌握医疗纠纷的处理原则。
2. 熟悉医疗纠纷应对的途径和程序。
3. 熟悉医疗纠纷相关法律法规的用途及要点。

第一节　医疗纠纷概述

　　有效处理医疗纠纷是构建和谐医患关系、促进医疗卫生体系良性发展的重要环节。医疗纠纷的成因复杂,既包括医疗行为本身的过错,如误诊、护理不当,也涉及医患沟通、医患信任等多方面因素。首先,诊疗不当是引发医患纠纷的主要原因,这不仅影响了患者的健康,也损害了医务人员的形象和医院的声誉。其次,医患沟通不畅是导致纠纷产生的重要因素。医患沟通贯穿诊疗全过程,是保证治疗措施实施、提升患方依从性、构建和谐医患关系的核心要素,良好的沟通意识是医务人员职业素养之一。医疗过程中的信息不对称,或医务人员未能有效传达治疗方案及潜在风险,往往导致患者产生不安情绪或误解,从而激化矛盾。良好的医患沟通可以正向影响医患信任,加强医患沟通意识,减少医患信息不对称,构建面向多主体的预防机制,从而减少医患矛盾。

　　医疗纠纷的频发不仅影响了患者的身心健康,还对医疗机构的运行和发展造成了负面影响。因此,医疗机构应加强对医务人员的培训,提高沟通技巧与法律意识,同时建立健全医患风险管理和投诉处理机制,有效减少医疗纠纷的发生。通过认识医疗纠纷的成因与影响,医疗机构能够在提升服务质量和患者满意度的同时,促进医患关系的和谐发展。

一、医疗纠纷的处理途径

国务院颁布的《医疗纠纷预防和处理条例》规定,医疗纠纷的处理途径包括以下方式:双方自愿协商,申请人民调解,申请行政调解,向人民法院提起诉讼,法律、法规规定的其他途径。

(一)双方自愿协商

双方自愿协商是医患双方在没有第三方参与的情况下,在平等自愿、互谅互让的基础上达成一致意见,自行解决医疗纠纷的一种方式。其最大特点在于不必借助第三方的参与,且具有高度的自治性。其优势主要体现在三个方面:首先,协商以谈判方式和平解决纠纷,节约时间成本;其次,协商解决医疗纠纷,一般无须支付律师代理费、诉讼费、鉴定费、取证费等,这大大减轻了医患双方的经济负担;最后,协商是非公开解决方式,能够避免纠纷的公开化,进而减少舆论的潜在影响。

双方自愿协商达成的和解协议本质上属于合同,该协议对双方当事人具有法律约束力,但不具有强制执行力。双方自愿协商,可以发生在纠纷产生之初,未进入调解、诉讼之前,也可以发生在诉讼过程中。

(二)人民调解

人民调解是指人民调解委员会通过说服、疏导等方法,促使当事人在平等协商基础上自愿达成调解协议,解决医疗纠纷的方式。相比于法院诉讼途径,人民调解委员会处理医疗纠纷具有调解率高、调解速度快、积压案件少、可实行诉调对接等优势。当医疗纠纷赔偿诉求超出医疗机构自行协商赔偿范围时,医疗机构应当积极引导患方通过当地医疗纠纷人民调解委员会进行调解。很多地方人民法院已开展"诉调对接"试点工作,建立了不同模式的地方诉调对接中心,这些实践经验极大地推动了诉调对接机制的发展。在涉及伤残、死亡等重大医疗纠纷时,若医患双方共同申请,法院可以授权当地医疗纠纷人民调解委员会出具鉴定委托函,直接申请异地鉴定。按照鉴定报告意见,医疗纠纷人民调解委员会可依据法律标准出具协议书,法院可对该医疗纠纷调解协议书进行司法确认。

(三)行政调解

行政调解是国家卫生行政管理部门在双方当事人自愿的前提下,根据法律规定,对本机关职权范围内平等主体之间的民事纠纷,通过说服劝导,使纠纷双方相互谅解,在平等协商的基础上达成一致协议,从而合理、彻底地解决纠纷的方式。其优势在于卫生主管部门拥有一批具备法律和医学知识的专业人员,调解的专业性和针对性较强,并且能够加强对医疗机构的监督。

(四)司法诉讼

民事判决书
案例

司法诉讼是医疗纠纷的最终解决方式,即在医疗纠纷处置中,当事人协商、调解不成的,可以依法向人民法院提起诉讼,当事人也可以直接向人民法院提起诉讼。司法诉讼在医疗纠纷处理中具有最高法律效力,当事人必须执行最终的判决结果。司法诉讼常用于较大医患纠纷,是最终的解决方案。其优势在于:首先,司法诉讼以国家的强制力作为后盾,法院作出的判决是最终裁决,当事人必须履行,当一方不履行时另一方可以申请强制执行;其次,诉讼程序严格,法官在对医疗纠纷进行合理分析后作出裁决,有助于实现公平和正义。

二、医疗纠纷的处理策略

(一)保持冷静,积极倾听

医务人员应该与患者或亲属在安静环境中,用和缓、平稳的语气进行沟通。若多人在场,患者或其亲属接受医务人员观点的可能性会降低,医务人员可以说:"咱们借一步说话,这样不会被打扰。"最重要的是弄清对方真正的需求。医务人员应耐心询问,并理解他们期望达成的具体结果。

(二)让患方感受到医方解决问题的诚意和努力

首先,如果患方提出的合理诉求可以当场解决,医方应及时予以满足;如果不能满足患方诉求,则应请求上级部门或其他专业人员进一步沟通协调。如果效果依然不理想,医务人员应冷静地引导患方向医院投诉管理部门寻求帮助。其次,医务人员要向患者明确指出,最关键的是找出具体问题并探讨解决方案。同时,医务人员应主动表达对患者健康的关切,再次强调所有人都希望为患者提供最优质的医疗服务,并且建议医患双方共同商讨,尽力满足患方的合理要求,让患方感受到医方解决问题的诚意和努力。

(三)"三要"和"三不要"

在面对情绪失控的患方时,医务人员应遵循"三要"和"三不要"的原则。"三要"包括:一要及时通知保卫部门。当患者或其亲属情绪激烈有可能发生极端行为时,医务人员应立即通知保卫部门和医疗纠纷管理部门,采取有效的防范和控制措施,并在必要时报警。二要避免人身伤害。如果医务人员或其他患者的人身安全受到威胁或正在遭受不法侵害时,医务人员可以依法进行正当防卫或者紧急避险。三要维护合法权益。如果医务人员的人身权或财产权受到侵害,医疗机构应全力支持医务人员通过法律途径,维护自身合法权益。

"三不要"包括：一是不要争论置气。医务人员应保持冷静,与患方进行有效沟通,切勿因情绪激动而与患方争吵,以免激化矛盾。二是不要单独面对患方。对于情绪激烈或有极端行为的患方,在医疗纠纷管理部门、安保人员尚未到达现场前,涉事医务人员应避免单独与患方沟通,及时报告现场负责人并安排其他人接手。三是不要私下承诺。涉事医务人员不应私下解决纠纷,应当劝告患者及其亲属依法维权,同时通过法律途径维护自身权益。

第二节　患者投诉

一、患者投诉概述

投诉是指患者就医疗服务行为、医疗管理、医疗质量安全等方面存在的问题向医疗机构反映情况,提出意见、建议或者投诉请求的行为。患方可选择通过电话、电子邮件、网络平台、信访等多种方式向相关机构反映问题,并提出相应的整改建议或请求。一般情况下,投诉是医疗纠纷发生前的一道常见的流程。

投诉与医疗纠纷之间既有区别又有联系。投诉主要是反映问题,提出意见和要求,是患者及其亲属维护自身权益的一种方式。投诉双方冲突不尖锐,但涉及范围广(如医疗、护理、行风、医保、后勤、物价),通常不涉及经济赔偿,处理的时间较短,一般为 5 到 10 个工作日。

必须认识到,如果投诉处理得当,许多矛盾就可以被有效解决;相反,如果未能及时有效处理,投诉可能会上升为医疗纠纷,这不仅会增加处理难度,还可能加剧医患矛盾,给医疗机构带来经济和声誉上的损失。因此,医疗机构必须畅通投诉渠道,妥善处理患方投诉意见,防止投诉或医疗纠纷的升级。

二、患者投诉接待

医疗机构必须认真贯彻落实《医疗纠纷预防和处理条例》《医疗机构投诉管理办法》等相关规定,进一步规范医疗机构投诉接待与处理工作,提升投诉接待、处理人员的服务能力,维持良好的医疗秩序。为保障医患双方的合法权益,国家卫生健康委、国家中医药局制定了《医疗机构投诉接待处理"十应当"》,其要求如下。

（一）应当建立"一站式"投诉解决模式

医疗机构应当建立以患者为中心的投诉接待处理模式,实现门诊、病房等投诉解决"一站式"服务,按照《医疗机构投诉管理办法》要求,由医疗机构投诉管理部门,或投诉管理专(兼)职人员专门负责,达到统一受理、统一调查、统一协调、统一办理、统一反馈要求。

（二）应当建立畅通、便捷的投诉渠道

医疗机构应当设置专门的投诉接待场所,在显著位置公示投诉接待时间、地点、联系方式和投诉处理程序,接受走访、信函、电话、电子邮件投诉等多种投诉方式,建立畅通、便捷、高效的投诉渠道。

（三）应当落实首诉负责制

医疗机构应当严格落实首诉负责制,各科室、部门和医务人员接到患者投诉时,应当对患者进行情绪安抚,沟通了解患者相关诉求,属于职责范围内的事项尽快予以解决,超出职责范围的事项引导患者到投诉管理部门处理。

（四）应当及时避免或者减轻损害

对涉及医疗质量安全、可能危及患者健康的,医疗机构应当立即采取积极措施,避免或者减轻对患者身体健康的损害,防止损害扩大,并妥善安抚患者情绪。

（五）应当及时核查处理投诉

涉及医务人员服务态度、收费等问题;就医过程中存在不满,提出退号、退药、退费等要求;对医疗机构医疗服务内容、流程、场所环境设施等不满,要求核查处理并改进的问题等情形,能当场核查处理的,投诉管理部门应当及时查明情况,当场核查解决,向患者反馈处理意见。

（六）应当按时反馈处理意见

对无法当场核查处理的,投诉管理部门应当将情况反馈至被投诉科室,被投诉科室调查核实后将书面处理情况或处理意见反馈至投诉管理部门。涉及多个科室的,投诉管理部门应当组织、协调相关部门共同研究,形成统一的处理意见,必要时组织相关科室负责人共同接待。投诉管理部门应当按照《医疗机构投诉管理办法》要求,在规定时限内将处理情况或处理意见反馈患者。

（七）应当引导依法处理

对处理不满意、协商不能达成一致的,投诉管理部门应当向患者告知医疗纠纷处理的相关法律法规的规定、处理途径和处理流程,解决诉求所需的主要证据及获得方式,引导患者通过调解、诉讼等途径解决,并做好解释疏导工作。

（八）应当积极防范高风险案例

医患矛盾激烈、已经或可能发生暴力事件的案例,医疗损害后果严重的案例,已经或可能引发重大舆情的案例等,医疗机构应当立即采取相应风险防范和矛盾化解措施。投诉处理过程中发生或可能引发危害患者和医务人员人身安全、扰乱医疗秩序等治安案件、刑事案件的,医疗机构应当立即向所在地公安机关报警或报告,同时向所在地县级卫生健康行政部门及相关主管部门报告。

（九）应当建立重点投诉处理回访机制

医疗机构应当建立重点投诉处理回访机制。根据投诉问题及办理结果等因素,对重点投诉适时采取电话或调查问卷等形式进行回访,对处理过程和处理结果进行追踪。通过患者回访,对接待和处理中存在的问题进行总结分析,逐步提高医疗机构投诉管理水平。

（十）应当加强投诉闭环管理

医疗机构应当结合工作实际制定投诉分类标准,从投诉内容、科室部门、时间、人群等不同维度进行定期汇总、分析投诉信息,梳理普遍性、焦点性问题,发现医疗服务管理漏洞,并重点进行原因分析,提出改进措施,坚持改进,形成"投诉—分析—整改—避免发生"的闭环管理模式。同时,医疗机构应当根据投诉情况,及时梳理和掌握投诉多发科室、环节和人员,加强对重点科室和重点人员的管理和指导。

三、患者投诉处理

《医疗机构投诉管理办法》规定,医疗机构应当设置医患关系办公室或者指定部门统一承担投诉管理工作,设置专门的投诉接待场所,配备专（兼）职人员,在显著位置公布投诉处理程序、地点、接待时间和联系方式。医疗机构应当制订投诉接待制度和重大医疗纠纷事件应急处置预案,定期组织开展重大医疗纠纷事件应急处置预案相关的宣传、培训和演练。投诉管理应当实行医疗机构、投诉管理部门、科室三级投诉管理机制。医疗机构投诉实行"首诉负责制",对于情况较复杂,需调查、核实的投诉事项,一般应当于接到投诉之日起 5 个工作日内向投诉人反馈相关处理情况或处理意见;对于涉及多个科室,需组织、协调相关部门共同研究的投诉事项,应当于接到投诉之日起 10 个工作日内向投诉人反馈处理情况或处理意见;对反复接到相同或者相似问题的投诉,医疗机构投诉管理部门应当汇总并报告医疗机构负责人。医疗机构应当将投诉管理纳入患者安全管理体系,定期汇总、分析投诉信息,梳理医疗管理、医疗质量安全的薄弱环节,落实整改措施,建立健全投诉档案。投诉具体处理流程如图 11-1 所示。

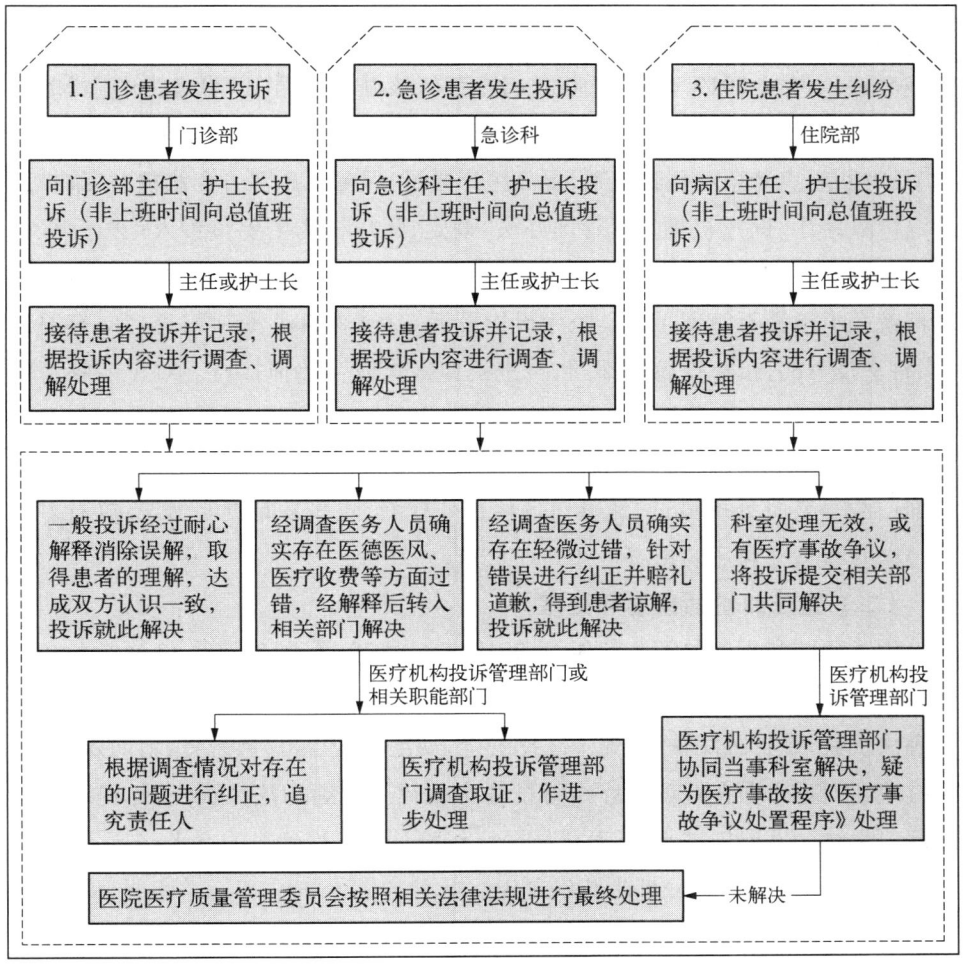

图 11-1　患者投诉处理流程图

第三节　医疗纠纷管理的法律法规

涉及医疗纠纷管理的法律法规较多,如《中华人民共和国民法典》《中华人民共和国医师法》《医疗机构投诉管理办法》《医疗纠纷预防和处理条例》《医疗机构管理条例》《最高人民法院关于审理医疗损害责任纠纷案件适用法律若干问题的解释》,在此根据工作实践将其划分为以下三类。

一、投诉与医疗纠纷的预防和处理

（一）投诉

2019 年 2 月 2 日，国家卫生健康委委主任会议讨论通过了《医疗机构投诉管理办法》，并于 2019 年 4 月 10 日起施行。该办法遵循"以患者为中心"的理念，遵循合法、公正、及时、便民的原则，要求医疗机构建立患者诉求快速响应机制，及时回应患者急难愁盼问题，提高医疗质量，保障医患双方合法权益，维护正常医疗秩序。《医疗机构投诉管理办法》规定，医疗机构主要负责人是医疗机构投诉管理的第一责任人。二级以上医疗机构应当设置医患关系办公室或者指定部门统一承担投诉管理工作。医疗机构投诉实行"首诉负责制"，患者向有关部门、科室投诉的，接待投诉的部门、科室工作人员应当热情接待。对于能够当场协调处理的，应当尽量当场协调解决；对于无法当场协调处理的，接待的部门或者科室应当主动将患者引导到投诉管理部门，不得推诿、搪塞。医疗机构投诉管理部门应当及时处理投诉，能够当场核查处理的，应当及时查明情况；确有差错的，立即纠正，并当场向患者告知处理意见。

（二）医疗纠纷的预防和处理

为了预防和妥善处理医疗纠纷，2018 年 6 月 20 日，国务院第 13 次常务会议通过《医疗纠纷预防和处理条例》（下文简称《条例》），《条例》旨在保护医患双方合法权益，维护医疗秩序，保障医疗安全，规定了医疗机构、患者、新闻媒体、卫生行政部门等方面在处理医疗纠纷过程中的行为准则和法律责任，体现了我国医疗卫生法治发展的进步性，对化解医疗纠纷具有里程碑式的意义。

1. 明确多部门职责，规范媒体宣传

（1）卫生主管部门负责指导、监督医疗机构做好医疗纠纷的预防和处理工作，引导医患双方依法解决医疗纠纷。

司法行政部门负责指导医疗纠纷人民调解工作。

公安机关依法维护医疗机构治安秩序，查处、打击侵害患者和医务人员合法权益以及扰乱医疗秩序等违法犯罪行为。

财政、民政、保险监督管理等部门和机构按照各自职责做好医疗纠纷预防和处理的有关工作。

（2）新闻媒体应当加强医疗卫生法律、法规和医疗卫生常识的宣传，引导公众理性对待医疗风险；报道医疗纠纷，应当遵守有关法律、法规的规定，恪守职业道德，做到真实、客观、公正。

患者对医疗卫生常识的缺乏是医患矛盾产生的原因之一，而媒体的真实、客观报道也是构建和谐医患关系的前提之一。因此,新闻媒体在解决医患纠纷中的作用至关重要。《条例》从法律层面明确了新闻媒体的职责与行为规范,强调了其应承担的法律责任。

2. 医疗纠纷的预防

患者有权查阅、复制其门诊病历、住院志、体温单、医嘱单、化验单(检验报告)、医学影像检查资料、特殊检查同意书、手术知情同意书、手术及麻醉记录、病理资料、护理记录、医疗费用以及国务院卫生主管部门规定的其他属于病历的全部资料。

患者要求复制病历资料的,医疗机构应当提供复制服务,并在复制的病历资料上加盖证明印记。复制病历资料时,应当有患者或者其近亲属在场。医疗机构应患者的要求为其复制病历资料,可以收取工本费,收费标准应当公开。

患者死亡的,其近亲属可以依照本条例的规定,查阅、复制病历资料。

3. 医疗纠纷的处理

(1)发生医疗纠纷,医患双方可以通过下列途径解决:① 双方自愿协商;② 申请人民调解;③ 申请行政调解;④ 向人民法院提起诉讼;⑤ 法律、法规规定的其他途径。

上述途径为解决医疗纠纷提供了系统性方案,拓宽了医患双方处理纠纷的渠道,进一步完善了医疗纠纷处理的法律体系。

(2)发生医疗纠纷,医疗机构应当告知患者或者其近亲属下列事项:① 解决医疗纠纷的合法途径;② 有关病历资料、现场实物封存和启封的规定;③ 有关病历资料查阅、复制的规定。

患者死亡的,还应当告知其近亲属有关尸检的规定。

本条款规范了医疗纠纷发生后的即时处置,明确了医疗机构在纠纷处理过程中对患方的告知义务,医疗机构应当对此加以重视,否则可能增加诉讼风险。

(3)医疗纠纷人民调解委员会调解医疗纠纷,需要进行医疗损害鉴定以明确责任的,由医患双方共同委托医学会或者司法鉴定机构进行鉴定,也可以经医患双方同意,由医疗纠纷人民调解委员会委托鉴定。

医学会或者司法鉴定机构接受委托从事医疗损害鉴定,应当由鉴定事项所涉专业的临床医学、法医学等专业人员进行鉴定;医学会或者司法鉴定机构没有相关专业人员的,应当从本条例第三十五条规定的专家库中抽取相关专业的专家进行鉴定。

医学会或者司法鉴定机构开展医疗损害鉴定,应当执行规定的标准和程序,尊重科学,恪守职业道德,对出具的医疗损害鉴定意见负责,不得出具虚假鉴定意见。医疗损害鉴定的具体管理办法由国务院卫生、司法行政部门共同制定。

鉴定费预先向医患双方收取,最终按照责任比例承担。

本条例建立了统一的诉讼前的医疗损害鉴定制度,确立了医学会和司法鉴定机构并存的二元化医疗损害鉴定机制,明确了医学会和司法鉴定机构在司法损害鉴定中的合法地位,并统一了鉴定标准和程序。同时,规定了鉴定费的收取办法,取消了原《医疗事故处理条例》中关于医疗事故分级的规定,本条规定医疗损害鉴定的具体管理办法由国务院卫生、司法行政部门共同制定。

(三) 医疗纠纷的三级投诉管理机制

处理医疗纠纷应当遵循公平、公正、及时的原则,实事求是,依法处理,按照医疗机构、投诉管理部门、科室三级投诉管理机制进行医疗纠纷处置程序如下:

1. 一般医疗纠纷处理

医务人员发现一般性医疗纠纷时,按照首诉负责制要求,立即报告科室负责人及护士长。科室负责人、护士长需及时了解情况,加强对患者的关注和沟通,尽快化解纠纷,并在科内通报以引起重视。若纠纷加剧且科室无法解决,则须提升至更高的处理级别。

2. 较大医疗纠纷处理

医务人员发现较大医疗纠纷,科室负责人、护士长无法处理时,应立即上报投诉管理部门(节假日及休息时间上报医院总值班)。投诉主管部门立即派人与相关人员共同研究患者诊疗等方面的补救措施,尽力降低医疗风险。投诉主管部门同时上报分管院长,切实加强医患沟通,做好解释和安抚工作,引导患方通过合理途径解决纠纷,若纠纷加剧且投诉主管部门无法解决,则需提升至更高的处理级别。

3. 重大医疗纠纷处理

重大医疗纠纷应依据重大医疗纠纷事件应急处置预案进行处理,科室负责人须立即向投诉主管部门报告,并提供事件翔实情况,不得隐瞒事实真相。主管部门应立即启动重大医疗纠纷事件应急处置预案,医院成立领导小组与相关人员共同讨论并制定弥补方案,并上报分管院长,同时保障医疗秩序,积极救治患者并做好患者及其亲属的安抚工作。投诉主管部门负责接待患方相关人员,了解患方诉求,告知患方医疗纠纷处理路径及法定程序,并封存和复印现场的全部病历资料,以及用药、输血、器械等物证。患者死因不明或医患双方对死因有异议的,应当经死者近亲属同意并签字,在患者死亡后 48 小时内进行尸检,具备尸体冻存条件的,可以延长至 7 日。发生重大医疗过失行为的,医疗机构应当在 12 小时内上报当地卫生行政部门。

发生医疗纠纷后可按照以下程序进行处理,以合肥市某三甲医院医疗纠纷处理流程图为例,如图 11-2 所示。

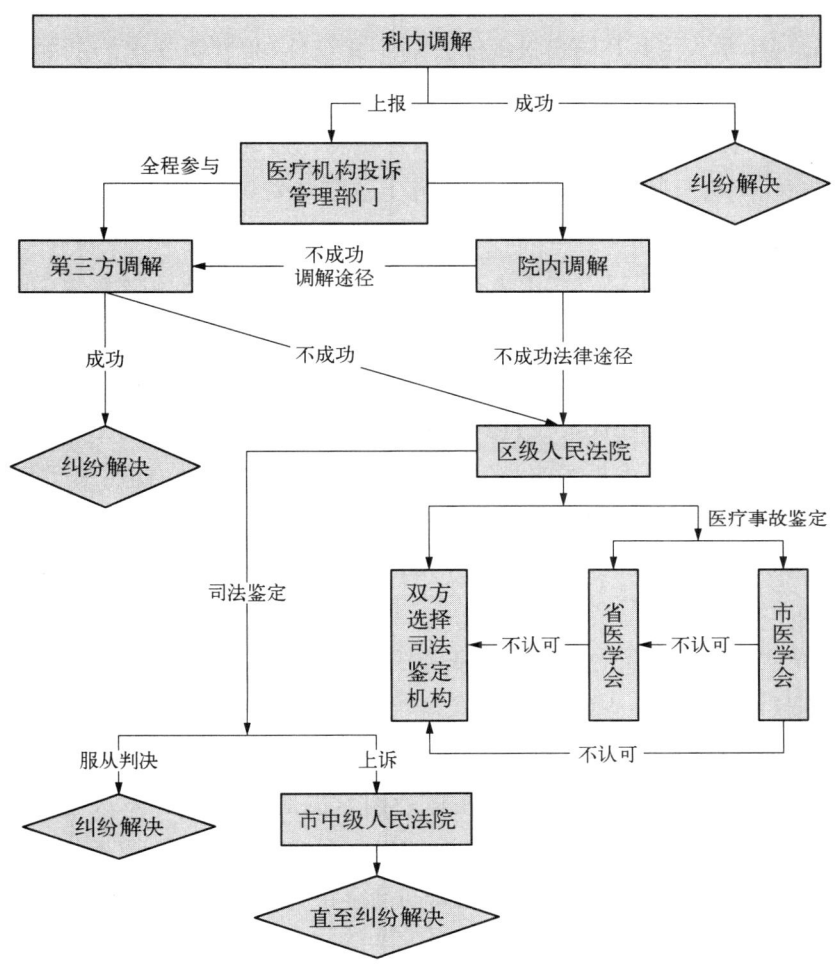

图 11-2 医疗纠纷处理流程图

二、民事赔偿层面

《中华人民共和国民法典》(下文简称《民法典》)已于 2021 年 1 月 1 日正式施行,民事赔偿层面内容节选如下:

(一) 医疗机构承担赔偿责任或过错情况

(1)《民法典》第一千二百二十二条:【推定医疗机构有过错的情形】患者在诊疗活动中受到损害,有下列情形之一的,推定医疗机构有过错:

(一) 违反法律、行政法规、规章以及其他有关诊疗规范的规定;

（二）隐匿或者拒绝提供与纠纷有关的病历资料；

（三）遗失、伪造、篡改或者违法销毁病历资料。

此条款将遗失、伪造、篡改或者违法销毁病历资料作为医疗机构有过错的情形之一。《中华人民共和国侵权责任法》（下文简称《侵权责任法》）将销毁病历作为过错推定的情形之一，措辞上存在差异。病历的保存有法定期限，根据《医疗机构病历管理规定》第二十九条，由医疗机构保管的门诊病历保存时间不少于 15 年，住院病历保存时间不少于 30 年。这意味着病历在超出法定保存期限后，医疗机构可自行处理。本次《民法典》新增了"违法销毁病历"的规定，措辞更加科学严谨，明确了只有在违法销毁病历的情况下，医疗机构才需承担相应的责任。

（2）《民法典》第一千二百二十三条：【药品、消毒产品、医疗器械的缺陷，或者输入不合格血液的侵权责任】因药品、消毒产品、医疗器械的缺陷，或者输入不合格的血液造成患者损害的，患者可以向药品上市许可持有人、生产者、血液提供机构请求赔偿，也可以向医疗机构请求赔偿。患者向医疗机构请求赔偿的，医疗机构赔偿后，有权向负有责任的药品上市许可持有人、生产者、血液提供机构追偿。

此条文在医疗产品的不真正连带责任这个问题中，将消毒药剂改为消毒产品。根据《消毒管理办法》第四十五条规定，消毒产品包括消毒剂、消毒器械、卫生用品和一次性使用医疗用品。《侵权责任法》规定的医疗药剂范围边界限制，实践中由于其他消毒产品问题造成的医疗纠纷也是层出不穷，本次修改将全部消毒产品一并纳入维权范围，有利于保护患方利益。"消毒产品"涵盖了"消毒药剂"，扩大了法律的适用范围。新增"药品上市许可持有人"条款是为了与新修订的《中华人民共和国药品管理法》中的药品上市许可持有人制度相衔接，确保两部法律的同步实施和协调统一。

（二）医疗机构及医务人员履行的责任

（1）《民法典》第一千二百二十五条：【医疗机构对病历资料的义务、患者对病历资料的权利】医疗机构及其医务人员应当按照规定填写并妥善保管住院志、医嘱单、检验报告、手术及麻醉记录、病理资料、护理记录等病历资料。

患者要求查阅、复制前款规定的病历资料的，医疗机构应当及时提供。

此条文明确患者要求查阅、复制前款规定的病历资料的权利，医疗机构具有及时提供义务。在实践中，医疗机构在为患方提供查阅、复印病历资料时常出现拖延、推诿的情况。此次修订增加了"及时"二字，明确要求医疗机构及时履行相关义务。这一修改对医疗机构在提供病历过程中存在的拖延行为进行了有效限制,有助于减少不必要的医疗纠纷,并进一步规范医疗服务流程。

（2）《民法典》第一千二百一十九条：【医务人员说明义务和患者知情同意权】医务人员在诊疗活动中应当向患者说明病情和医疗措施。需要实施手术、特殊检查、特殊治疗的,医务人员应当及时向患者具体说明医疗风险、替代医疗方案等情况,并取得其明确同意；不能或者不宜向患者说明的,应当向患者的近亲属说明,并取得其明确同意。

医务人员未尽到前款义务,造成患者损害的,医疗机构应当承担赔偿责任。

此条文要求医务人员在向患者说明病情和医疗措施时要具体说明医疗风险和替代医疗方案等情况并且取得患者或者其亲属的明确同意。《民法典》（侵权责任篇）将"书面同意"修改为"明确同意",这体现了在告知形式上不局限于书面告知,也可以通过录音、录像等多种方式进行告知,进一步保障患者的知情同意权。"具体说明"可以避免医疗机构采取格式化的书面告知形式,这种告知往往流于形式,容易引发医疗纠纷。医务人员可以根据实际情况采取口头、录音、录像、律师见证等多种方式。"明确同意"是指患者或亲属不仅要签字,还要明确表示对整个治疗方案的充分理解,这实际上提出了更高的要求。以往临床上使用的知情同意书通常是打印好的,亲属只需在签名处签字即可。但是,这种方式却存在隐患,医疗纠纷案件审判中常出现此类问题。某些患者或亲属虽然签署了知情同意书,但在法庭上却声称对具体内容不够了解,称只是因为医生要求签字而签字,这种情况暴露了传统知情同意方式的不足。

（3）《民法典》第一千二百二十六条：【患者隐私和个人信息保护】医疗机构及其医务人员应当对患者的隐私和个人信息保密。泄露患者的隐私和个人信息,或者未经患者同意公开其病历资料的,应当承担侵权责任。

此条文首次明确将患者个人信息纳入医疗机构的保密义务中,并规定,如果未经患者同意公开其病历资料的,即使没有造成患者损害的,也应当承担侵权责任。而在《侵权责任法》中,只有在公开病历资料造成患者损害时,才需承担侵权责任。《民法典》删除了"造成患者损害"这个限制,体现了法律的合理性。

（4）《民法典》第一千二百二十七条：【禁止违规过度检查】医疗机构及其医务人员不得违反诊疗规范实施不必要的检查。

此条文首次强调医疗机构及其医务人员不得违反诊疗规范实施不必要的检查。本条规定了不必要检查禁止义务。不必要的检查,一般是指由医疗机构提供的超出患者个体和社会保健实践需求的医疗检查服务,医学伦理学界把它称之为"过度检查"。过度检查的纠纷属于医疗损害责任纠纷,患方应提供治疗的不必要性和不合理性的相应证据。同时医疗机构应该加强对医务人员的职业道德教育,引导并约束医务人员根据诊疗规范和患者实际情况实施医疗行为,避免过度医疗。

（三）医务人员的合法权益

《民法典》第一千二百二十八条:强调了侵害医务人员的合法权益应当承担法律责任,这与《中华人民共和国基本医疗卫生与健康促进法》规定的"医疗卫生人员的人身安全、人格尊严不受侵犯,其合法权益受法律保护"相一致。近年来,部分患者及其亲属的过激行为不仅扰乱了医疗机构的正常诊疗秩序,而且严重侵犯医务人员人身权利,杀医、伤医等案件更是频频发生,《民法典》的相关规定体现了对国家对医务人员的保护。

三、行政处罚或者刑事处罚层面

《中华人民共和国刑法》(下文简称《刑法》)、《医疗事故处理条例》、《中华人民共和国医师法》(下文简称《医师法》)、《医疗纠纷预防与处理条例》等法律法规对医疗机构及医务人员在医疗纠纷中可能面临的行政处罚或刑事处罚进行了规定,此处将主要介绍《医疗事故处理条例》中对于医疗事故的行政处罚和《刑法》中对于医疗事故的刑事处罚。

（一）行政处罚法律法规

《医疗事故处理条例》第五十五条:医疗机构发生医疗事故的,由卫生行政部门根据医疗事故等级和情节,给予警告;情节严重的,责令限期停业整顿直至由原发证部门吊销执业许可证,对负有责任的医务人员依照刑法关于医疗事故罪的规定,依法追究刑事责任;尚不够刑事处罚的,依法给予行政处分或者纪律处分。

对发生医疗事故的有关医务人员,除依照前款处罚外,卫生行政部门并可以责令暂停6个月以上1年以下执业活动;情节严重的,吊销其执业证书。

此条文规定,医疗机构发生医疗事故的,由卫生行政部门根据医疗事故等级和情节:① 给予医疗机构警告;② 情节严重的,责令限期停业整顿直至由原发证部门吊销执业许可证;③ 对发生医疗事故的有关医务人员,卫生行政部门并可以责令暂停6个月以上1年以下执业活动;④ 情节严重的,吊销其执业证书。对负有责任的医务人员依照刑法关于医疗事故罪的规定,依法追究刑事责任;尚不够刑事处罚的,依法给予行政处分或者纪律处分。

（二）刑事处罚法律法规

《刑法》第三百三十五条:【医疗事故罪】医务人员由于严重不负责任,造成就诊人死亡或者严重损害就诊人身体健康的,处三年以下有期徒刑或者拘役。

此条文规定,医疗事故罪是指医务人员由于严重不负责任,造成就诊人死亡或者严重损害就诊人身体健康的行为。对上述法条的解释如下:医务人员由于严重不负责任,造成就诊人死亡或者严重损害就诊人身体健康的,应予立案追诉。具有下列情形之一的,属于本条规定的"严重不负责任":① 擅离职守的;② 无正当理由拒绝对危急就诊人实行必要的医疗救治的;③ 未经批准擅自开展试验性医疗的;④ 严重违反查对、复核制度的;⑤ 使用未经批准使用的药品、消毒药剂、医疗器械的;⑥ 严重违反国家法律法规及有明确规定的诊疗技术规范、常规的;⑦ 其他严重不负责任的情形。

本条规定的"严重损害就诊人身体健康",是指造成就诊人严重残疾、重伤、感染艾滋病、病毒性肝炎等难以治愈的疾病或者其他严重损害就诊人身体健康的后果。

课后思考

1. 医疗纠纷的处理途径和处理策略有哪些?
2. 患者投诉的处理流程包括哪些环节?
3. 和医疗纠纷相关的法律法规有哪些?

第十二章　医学研究中的沟通

学习目标

1. 了解从"受试者"到"研究参与者"的表述变化及医学研究中不同角色之间的沟通。

2. 熟悉医学研究中常见的沟通问题。

3. 掌握医学研究中的原则及医学研究中常见沟通问题的处理策略。

医学研究是指通过科学的方法探索医学领域的各种问题,包括疾病的成因、机制、诊断、治疗和预防等。它涵盖了从基础医学到临床应用的多个方面,旨在提高人类生活与健康水平。医学研究具有获益与风险并存的特性,要求医学研究者们不仅要有深厚的医学知识,更要精通沟通技巧,以增进彼此间的信任。医学研究中的良好沟通不仅是患者与医生之间的联系纽带,更是研究者、医学伦理委员会、资金资助机构、数据管理者及公众之间互动的关键。有效的沟通能够确保研究的顺利进行,在切实保障研究参与者权益的同时,也大大提升了研究的透明度与公信力。

第一节　医学研究中的沟通概述

医学研究涵盖多个领域,包括但不限于基础医学研究、临床医学研究、公共卫生研究、卫生管理研究、药物研究、生物医学工程研究等。每个研究领域都有其自身的研究内容和方法。例如,临床医学研究是指在医疗实践中,以患者为中心,运用科学的方法和技术手段,对疾病的预防、诊断、治疗和预后等方面进行深入探究的过程,其目的在于提高疾病的诊疗水平,改善患者的健康状况和生活质量,推动医学进步。在病因探索、病理生理机制挖掘、诊断与治疗技术研究和预后评估等过程中,研究者们收集和分析研究参与者的临床资料,结合实验室研究和临床试验的结果,揭示疾病的本质和发病规律,探索有效的诊疗方法。

医学研究中,研究人员需要与多方利益相关者进行沟通,包括医生、患者、资金资助机构和公众。有效的沟通对医学研究具有至关重要的作用,它不仅关系研究的顺利进行,还直接影响研究结果的可靠性和有效性。有效的沟通可以确保团队成员之间信息共享,协调各自的工作进度,从而提高整体的研究效率。在研究初期,清晰、准确的沟通有助于所有参与者对目标、假设、方法及预期结果达成共识,避免在后续研究中出现方向偏离或资源浪费的情况。以临床医学研究为例,进行临床医学研究需要多种专业技术人员的合作,一个好的临床医学研究团队不仅应包括医学、药学、生物学、统计学等专业人员,还应包括富有经验的文档管理人员。为了充分发挥这些人员的作用,沟通不仅仅是信息的传递,更是促进合作、增强理解和推动研究项目顺利进行的重要手段。在涉及人体的临床医学研究中,研究者需要与研究参与者及其亲属进行充分的沟通,解释研究的目的、过程、潜在风险及可能的益处,确保他们充分了解并自愿参与研究。这是伦理要求,也是保障研究参与者权益的必要措施。研究团队内部的沟通,能确保数据收集者、记录者和分析者之间对数据定义、收集标准和分析方法有一致的理解,可以最大限度地减少误差和偏差,提高研究结果的准确性和可靠性。

良好的沟通技巧还有助于研究者清晰、准确地阐述研究发现,促进学术交流与合作,推动医学科学的发展。研究者与伦理委员会的沟通,可以确保研究者充分了解并遵守相关的伦理和法律规定,切实保障研究参与者的权益和安全。

一、医学研究参与者

(一) 研究参与者的概念

国际人用药品注册技术协调会(ICH)制定的管理规范中通常把自愿参加临床试验的健康人或者患者称作"试验参与者",而国际医学科学组织委员会(CIOMS)称之为"研究参与者"。在国内,过去称呼其为"研究对象"或"受试者"。由于"研究对象"这一术语将参与者视为被动的客体,没有自主性,而"受试者"这一称呼仍是将参与者视为接受研究人员研究的被动人员,两者均不能体现他们与研究人员平等地为科学事业作贡献的特点。为了明确他们为科学作贡献的道德地位,充分调动其参与研究的积极性,国家卫生健康委、教育部、科技部和国家中医药管理局联合发布的《涉及人的生命科学和医学研究伦理审查办法》国卫科教发〔2023〕4号文中直接将其称为"研究参与者"。因此,"研究参与者"是一个专用名词,是参加医学研究的健康人或患者的统称,包括参与人体研究的受试者,以及提供个人生物样本、信息数据、健康记录、行为等用于涉及人的生命科学和医学研究的个体。

（二）研究参与者的选择

研究参与者的选择应当是出于科学研究的需要,而不能因为其社会、经济地位,或因为患者处于健康脆弱状态时易于招募。

研究参与者应尽可能选择反映年龄、性别与民族等多样性的不同群体,使研究成果具有普适性。

临床试验中的研究参与者不应首选知情同意能力或民事行为能力受限者。只有在此临床试验是该人群"个体目前相对最优的治疗"选择,或旨在促进该类患者所代表的人群健康,且此临床试验不能用完全知情同意和完全民事行为能力的研究参与者来替代进行的,同时研究仅造成最小风险和负担时,方可将该人群考虑纳入研究。

将脆弱人群排除出研究参与者,曾被视为对他们最便捷的保护方式,但这样的保护方式也往往使脆弱人群无法适用研究成果,影响其疾病的诊断、预防和治疗,因此导致对他们的不公正。研究参与者的选择应适当考虑脆弱人群,以纠正这些不公正。对涉及儿童、孕产妇、老年人、智力障碍者、精神障碍者等特定群体的研究参与者应当予以"特殊保护",研究方案中需包括额外附加的保护措施以维护这些脆弱研究参与者的权益。

（三）研究参与者参与医学研究活动的类型

医学研究包括基础研究、应用研究和开发研究。因此研究参与者参加医学研究的形式是多种多样的。研究参与者可以是"个体"形式,在不同时间和不同地区参加研究,也可以是"群体"形式,在同一时间、同一地点参加研究。具体类型主要包括:

（1）采用物理学、化学、生物学、中医药学等方法对人的生殖、生长、发育、衰老等进行研究的活动。

（2）采用物理学、化学、生物学、中医药学、心理学等方法对人的生理、心理、病理现象,疾病成因和发病机制,以及疾病的预防、诊断、治疗和康复等进行研究的活动。

（3）采用新技术或者新产品在人体上进行试验研究的活动。

（4）采用流行病学、社会学、心理学等方法收集、记录、使用、报告或储存有关人的涉及生命科学和医学问题的生物样本、信息数据（包括健康记录、行为等）等科学研究资料的活动。

二、医学研究中的多维沟通

在医学研究的广阔领域中，沟通不仅是患者与医生之间的桥梁，更是研究者、伦理审查委员会、资助机构、数据管理者以及公众之间互动的关键渠道。有效的沟通能够确保研究的顺利进行，保障研究参与者的权益，提升研究的透明度与公信力。

（一）研究设计与伦理审查中的沟通

1. 研究方案设计中的沟通

在研究方案设计之前，为了保证研究方案的科学性、可行性、实用性、创新性和社会价值等，研究团队内部需要进行充分的沟通和讨论，包括制订切实可行的计划和人员分工等。

2. 研究方案自身的沟通价值体现

研究方案需清晰、准确地阐述研究目的、假设、方法及预期成果，以便伦理审查委员会、资助方及同行理解、认可，并准确评估其科学价值、社会效益、伦理合规性。沟通时应注重语言的专业性和易懂性，避免滥用专业术语或发生歧义。

3. 伦理审查过程中的沟通

提交伦理审查申请时，研究者需详细阐述研究所涉及的伦理问题、研究参与者保护措施、知情同意过程等，确保伦理审查委员会全面了解研究情况。研究者应积极回应伦理审查委员会的反馈，及时调整研究方案或增加保护措施，以便完全符合伦理要求。

如果是全球或全国多中心研究，申办方需要召集多中心的研究者参加研究者会议，充分讨论研究方案的可行性、研究参与者的获益和风险评估、补偿措施和保险投保等。除了向组长单位的伦理委员会申请批准，各家研究中心的主要研究者需要向各自单位的伦理委员会申请并获得批准。

（二）研究参与者招募与知情同意中的沟通

研究者可以在患者候诊时，介绍研究方案详细信息，也可以通过其他合适的渠道（如医院公告栏、社交媒体、专业网站）发布招募信息，招募信息要确保真实、准确、完整，避免误导。招募信息应明确研究目的、参与要求、可能的获益与风险等，以便研究参与者做出知情同意决策。发布招募信息须经伦理委员会和研究者所在管理机构批准。

研究者应向研究参与者详细解释研究内容、过程、可能的风险与益处，确保研究参与者充分理解并自愿参与。研究者应使用通俗易懂的语言,避免专业术语的滥用,必要时可借助图示、视频等辅助材料,给予研究参与者足够的时间阅读和理解相关内容,确保其在无压力环境下充分了解试验的全过程及风险,做出正确决策,在完全知情同意的情况下参与研究。

(三)研究实施过程中的沟通

1. 研究者与研究参与者的沟通

研究者要定期与研究参与者沟通试验的进展、收集的数据及可能的发现、检查及检验结果;如有异常要及时沟通,从而增强研究参与者的依从性和信任感;及时处理研究参与者提出的疑问和需求,确保其权益得到充分保障。

2. 研究团队内部的沟通

研究团队内部应保持密切的沟通与合作,确保研究严格按照研究方案进行,数据收集和分析过程准确无误,定期召开研讨会,讨论研究进展、遇到的问题,并及时提出解决方案,确保研究质量。如果是药物临床试验,研究启动后主要研究者需要和其他研究者(包括研究护士)、管理机构、伦理委员会、申办方、其他研究中心、临床研究助理定期进行沟通。

3. 研究者、研究参与者和临床研究协调员(Clinical Research Coordinator, CRC)之间的沟通

临床医学研究开展后的内部沟通涉及多个方面,其中研究者、研究参与者和CRC三者之间的沟通最为频繁和重要。以注册为目标的新药或器械临床试验为例,CRC全程参与研究准备阶段、实施阶段和结束阶段。CRC作为临床研究专职人员,熟悉相关的法律法规、药物临床试验质量管理规范(Good Clinical Practice, GCP)和研究方案,协调研究中的各个环节,帮助研究者及时发现和解决问题,协助把控研究进度和研究质量,是研究团队中的重要角色。因此,CRC需要充分了解研究方案,对于研究参与者提出的问题不能给予专业解释时,需寻求专业的研究者及时给予解答;CRC要重视和有意识协助监测不良事件;要及时将研究参与者的主诉和感受报告研究者。研究者要及时回应、解答和处理CRC提出的或在工作中遇到的问题,但不得授权或默许CRC开展医学判断相关工作。CRC与研究参与者的有效沟通对于增加研究参与者的依从性有重要作用,还有助于避免研究者的疏忽。例如,CRC日常提醒研究参与者按时服药,正确和按时记录电子日志。在临床医学研究开展的随访期仍需追踪不良事件,CRC要与研究参与者保持密切的联系,尽量减少因失访而增加研究参与者的风险。

(四)研究成果发布与公众沟通

研究者需将研究成果以科学论文的形式发布,同时需要确保论文内容准确、完整、可重复验证。论文撰写过程中应注重语言的规范性和逻辑性,确保读者能够准确理解研究内容和结论。

研究者应积极向公众传播研究成果,提高公众对医学研究的认识和理解,通过媒体采访、科普讲座等渠道,以通俗易懂的方式介绍研究成果及其意义,促进公众健康素养的提升。

研究者可以将研究成果申报专利,促使成果转化。成果转化的过程需要经过专利申请、认定、转让、转化等环节,全过程均涉及有效沟通。医学研究中的沟通是一个复杂而重要的过程,涉及多个利益相关者的互动与合作。

通过加强沟通,可以确保研究的顺利进行,保障研究参与者的权益,提升研究的透明度与公信力。

三、医学研究中的医患关系与医患沟通

(一)医患合作关系

医学研究中的医患关系不完全等同于一般的医患关系。研究者和研究参与者是临床医学研究中相互依存、缺一不可的主体。由于专业背景、知识结构、参与目的乃至利益关系的不同,双方对临床医学研究的认知和态度很难做到完全一致,因此单纯从研究者的角度去理解、揣摩和要求研究参与者(患者),不符合尊重、保护研究参与者权益的伦理学准则,在实际工作中也常常事与愿违,很难达到预期目的。在临床医学研究的实际实施过程中,一方面伦理学要求研究者充分告知研究的风险,另一方面过多地关注风险又会加重患者的顾虑和排斥,二者常常构成矛盾。但无论出于何种目的和动机,客观、全面、准确地介绍临床医学研究的目的、过程、风险和获益,尊重研究参与者(患者)的知情权、隐私权,最大程度地保护患者的安全,既是患者的诉求,也是医生必须恪守的职责。

医学研究的目标不是治疗患者个体,而是为了获取数据、测试假设、开发新药或新疗法或评估现有治疗的有效性和安全性等,最终为广大患者人群或健康人群服务。医学研究的宗旨是不损害患者利益而又能给患者带来好处,但客观上又存在潜在风险,因此患者需签署知情同意书,了解研究的目的、过程、潜在风险和利益。患者作为研究参与者,可能被随机分配到不同的治疗组,其反馈的信息主要用于研究分析,个体需求往往不是首要考虑,研究结果通常以统计数据和科学发现为主,主要关注整体趋势和疗效。

(二)医患沟通对医学研究的重要性

医学研究中的医患关系不仅涉及医疗技术的应用、医患双方的情感交流、信

任建立以及道德责任等多个方面,还要精准传达迄今为止关于该研究主题的已知信息、厘清研究过程中的确定性与不确定性。因此,医学研究者应掌握一些必要的沟通技巧来应对这些挑战,保证患者能积极参与研究,保证研究的顺利完成。

第二节 医学研究中的沟通原则

一、医学伦理原则

伦理原则是医学研究中指导研究者行为的道德准则,旨在确保研究的合规性,尊重研究参与者的权益,保障其安全。在《贝尔蒙报告》中提出的医学研究三大伦理原则包括尊重、获益和公正。其中,尊重原则强调尊重研究参与者的自主性和尊严,确保研究参与者能够自由地做出参与研究的决定,并保护自主能力低的人;获益原则要求研究项目应当为研究参与者带来潜在的益处,同时尽量减少可能的伤害;公正原则要求研究者在选择研究参与者和分配研究负担与利益时,应当公正,避免对特定群体的不公正对待。这些原则共同构成了医学研究伦理的基石,指导研究全过程。

(一)尊重原则

医学研究应当充分尊重人的生命、健康、隐私与人格等权利和自由,应当以维护研究参与者的利益高于单纯的科学或社会利益为原则。研究参与者的具体权利包括生命健康权、知情权、自主权(同意权)和隐私权,以及研究参与者依法拥有经济补偿权。

1. 尊重知情同意权

知情同意权包含两个方面的内容:其一,研究者应该让研究参与者充分了解并且知晓研究的具体内容,包括研究的目的、方法、时间,以及研究可能产生的影响、风险及其防护预案等;其二,研究参与者在充分了解研究的基础上,一定要自主地做出是否参与研究的决定。

知情同意权的原则说明了研究参与者拥有充分的自主权,决定是否参与研究,并具有免于受到伤害的权利。此外,它也包含了研究参与者有在任何情况下退出研究,或拒绝回答研究问题,以及要求澄清有关研究目的与了解研究过程的权利。在自主决定权的作用下,研究参与者有免于被强迫的自由。所谓强迫,包括参与研究所带来的有形和无形的威胁。因此,当研究参与者是弱势人群时需要被给予特别的关注和保护。例如,应注意其经济上的特殊需求和医学上所处的劣势,对于那些本人不能同意或拒绝研究的,或在强迫下可能签署知情同意书的,或自身不能从研究中获益的研究参与者,研究方应给予其重点关注和保护。只有研究参与者自己才是其权益的最佳捍卫者,在特定情况,如弱势群体缺乏自我保护能力或自主决定能力时,也要以其代理人、监护人等代替其做选择,这属于退而求其次的选择。

研究参与者有权决定是否参与研究,但若其自身不完全了解研究便无法决定是否参与。所以,研究参与者有完全了解研究的权利。所谓完全了解是指研究者将研究的目的、性质、过程、参与者可拒绝参与研究的权利、研究者的职责,以及研究参与者可能遭受到的风险或利益等做出完整而清楚的说明。

在医学研究中,研究者要尊重研究参与者的自主决定权,要充分告知关于研究的目的、方法、可能的风险和受益等信息,让他们能够在充分理解的基础上做出是否参与研究的决定。例如,在临床药物研究中,研究人员需要详细地向患者解释药物的作用机制、可能出现的不良反应等,使患者能够权衡利弊后自主决定是否参加此药物研究。例如,研究参与者同意并按照研究方案参加并完成了某项医学研究,但是在一年后研究者又去追踪随访研究参与者本人,这则事例中的研究者违反了研究参与者的同意权,除非研究者事先已经说明这是一个需要追踪随访的研究计划,并已征得研究参与者同意。

知情同意权及其指导下的知情同意审查过程,成为保护研究参与者的有效制度与机制。知情同意权、自主决定权属于确保个体能够通过自我理性判断参与医学研究的底线。从另一方面看,知情同意权所防范的都是欺骗性和强迫性的研究,目的是遏制少数人追求自我或特定利益的自私行径。知情同意权在临床研究中被认为是保护研究参与者利益的重要措施之一,体现了医学人文关怀的基本要求,是减少研究人员及其机构与研究参与者产生医疗纠纷的有效途径,也给临床医学研究中的医患沟通提供了有力保障。

2. 尊重隐私权

研究方应保护研究参与者的隐私信息不被泄露。医学研究过程中会涉及研究参与者的个人健康信息、基因数据等敏感信息,这些信息的泄露可能给研究参与者带来不必要的困扰,甚至身心伤害。研究者需要向研究参与者保证他们在参与研究过程中所提供的所有信息不会被用于研究目的以外,不会影响他们的任何权益。例如,在基因研究中,研究人员必须严格保密研究参与者的基因检测结果,防止这些信息被不当使用;有吸毒史的研究参与者,或者携带艾滋病病毒的研究参与者,都应拥有被保护隐私和不受歧视的权利。研究者与研究参与者之间所建立的研究关系不应该被其他目的所利用,研究过程中所收集的研究参与者的身份信息只能用于该研究的初始目的,而不得为其他目的所使用或披露。

(二)获益原则

1.直接获益

研究应尽可能使研究参与者直接获益。例如,在研发新的治疗药物或治疗方法时,研究的目的是改善患者的健康状况,缓解疾病症状,提高生活质量等,如新型抗癌药物的研发,预期能够延长癌症患者的生存期,减轻患者的痛苦,这就是对研究参与者的直接获益。此外,对于研究参与者在研究过程中因参与研究支出的合理费用应当给予适当补偿,研究参与者受到研究相关损害时,应得到及时、免费的治疗,并依据法律法规及双方约定得到及时补偿。

2.间接获益

除了研究参与者直接获益,医学研究的成果还能对社会大众产生间接的益处。例如,对某种疾病发病机制的研究,其研究成果有助于开发出针对该病的预防策略或公共卫生措施,如疫苗研发等,从而使更多的人受益。

3.避免伤害

《国际医学研究伦理学准则》声明"只有在符合患者利益的情况下,医生才可以提供可能对患者的生理及心理状态产生不利影响的医疗措施"。获益原则要求研究者在实施医学研究前充分评估研究中可能出现的问题和预期的效果,在研究过程中必须采取有效的措施,使参与者在身心方面受到的不良影响降到最低,不片面追求研究的价值。

(1)避免身体伤害。

医学研究不能对研究参与者的身体造成不必要的伤害。例如,在进行新的医疗技术研究时,如新型外科手术方法的研究,必须在前期进行充分的安全性评估,确保手术过程中不会因技术不成熟而对研究参与者造成额外的身体创伤,如大出血、正常组织损伤等。

(2)避免心理伤害。

医学研究也要避免对研究参与者造成心理上的伤害。例如,在研究一些疾病(如精神类疾病、遗传性疾病等)时,研究人员在与研究参与者沟通交流过程中要注意方式方法,避免因不当的言语或行为给研究参与者带来心理伤害。

(三)公正原则

1.资源分配公正

在医学研究中,涉及资源(如研究资金、设备、研究样本等)的分配要公正合理。无论是基础研究还是临床研究,都不能因为地域、种族、社会地位等因素而偏袒某一方。例如,在全球性的重大疾病研究项目中,研究资源应根据疾病的流行程度、研究的需求等合理分配到不同的地区和研究团队,而不是集中在少数发达地区或特定研究群体中。

2. 公正选择研究参与者

选择研究参与者时也要遵循公正原则。不能因为某些不合理原因而过度选择部分人群作为研究对象,也不能因为某些群体在知情同意和沟通时比较困难而刻意剔除,研究方要确保不同群体都有机会参与到有益的医学研究中。如果研究对象的选择过于局限,也违背了医学研究的真实性原则。

例如,在医学研究中的药物临床试验中,不能仅仅选择贫困地区的人群作为研究参与者,而应该在符合研究要求的前提下,广泛地从不同社会阶层、不同地域的人群中进行招募。公正选择研究参与者,强调研究参与者选择应该基于研究目的选择相对应的群体。如果研究对象是特定人群,就应该从该特定人群中选择研究参与者。虽然回避弱势群体的出发点是保护弱势群体,但并不意味将其排除出研究参与者的选择范围,研究方应在医学研究中对任何研究参与者在最大程度上做到公正,尽量缩小医疗研究参与者之间差异对待。

二、科学原则

（一）明确的研究目标

为了实现医学研究的社会价值和创新性,医学研究要有明确的研究目标。医学研究应着重解决尚未能满足的医疗和公众健康需求的健康问题,其社会使命是预防及减轻人类因疾病和损伤造成的痛苦。研究设计必须符合人类普遍接受的科学原则,有科学证据支持,前期已经通过了基础性的研究与验证,潜在的风险是在合理范围内。开展生物医学临床研究应当通过伦理审查,国家法律法规和有关规定明令禁止的,存在重大伦理问题的,未经临床前动物实验研究证明安全性、有效性的生物医学新技术,不得开展临床医学研究。

（二）科学的研究设计

为了实现医学研究的科学性和可行性,制定研究方案要遵循随机、对照、重复和均衡的原则,充分考虑研究类型和质量控制。在研究方案中,研究者应为研究项目制定合理的纳入和排除标准;在观察指标方面,应区分疗效和安全性的主要指标和次要指标。我国 2020 版《药物临床试验质量管理规范》第六十一条也指出"临床试验的科学性和试验数据的可靠性,主要取决于试验设计"。

研究方案的随机原则是为了消除由人为因素引起的抽样或分组的偏差,提高研究数据的可靠性,包括抽样随机化和分组随机化。

在研究中应设置合理的对照组,可以使结论更有说服力,对照的形式包括空白对照、实验对照、安慰剂对照、标准对照等。对照组的设置必须达到对等、同步和专设的要求。专设是指任何一个对照组都是为相应的实验组专门设立的,不得借用文献上记载的数据,或以往的研究数据,或其他研究资料作为研究对照。

研究中要有重复,目的是使样本均数接近总体均数,并稳定标准差,只有这样,来自样本的统计量才能代表总体的参数,统计推断才可靠。

在研究设计的四原则中,均衡原则与随机、对照和重复原则是密切相关的,而且均衡原则是核心。然而,在研究方法设计中均衡原则是最易被人们忽视的,很多研究设计方案,若在均衡性方面做得不到位,其研究结论就很容易被推翻,导致整个研究的失败。

(三)持续的监督和评估

医学研究的科学原则不仅体现在研究过程中,还体现在研究过程中的监督和评估环节。研究机构应建立完善的质量管理体系和监督机制,对研究过程进行持续的监督和评估。同时,应鼓励同行评审和学术交流,促进研究成果的共享和验证。通过持续的监督和评估,研究者能及时发现并纠正研究中的问题和不足,提高医学研究的科学性和可靠性。

三、知情同意原则

落实知情同意原则是尊重研究参与者的自主权和知情权的重要体现,是医学研究顺利进行的重要保障。知情同意是医学研究中研究者与研究参与者沟通的最重要环节。

(一)知情同意原则概述

实现知情同意的过程包括知情同意内容的告知、知情同意内容的理解与同意、知情同意书的签署。在整个过程中,知情同意应符合完全告知、充分理解、自主选择的原则。

知情同意的三大要素分别为信息、理解和自愿。信息要素是指要做到对研究参与者完全告知,研究者要以通俗易懂的语言,形象准确地告知其所要参加医学研究的全部信息。理解要素是指在研究参与者通过研究者的讲解沟通,能够完全理解医学研究信息的全部内容。自愿要素是指研究参与者既充分了解医学研究信息又能完全理解的情况下,根据自身情况做出符合自主意愿的决定。

知情同意权是知情权和同意权(自主决定权)的辩证统一。研究参与者享有的知情权,即研究者有向研究参与者充分说明医学研究有关信息的法定义务,

药物临床试
验知情同意
书

包括研究的性质、目的、内容与方法,研究参与者有权知晓医学研究已知或可能出现的不良反应,有权知晓可能承担的风险和预期获得的利益,有权知晓其享有的各项权利以及需要履行的义务,研究者不得强迫、引诱研究参与者参与研究。研究参与者的自主决定权是指具有知情能力的研究参与者,在被充分告知及了解医学研究相关信息的基础上,研究参与者本人有权决定是否参加研究,参加何种形式的医学研究,以及有权在研究过程中随时退出而不会遭受报复、歧视。依照民事权利与义务的对等性,知情同意权能保障研究参与者的生命健康权的实现,保障研究参与者的人格权得到尊重,体现了医学研究对研究参与者人权的尊重和保护。签署知情同意书是研究参与者知情同意权最主要、最基本的体现。

知情同意原则在医学研究和医学实践两个领域有各自产生和发展的历程。医学研究中的知情同意原则,可追溯至 1891 年德国普鲁士的内政部长发布的一项指令,要求治疗结核病"必须不能违背患者的意愿",此后,《纽伦堡法典》《赫尔辛基宣言》《贝尔蒙报告》《人体生物医学研究国际伦理指南》等文件对生物医学研究知情同意各方面的问题都有详细的阐述和规定。近几年来,我国也出台了相关的法律、行政法规、地方性法规等,规范医疗服务行为,维护医患双方的合法权益,保障医疗安全,促进医学技术的发展。其中,《涉及人的生命科学和医学研究伦理审查办法》《药物临床试验质量管理规范》《医疗器械临床试验质量管理规范》《体外诊断试剂临床试验技术指导原则》等法规对知情同意做出了细致明确的规定。

知情同意书应当包含充分、完整、准确的信息,并以研究参与者能够理解的语言文字、视频图像等进行表述。研究者应当按照知情同意书的内容向研究参与者逐项说明,给予充分的时间理解知情同意书的内容,由研究参与者做出决定并签署知情同意书。研究参与者不具备以书面方式表示同意的能力时,研究者应当获得其口头知情同意,并有录音录像等过程记录和证明材料。《中华人民共和国民法典》第一千二百一十九条中明确指出:"医务人员在诊疗活动中应当向患者说明病情和医疗措施。需要实施手术、特殊检查、特殊治疗的,医务人员应当及时向患者具体说明医疗风险、替代医疗方案等情况,并取得其明确同意;不能或者不宜向患者说明的,应当向患者的近亲属说明,并取得其明确同意。"这更加表明,知情同意不是一种形式,而是有效的告知、理解、同意的过程。

研究参与者签署知情同意书是保障其权益最重要的途径。在临床医学研究实践中,少部分作为临床医生的研究者虽然在理论上知晓这一点,但是并不能实现有效的沟通和知情同意告知。有调查研究指出,与研究参与者知情同意相关的纠纷,其产生的具体原因主要有四种:研究者未对研究参与者进行知情同意的告知、研究参与者未充分理解试验性质、未经研究参与者本人知情同意以及知情同意的告知过程中含有诱导性内容（如避开风险或夸大受益等）。

（二）医患双方知情同意认知现状

在医学研究中，医生的角色转变为研究者，患者（或健康人群）的角色转变为研究参与者。当患者进入研究，准备试验一种可能从未在其他人身上使用过的干预措施，患者可能要承担与这项研究有关的风险，此时作为研究者的医生有绝对的义务使患者对可能要承受的风险，包括身体上、心理上和社会适应性等方面的风险充分知情。我国关于患者权利认知情况的理论研究很丰富，有研究调查发现，医患双方对知情同意权的内容、目的有比较清晰的认知，但对于知情同意权的归属、知情同意书法定签字人的认识比较模糊。医生对签署知情同意书的目的、知情同意权归属人和知情同意书的法定签字人认知度明显高于患者，二、三级医疗机构的医生认知度均高于一级医疗机构。另外根据医生的职称和工作年限进行知情同意认知度的相关调查资料显示，具有高级职称的医生认知度平均得分最高，而中级职称的医生认知度最低，5 年以内取得初级职称的医生认知度反而高于中级职称。这一结果与近几年来医学院校开设法律法规课程和医患沟通课程有着密切关系。

（三）知情同意过程对医患沟通的影响

知情同意并非简单地签署一份书面文件，而是研究者和研究参与者充分沟通、通力合作的动态过程。在医学研究活动中，医生必须履行自己的告知义务，将专业的医学知识编辑加工为通俗易懂的语言，向患者及其亲属传达与研究相关的医疗信息，并对研究过程进行解释与说明。患者在接收信息后，经过理解与吸收，做出是否同意参与研究的决定，及时反馈给医生。通过医患双方的积极有效沟通，医疗信息实现了共享，医患双方对研究的目的、利益与风险的理解与意见达成了共识，这使患者知情同意权得到了真正的落实，促使医患之间相互信任、相互理解，共同营造了和谐健康的关系和良好的氛围。因此，良好的医患沟通是保证医患双方履行义务、保障权益的基础条件，是构建和谐医患关系的重要前提。

通过知情同意过程的沟通，研究者可以充分了解研究参与者自身情况是否适合参与研究，以及参与研究的风险是否可控，研究参与者也可以完全了解研究的过程，积极配合研究，促进研究项目的顺利开展。在认识自身的权利和义务的情况下，研究参与者更能够理解和信任研究者，减少因为没有足够沟通了解而造成的医患之间的矛盾和纠纷。当知情同意成为一个良好的沟通途径，越来越多的研究参与者认可这种形式，这有助于消除其对于涉及人体的医学研究的恐惧和偏见,积极自愿地加入研究,那么,涉及人体的医学研究将会不断壮大,形成良性循环,最终对整个医学研究和社会发展作出巨大贡献。知情同意的执行不只是为了规避风险,更重要的是要尊重研究参与者的知情权。在医学研究中,要确保知情同意权的真正落实,仅靠法律法规的约束是不够的,研究者与研究参与者不断加强对知情同意权的理解并树立正确的态度才是关键。

（四）知情同意原则的多元应用

1. 特殊群体的知情同意

在临床医学研究中,存在一些因突发疾病、精神状态异常、先天性智力低下、感知功能缺失等因素,导致研究参与者知情同意能力或民事行为能力受限而影响知情同意书签署的情形。对于此类人群,任何人都不能剥夺其参加临床医学研究的机会,而应积极采取无障碍知情同意措施,以保证特殊研究参与者在参加临床医学研究时合规合理地进行知情同意。例如,在儿童、残疾人、精神病人等特殊群体的知情同意过程中,研究者应充分评估研究参与者的知情同意能力,落实知情同意要求,遵照《中华人民共和国民法典》中对不同民事行为能力人的签署效力来落实知情同意书签署要求,获得其监护人的书面知情同意。获得监护人同意的同时,研究者还应该在研究参与者可理解的范围内告知相关信息,并征得其同意。知情同意的无障碍执行,需要有尊重的观念、规范的制度、人文的行为,需要落实帮扶弱势的措施、消除障碍的沟通、多方协同治理。

2. 再次知情同意

医学研究过程中发生下列情形时,研究者应当再次获取研究参与者的知情同意:

（1）与研究参与者相关的研究内容发生实质性变化的。

（2）与研究相关的风险实质性提高或者增加的。

（3）研究参与者民事行为能力等级提高的。

3. 泛知情同意

目前国际上存在两种知情同意类型:一种是"具体知情同意",另一种是"泛知情同意"。一般来说,具体知情同意主要针对具有明确研究目的的研究项目;而泛知情同意则针对没有特定研究目的的研究项目。我国《涉及人的生命科学和医学研究伦理审查办法》中并没有明确提出"泛知情同意"的概念,但第三十二条指出:使用人的信息数据或者生物样本开展以下情形的涉及人的生命科学和医学研究,不对人体造成伤害、不涉及敏感个人信息或者商业利益的,可以免除伦理审查,以减少科研人员不必要的负担,促进涉及人的生命科学和医学研究开展。

（1）利用合法获得的公开数据，或者通过观察且不干扰公共行为产生的数据进行研究的；

（2）使用匿名化的信息数据开展研究的；

（3）使用已有的人的生物样本开展研究，所使用的生物样本来源符合相关法规和伦理原则，研究相关内容和目的在规范的知情同意范围内，且不涉及使用人的生殖细胞、胚胎和生殖性克隆、嵌合、可遗传的基因操作等活动的；

（4）使用生物样本库来源的人源细胞株或者细胞系等开展研究，研究相关内容和目的在提供方授权范围内，且不涉及人胚胎和生殖性克隆、嵌合、可遗传的基因操作等活动的。

4. 免知情同意

免知情同意的情形主要包括：研究是为了解决非常重要的问题；研究造成的风险非常小，甚至风险小到不必考虑；研究参与者的权利不会被侵犯；研究参与者的隐私不会被泄露，自主权能够得到保障。免知情同意不等同于免伦理审查，研究者不得在未获得伦理委员会批准的情况下就擅自开展研究。只有事先经伦理委员会审查批准，才能在研究参与者知情同意前开始进行研究，同时研究参与者虽然不需要进行知情同意过程，但依然有权知道他们的病例和样本有可能被用于研究。例如，在心理学研究中，因知情同意可能影响研究参与者对问题的回答，从而影响研究结果准确性的，在确保研究参与者不受伤害的前提下，经伦理审查委员会审查批准研究前可以免知情同意，研究者可以在研究完成后充分告知研究参与者并征得其同意，否则其数据不得纳入研究数据。

（五）落实知情同意原则过程中的常见问题

知情同意是所有涉及人的医学研究必须遵循的一个重要原则，是保护研究参与者的重要手段，也是伦理审查的重要内容之一，是具有行为能力的个体获取整个医学研究必要信息的过程。知情同意书是研究者与研究参与者进行信息交流的载体，是一种具有法律效力的合同文件，可以让研究参与者全面了解研究者所采取的医疗干预措施以及整个医学研究过程。

1. 研究参与者在知情同意过程中出现的问题

研究参与者在知情同意过程中，主要存在三个方面的问题：① 自身对知情同意权的认知存在片面性，不能真正地知情；② 在知情同意过程中的自主性不高，且难以真正行使同意权；③ 忽视了权利保护的最终目的，强调知情同意权的保护而忽视了最根本的生命健康权。

知情同意的具体落实有赖于本人的知情同意能力及意愿，而且医学研究是一项专业性很强的研究活动,实践中极少有人能够真正了解知情同意书的详尽内容,再加上年龄,受教育程度,沟通时间、环境、方式等因素的影响,很多人是不能完全理解知情同意书的内容,也不能完全了解即将参加的医学研究项目。有的研究参与者盲目信任研究者,研究者推荐临床研究就急于参与;有的研究参与者为得到参加研究的补助、免费的治疗与检查等,完全不去了解自己参加研究可能存在的风险,知情过程仅为走流程;有的研究参与者则完全不相信研究项目所具有的治疗效果及可能的受益,认为参加临床研究一定会危害自己的健康,忽略可能对病情的治疗有益处,从而不听研究者解释,直接拒绝知情同意书的签署。另外有些人缺乏主见,将本属于自己的同意权利交给亲属行使,导致"本人同意"变成了"亲属同意",一定程度上造成了自主决策权的混乱。对于没有任何医学常识的研究参与者,他们根本没法接收和理解研究者提供的信息,让他们知情同意难度极大,知情同意的落实很被动。

2. 研究者在知情同意过程中出现的问题

知情同意原则落实过程,实则是研究者与研究参与者之间高质量的信息沟通过程,效力如何也取决于研究者的沟通能力、告知相关信息的方式及其在使研究参与者理解这些信息上所投入的时间和精力等因素。目前国内研究者在执行告知时没有统一的标准,法律上也没有明确的适用准则,对告知方式、时机、程度等缺乏具体规定,在实际操作中因标准不具体而造成落实不一致,部分研究者在落实知情同意的过程中可能会出现以下情况:

(1)思想认识不到位。

少数研究者认为医患纠纷并不是落实了知情同意权就能化解的,他们思想上不重视,认识上不到位,不能主动地履行告知义务,在思想上漠视患者应该享有的知情同意权。

(2)告知规范缺失。

目前尚无统一规范的告知规定,各医疗主体履行告知义务的方式和程序不一致。如研究者为了防范纠纷,在告知时过度夸大风险内容,无形中增加研究参与者的心理压力。

(3)告知内容不全。

例如,研究者未告知研究参与者可能存在的风险;未告知研究参与者在医学研究中应该怎么做;未告知研究参与者,在必要时研究者可以终止其参加研究,而不必得到研究参与者本人的同意;未告知研究参与者在其不能遵守研究方案的要求时,在其受到伤害或健康状况已不适合继续参加研究时,可以提前终止研究。

（4）告知方式不当。

部分研究者不注意沟通的场合、时间、语言、形式等，造成研究参与者难堪。研究者在告知时没有观察研究参与者的心理状态，考虑其心理承受能力，忽视知情的互动过程，导致研究参与者情绪崩溃引起纠纷。

（5）知情同意文件填写不规范。

例如，知情同意书填写时缺项、填写不完整、签名不规范、签署时间不一致。

3. 伦理审查委员会在知情同意过程中出现的问题

伦理审查委员会的主要职责之一就是要审查医学研究项目知情同意原则的落实情况，在实际执行过程中，伦理审查委员会对知情同意过程难以监管，如研究参与者提出的问题是否得到满意答复，是否有足够的时间理解知情同意内容。另外伦理审查委员会的成员胜任力可能存在不足，部分伦理审查委员会委员缺乏专业知识和丰富的经验，无法对知情同意过程进行审查。

第三节　医学研究中的沟通对策

一、加强知情同意过程的现代化设计

（一）多种形式知情同意手段的运用

不同的研究参与者对知情同意的理解会出现偏差，因此在进行知情同意时，研究者不应局限于传统的口头或书面形式，可以结合现代化多媒体技术，使用图片、影像，甚至是三维立体动画等，进行更加人性化的告知。科学研究证明，人类大脑中绝大多数的认识活动都是基于对视觉图像的处理及分析，图像比文字更容易被关注和分析。

2016 年，美国食品药品监督管理局颁布的《电子知情同意使用 Q&A》文件中指出，电子知情同意是指通过文本、图像、音频、视频等电子媒介来传达研究相关信息并获取和记录知情同意，为临床研究提供交互式服务的方式。与书面形式的知情同意相比，研究参与者和研究者可能更喜欢电子知情同意。虽然我国目前缺乏相关法规和指南，但由于电子知情同意具有巨大的优势，在新时代人工智能和数字化应用的背景下，由书面知情到电子知情必将是我国临床研究发展的趋势。

（二）重视文本和语言的个体化和人性化

现阶段我国《知情同意书》多采用固定格式的纸质版的文本，而忽视了个体的差异性和医疗行为的具体性,这样的告知内容显然不够具体,针对性不强。《知情同意书》应该注重个体,其内容应该针对研究参与者本人的身体状况、特殊病情、治疗方案来设置。《知情同意书》是提供给研究参与者阅读的,如果出现大量的专业用语和英文缩写就很难让其领会其中的含义。如果采用简单、明了、通俗的语言来编写知情同意书,告知患者相关信息,那么效果将会更佳。《知情同意书》中的措辞要避免生硬及命令性语言。这些生硬的语气无视了研究者与研究参与者平等的关系,容易让研究参与者产生逆反心理,不利于和谐关系的构建。

二、提升研究者的自我沟通能力

(一) 研究者的情绪管理

在医学研究的沟通过程中研究者的情绪管理至关重要。研究者需要具备一定的情绪管理技巧,应对各种情绪和压力,并确保在交流时能够保持冷静、专业和关怀的态度。研究者可以通过自我反省和反思的方式,观察自己在不同情境下的情绪反应,识别出可能引起情绪波动的因素;然后,研究者采取积极的情绪调节策略,如深呼吸、放松训练、积极思考和正面情绪表达等。此外,研究者还应该注重自我关怀和情绪释放,合理安排工作与生活,寻找适合自己的释放压力方式,如运动、艺术创作、社交活动等。

(二) 主动参加培训和应用标准化沟通模式

医患沟通障碍是一个复杂的多维问题,涉及语言能力、文化背景、情感状态、医疗环境以及信息技术等多个要素。面对这些复杂的状况,作为研究者的医生需根据沟通对象的反应及文化背景调整沟通方式,进行适应性沟通。个体差异可能导致作为研究参与者的患者对同一信息的反应截然不同,因此需运用文化敏感性策略,以便有效地传递信息,避免误解。

自我沟通能力的提升还需进行系统化的沟通培训,阅读相关书籍和文章,了解沟通技巧和策略,掌握标准化沟通模式。

连接-介绍-沟通-询问-回应-退出(CICARE)沟通模式是美国医疗机构推行的一种以流程化、标准化为导向的沟通方式,通过循序渐进的六个步骤进行沟通。它将沟通量化形成标准,做到“以患者为中心”,提升了患者的就医体验。CICARE 标准化沟通模式的六个步骤为:

(1) 连接(connect):与患者建立联系,使用合适的称呼和问候语。

(2) 介绍(introduce):自我介绍,说明自己的身份和角色。

(3) 沟通(communicate):说明将要进行的工作及其目的、所需时间和注意事项。

（4）询问（ask）：询问患者是否有疑问或需求。

（5）回应（respond）：对患者的问题和需求给予恰当的反馈。

（6）离开（exit）：说明下一步的安排，礼貌地告别。

三、主动沟通

（一）主动沟通是一种沟通态度

主动沟通表明对对方的重视，并表现出愿意投入时间和精力的态度。这种积极诚恳的态度容易取得对方的信任。尤其是研究者对研究参与者的主动沟通，可以减少研究参与者因疾病造成的焦虑和对研究的恐惧，能及早减轻其心理负担。研究表明，心理状态对沟通效果的影响很大，情绪稳定时人们更容易表达自身需求。主动沟通可以减少研究者与研究参与者情感上的隔阂，为进一步的沟通打下扎实的基础。研究者可以选择充足的时间和安静舒适的空间，喧闹的环境会分散沟通双方的注意力，影响沟通效果，阻碍沟通的顺利进行。

（二）主动沟通更有助于解决问题

在遇到问题时，主动沟通可以更快地发现问题，帮助研究团队成员更好地协作，避免信息不对称和误解，更好地理解任务的要求和目标，从而提高研究效率。

（三）主动沟通需要通过四种方式来完成

主动沟通的四种方式包括倾听、表达、提问和反馈。这四种方式要紧密结合，让沟通形成良性闭环。首先，要认真听取对方的意见和想法，并表现出对他们的尊重和关注，同时做出共情回应，建立更紧密的关系。然后，在沟通中清晰地表达自己的观点，并尽可能地避免使用含糊不清或模棱两可的语言，同时要注意措辞和语气，避免给对方造成不必要的误解或伤害。在此基础上，研究者可通过提问的方式，进一步了解对方的需求和想法，促进更深入的交流。最后，要给予积极的反馈，这是主动沟通的重要环节，它可以帮助双方了解彼此的想法和感受，并促进更有效的合作。在反馈时，也要注意语气和方式，避免给对方造成不必要的压力或不适，通过体态、声调、表情等非语言方式辅助表达，如俯身并用温柔的声音与研究参与者进行交流。

四、传统沟通方式与网络沟通方式相结合

传统沟通依靠纸、笔，难以直观、形象地让人理解。微信、电子邮件等现代通信方式，缩短了人与人之间的距离，并且可以用文字、图片、视频、语音等多种形式展示、传阅信息。建立微信群，让研究者、研究参与者及研究的其他相关人

员即时互动,共享信息,这突破了传统沟通的单向性模式,实现双向的互动式沟通,不但能使双方更好地理解对方,还可以建立深厚的友谊,能让团队目标更清晰,凝聚力更强,使观点、信息、决策和行动转向最需要的地方。传统沟通方式与网络沟通方式的有机结合,可以最大限度地发挥信息沟通方式的综合效果。

【案例 12 - 1】

邀请视力障碍者参与医学研究

[案例概述]

　　李某,男,58 岁,因"上腹部不适伴黑便 3 天"于某省级三甲医院就诊,经胃镜检查诊断为"胃溃疡 A1 期"。患者既往史显示,其 4 年前因事故造成双目失明。该就诊医院具有消化内科药物临床试验机构资质,目前正开展一项随机、双盲、双模拟、Ⅲ 期临床研究,在经内镜检查确诊的胃溃疡研究参与者中对比口服 A 药 20 mg 与 B 药 30 mg 每天一次或每天两次的有效性和安全性。(注:A 药为新型治疗胃溃疡药物,已在英美等国家上市。B 药为国内已经上市的治疗胃溃疡口服药物。本项目研究参与者为经胃镜确诊的胃溃疡患者,研究方案、知情同意书等资料经医院伦理审查委员会批准。)

　　经研究者评估,考虑患者病情符合入组要求,现有药品安全性数据显示该试验对患者风险可控,参与临床试验对患者的获益大于风险。故向患者提出参加该试验的邀请。患者目前情绪平稳、对答切题,表示有意参与。研究者评估患者虽然思维清楚,但有视力障碍,无法阅读,所以邀请其监护人(妻子)在独立的接待室一起履行知情同意。研究者详细介绍试验方案、试验流程、风险及获益等要点内容,并在充足的时间内回答患者关于给药频次设计和监护人关于试验风险获益评估的问题。患者妻子再将知情同意书的内容读给患者听。最后患者和监护人均表示对该试验知情,同意参加,由患者本人在知情同意书上按手印,其妻子以监护人身份签字,完成了知情同意书的签署。

[沟通风险]

　　(1)在本案例中,研究参与者是视力障碍、生活不能自理的患者。

　　(2)如何减少数据采集过程中混杂因素影响。

[沟通策略]

（1）研究者按照试验方案进行评估，邀请其监护人一起进行知情同意，最终顺利签署知情同意书。这符合法律和法规的要求。在此沟通过程中，特意安排在独立的接待室。保障了沟通环境整洁、安静、舒适，有助于双方放松并专注于沟通内容。

（2）在本案例中，如果研究者针对研究参与者失明的脆弱性给予额外帮助，将有利于研究参与者权益的维护。研究参与者的年龄临近法定退休年龄，尽管失去工作能力后还在享受一定的社会保障，但也因疾病的诊治造成一定的经济和生活的压力。研究者应考虑到可能导致研究参与者脆弱化的因素，并采取恰当的措施加以缓解，如帮助其联系志愿者和福利机构。对于能用盲文交流的研究参与者，知情同意过程还要准备盲文版知情同意书，供研究参与者自己阅读，并与普通文字版同时签署。

[分析与思考]

对于研究者来说，胃溃疡是一种临床常见疾病，比较容易招募到足够的参与者，但是开展研究的目标是针对所有胃溃疡患者的健康需求。安全保障措施的设计，可以从促进自愿决策、限制可能的隐私泄露，以及保护胃溃疡患者中特殊人群的利益方面来进行。总之，临床研究不应把李某等弱势群体排除在研究之外，应允许他们在保护措施落到实处的情况下参与研究。

课后思考

1. 结合本章节内容，简单阐述医学研究中沟通的特殊性。
2. 医学研究为什么要符合医学伦理学要求？
3. 医学研究中如何通过有效的沟通来落实知情同意权？

参 考 文 献

［1］王锦帆,尹梅.医患沟通［M］.2 版.北京：人民卫生出版社,2018.

［2］何成森.医患沟通教程［M］.北京：人民卫生出版社,2016.

［3］徐长江,郑桂香.真情沟通：100 篇医患沟通的故事［M］.北京：人民卫生出版社,2015.

［4］魏镜,史丽丽.协和实用临床医患沟通技能［M］.北京：中国协和医科大学出版社,2019.

［5］周晋.医患沟通［M］.北京：人民卫生出版社,2014

［6］吴静.医患沟通学［M］.北京：高等教育出版社,2022.

［7］尹梅,唐宏宇.医患沟通［M］.3 版.北京：人民卫生出版社,2024.

［8］王晶桐.医患沟通以问题为基础的教学手册［M］.北京：北京大学医学出版社,2015.

［9］白冰.医患沟通技巧及案例分析［M］.北京：人民卫生出版社,2021.

［10］王一方,甄橙.北京大学医患关系蓝皮书：语言与沟通［M］.北京：北京大学医学出版社,2019.

附录一　实体法部分

一、《中华人民共和国民法典》(摘录)

第一千二百一十八条　【医疗损害责任归责原则和责任承担主体】患者在诊疗活动中受到损害,医疗机构或者其医务人员有过错的,由医疗机构承担赔偿责任。

用途:在诊疗的过程中由于医疗机构或医务人员的过错造成患者损害的,承担责任的主体为医疗机构。

第一千二百一十九条　【医务人员说明义务和患者知情同意权】医务人员在诊疗活动中应当向患者说明病情和医疗措施。需要实施手术、特殊检查、特殊治疗的,医务人员应当及时向患者具体说明医疗风险、替代医疗方案等情况,并取得其明确同意;不能或者不宜向患者说明的,应当向患者的近亲属说明,并取得其明确同意。

医务人员未尽到前款义务,造成患者损害的,医疗机构应当承担赔偿责任。

用途:对医务人员的说明义务进行细化,如未尽到说明义务造成患者损害的,医疗机构应承担责任。

第一千二百二十条　【紧急情况下知情同意的特殊规定】因抢救生命垂危的患者等紧急情况,不能取得患者或者其近亲属意见的,经医疗机构负责人或者授权的负责人批准,可以立即实施相应的医疗措施。

用途:知情同意的特殊情况,生命垂危的患者等紧急情况经医疗机构负责人或者授权的负责人批准可以实施医疗措施。

第一千二百二十一条　【诊疗活动中医务人员过错的界定】医务人员在诊疗活动中未尽到与当时的医疗水平相应的诊疗义务,造成患者损害的,医疗机构应当承担赔偿责任。

用途:医务人员未尽到与当时医疗水平相应的诊疗义务,视为存在过错,医疗机构承担责任。

第一千二百二十二条　【推定医疗机构有过错的情形】患者在诊疗活动中受到损害,有下列情形之一的,推定医疗机构有过错:

(一)违反法律、行政法规、规章以及其他有关诊疗规范的规定;

(二)隐匿或者拒绝提供与纠纷有关的病历资料;

(三)遗失、伪造、篡改或者违法销毁病历资料。

用途:规定三种特殊情况直接推定医疗机构存在过错,应承担责任。

第一千二百二十三条　【药品、消毒产品、医疗器械的缺陷,或者输入不合格血液的侵权责任】因药品、消毒产品、医疗器械的缺陷,或者输入不合格的血液造成患者损害的,患者可以向药品上市许可持有人、生产者、血液提供机构请求赔偿,也可以向医疗机构请求赔偿。患者向医疗机构请求赔偿的,医疗机构赔偿后,有权向负有责任的药品上市许可持有人、生产者、血液提供机构追偿。

用途:在药品、消毒产品、医疗器械的缺陷,或者输入不合格血液四种情形下,对请求赔偿的主体有选择权,同时明确了医疗机构的追偿权。

第一千二百二十四条　【医疗机构免责情形】患者在诊疗活动中受到损害,有下列情形之一的,医疗机构不承担赔偿责任:

(一)患者或者其近亲属不配合医疗机构进行符合诊疗规范的诊疗;

(二)医务人员在抢救生命垂危的患者等紧急情况下已经尽到合理诊疗义务;

(三)限于当时的医疗水平难以诊疗。

前款第一项情形中,医疗机构或者其医务人员也有过错的,应当承担相应的赔偿责任。

用途:出现三种特殊的情形可以对医疗机构免责,但在患方不配合诊疗的情况下,如果医疗机构或医务人员有过错的,也应当承担责任。

第一千二百二十五条　【医疗机构对病历资料的义务、患者对病历资料的权利】医疗机构及其医务人员应当按照规定填写并妥善保管住院志、医嘱单、检验报告、手术及麻醉记录、病理资料、护理记录等病历资料。

患者要求查阅、复制前款规定的病历资料的,医疗机构应当及时提供。

用途:规定医疗机构应按照规定填写相关病历资料的义务,患者有查阅复制病历权利。

第一千二百二十六条　【患者隐私和个人信息保护】医疗机构及其医务人员应当对患者的隐私和个人信息保密。泄露患者的隐私和个人信息,或者未经患者同意公开其病历资料的,应当承担侵权责任。

用途:医疗机构及其医务人员有对患者的隐私和个人信息保密的义务,未经患者同意公开的,承担侵权责任。

第一千二百二十七条　【禁止违规过度检查】医疗机构及其医务人员不得违反诊疗规范实施不必要的检查。

用途:明确禁止医疗机构及其医务人员违规过度检查。

第一千二百二十八条　【维护医疗机构及其医务人员合法权益】医疗机构及其医务人员的合法权益受法律保护。

干扰医疗秩序,妨碍医务人员工作、生活,侵害医务人员合法权益的,应当依法承担法律责任。

用途:明确医疗机构及其医务人员合法权益受法律保护。

二、《中华人民共和国刑法》(摘录)

第十八条　【特殊人员的刑事责任能力】精神患者在不能辨认或者不能控制自己行为的时候造成危害结果,经法定程序鉴定确认的,不负刑事责任,但是应当责令他的家属或者监护人严加看管和医疗;在必要的时候,由政府强制医疗。

间歇性的精神患者在精神正常的时候犯罪,应当负刑事责任。

尚未完全丧失辨认或者控制自己行为能力的精神患者犯罪的,应当负刑事责任,但是可以从轻或者减轻处罚。

醉酒的人犯罪,应当负刑事责任。

用途:精神患者三种情形分别承担不同的刑事责任。经法定程序鉴定确认不负刑事责任的精神患者应严加看管和医疗;在必要的时候,由政府强制医疗。

第一百四十五条　【生产、销售不符合标准的医用器材罪】生产不符合保障人体健康的国家标准、行业标准的医疗器械、医用卫生材料,或者销售明知是不符合保障人体健康的国家标准、行业标准的医疗器械、医用卫生材料,足以严重危害人体健康的,处三年以下有期徒刑或者拘役,并处销售金额百分之五十以上二倍以下罚金;对人体健康造成严重危害的,处三年以上十年以下有期徒刑,并处销售金额百分之五十以上二倍以下罚金;后果特别严重的,处十年以上有期徒刑或者无期徒刑,并处销售金额百分之五十以上二倍以下罚金或者没收财产。

用途:规定生产、销售不符合标准的医用器材罪的定罪量刑标准。如生产、销售明知不符合国家、行业标准的医用器材,足以危害人体健康的,其行为构成生产、销售不符合标准的医用器材罪。

第二百三十六条之一　【负有照护职责人员性侵罪】对已满十四周岁不满十六周岁的未成年女性负有监护、收养、看护、教育、医疗等特殊职责的人员,与该未成年女性发生性关系的,处三年以下有期徒刑;情节恶劣的,处三年以上十年以下有期徒刑。

用途:对未成年负有医疗特殊职责的人员,与未成年发生关系,其行为构成负有照护职责人员性侵罪。

第二百九十条　**【聚众扰乱社会秩序罪】**聚众扰乱社会秩序,情节严重,致使工作、生产、营业和教学、科研、医疗无法进行,造成严重损失的,对首要分子,处三年以上七年以下有期徒刑;对其他积极参加的,处三年以下有期徒刑、拘役、管制或者剥夺政治权利。

用途:聚众扰乱社会秩序,致医疗无法进行,造成严重损失的行为构成聚众扰乱社会秩序罪。

第三百三十五条　**【医疗事故罪】**医务人员由于严重不负责任,造成就诊人死亡或者严重损害就诊人身体健康的,处三年以下有期徒刑或者拘役。

用途:规定了医疗事故罪的定罪量刑标准。即医务人员严重不负责任造成就诊人死亡或严重损害身体健康的行为构成医疗事故罪,三年以下有期徒刑或拘役。

第三百三十六条　**【非法行医罪】**未取得医生执业资格的人非法行医,情节严重的,处三年以下有期徒刑、拘役或者管制,并处或者单处罚金;严重损害就诊人身体健康的,处三年以上十年以下有期徒刑,并处罚金;造成就诊人死亡的,处十年以上有期徒刑,并处罚金。

【非法进行节育手术罪】未取得医生执业资格的人擅自为他人进行节育复通手术、假节育手术、终止妊娠手术或者摘取宫内节育器,情节严重的,处三年以下有期徒刑、拘役或者管制,并处或者单处罚金;严重损害就诊人身体健康的,处三年以上十年以下有期徒刑,并处罚金;造成就诊人死亡的,处十年以上有期徒刑,并处罚金。

用途:规定了非法行医罪的定罪量刑标准和非法进行节育手术罪的定罪量刑的标准。

第三百九十条　**【行贿罪的处罚规定】**对犯行贿罪的,处三年以下有期徒刑或者拘役,并处罚金;因行贿谋取不正当利益,情节严重的,或者使国家利益遭受重大损失的,处三年以上十年以下有期徒刑,并处罚金;情节特别严重的,或者使国家利益遭受特别重大损失的,处十年以上有期徒刑或者无期徒刑,并处罚金或者没收财产。

有下列情形之一的,从重处罚:

(一)多次行贿或者向多人行贿的;

（二）国家工作人员行贿的；

（三）在国家重点工程、重大项目中行贿的；

（四）为谋取职务、职级晋升、调整行贿的；

（五）对监察、行政执法、司法工作人员行贿的；

（六）在生态环境、财政金融、安全生产、食品药品、防灾救灾、社会保障、教育、医疗等领域行贿，实施违法犯罪活动的；

（七）将违法所得用于行贿的。

行贿人在被追诉前主动交待行贿行为的，可以从轻或者减轻处罚。其中，犯罪较轻的，对调查突破、侦破重大案件起关键作用的，或者有重大立功表现的，可以减轻或者免除处罚。

用途：对医疗领域行贿的，属于行贿罪的从重处罚情形。

三、《中华人民共和国基本医疗卫生与健康促进法》（摘录）

第三十二条　公民接受医疗卫生服务，对病情、诊疗方案、医疗风险、医疗费用等事项依法享有知情同意的权利。

需要实施手术、特殊检查、特殊治疗的，医疗卫生人员应当及时向患者说明医疗风险、替代医疗方案等情况，并取得其同意；不能或者不宜向患者说明的，应当向患者的近亲属说明，并取得其同意。法律另有规定的，依照其规定。

开展药物、医疗器械临床试验和其他医学研究应当遵守医学伦理规范，依法通过伦理审查，取得知情同意。

用途：规定公民接受医疗卫生过程中享有知情权、医疗卫生人员有说明的义务及医学研究中的知情权。

第三十三条　公民接受医疗卫生服务，应当受到尊重。医疗卫生机构、医疗卫生人员应当关心爱护、平等对待患者，尊重患者人格尊严，保护患者隐私。

公民接受医疗卫生服务，应当遵守诊疗制度和医疗卫生服务秩序，尊重医疗卫生人员。

用途：规定公民接受医疗卫生服务时有人格尊严和保护隐私等权利，同时也有遵守诊疗制度和秩序等义务。

第四十七条　国家完善医疗风险分担机制，鼓励医疗机构参加医疗责任保险或者建立医疗风险基金，鼓励患者参加医疗意外保险。

用途：国家鼓励医疗机构和患者参加医疗保险。

第五十四条　医疗卫生人员应当遵循医学科学规律，遵守有关临床诊疗技术规范和各项操作规范以及医学伦理规范，使用适宜技术和药物，合理诊疗，因病施治,不得对患者实施过度医疗。

医疗卫生人员不得利用职务之便索要、非法收受财物或者牟取其他不正当利益。

用途:规定医疗卫生人员应规范医疗,不得过度医疗,更不得索要、非法收受财物或牟取不当利益。

第五十七条 全社会应当关心、尊重医疗卫生人员,维护良好安全的医疗卫生服务秩序,共同构建和谐医患关系。

医疗卫生人员的人身安全、人格尊严不受侵犯,其合法权益受法律保护。禁止任何组织或者个人威胁、危害医疗卫生人员人身安全,侵犯医疗卫生人员人格尊严。

国家采取措施,保障医疗卫生人员执业环境。

用途:构建和谐医患关系,医疗卫生人员的合法权益不受侵犯、威胁、危害,保障执业环境。

第九十二条 国家保护公民个人健康信息,确保公民个人健康信息安全。任何组织或者个人不得非法收集、使用、加工、传输公民个人健康信息,不得非法买卖、提供或者公开公民个人健康信息。

用途:规定公民个人健康信息不得被非法收集、使用、加工、传输,不得被非法买卖、提供或者公开。

四、《中华人民共和国医师法》(摘录)

第二十三条 医师在执业活动中履行下列义务:

(一)树立敬业精神,恪守职业道德,履行医师职责,尽职尽责救治患者,执行疫情防控等公共卫生措施;

(二)遵循临床诊疗指南,遵守临床技术操作规范和医学伦理规范等;

(三)尊重、关心、爱护患者,依法保护患者隐私和个人信息;

(四)努力钻研业务,更新知识,提高医学专业技术能力和水平,提升医疗卫生服务质量;

(五)宣传推广与岗位相适应的健康科普知识,对患者及公众进行健康教育和健康指导;

(六)法律、法规规定的其他义务。

用途:医师在执业过程中应遵守法定义务,尤其依法保护患者隐私和个人信息。

第二十四条 医师实施医疗、预防、保健措施,签署有关医学证明文件,必须亲自诊查、调查,并按照规定及时填写病历等医学文书,不得隐匿、伪造、篡改或者擅自销毁病历等医学文书及有关资料。

医师不得出具虚假医学证明文件以及与自己执业范围无关或者与执业类别不相符的医学证明文件。

用途:医师在执业过程中填写的病历等医学文书和医学证明文件等要严格按照法律规定。

第二十五条　医师在诊疗活动中应当向患者说明病情、医疗措施和其他需要告知的事项。需要实施手术、特殊检查、特殊治疗的,医师应当及时向患者具体说明医疗风险、替代医疗方案等情况,并取得其明确同意;不能或者不宜向患者说明的,应当向患者的近亲属说明,并取得其明确同意。

用途:医师在诊疗过程中告知患者相关事项,属于法定义务。

第二十六条　医师开展药物、医疗器械临床试验和其他医学临床研究应当符合国家有关规定,遵守医学伦理规范,依法通过伦理审查,取得书面知情同意。

用途:医师在开展相关试验和研究时,应遵守医学伦理并取得书面知情同意。

第二十七条　对需要紧急救治的患者,医师应当采取紧急措施进行诊治,不得拒绝急救处置。

因抢救生命垂危的患者等紧急情况,不能取得患者或者其近亲属意见的,经医疗机构负责人或者授权的负责人批准,可以立即实施相应的医疗措施。

国家鼓励医师积极参与公共交通工具等公共场所急救服务;医师因自愿实施急救造成受助人损害的,不承担民事责任。

用途:对于紧急情况和自愿实施的急救等特殊的规定。

第二十九条　医师应当坚持安全有效、经济合理的用药原则,遵循药品临床应用指导原则、临床诊疗指南和药品说明书等合理用药。

在尚无有效或者更好治疗手段等特殊情况下,医师取得患者明确知情同意后,可以采用药品说明书中未明确但具有循证医学证据的药品用法实施治疗。医疗机构应当建立管理制度,对医师处方、用药医嘱的适宜性进行审核,严格规范医师用药行为。

用途:规定医师特殊情况下的用药要取得患者明确知情同意。

第三十一条　医师不得利用职务之便,索要、非法收受财物或者牟取其他不正当利益;不得对患者实施不必要的检查、治疗。

用途:规定医师不得索要、非法收受财物或者牟取不正当利益,也不得过度诊疗。

第四十九条　县级以上人民政府及其有关部门应当将医疗纠纷预防和处理工作纳入社会治安综合治理体系,加强医疗卫生机构及周边治安综合治理,维护医疗卫生机构良好的执业环境,有效防范和依法打击涉医违法犯罪行为,保护医患双方合法权益。

医疗卫生机构应当完善安全保卫措施,维护良好的医疗秩序,及时主动化解医疗纠纷,保障医师执业安全。

禁止任何组织或者个人阻碍医师依法执业,干扰医师正常工作、生活;禁止通过侮辱、诽谤、威胁、殴打等方式,侵犯医师的人格尊严、人身安全。

用途:规定医师的合法权益不受侵犯,国家有关部门要保障医师执业安全。

第五十六条　违反本法规定,医师在执业活动中有下列行为之一的,由县级以上人民政府卫生健康主管部门责令改正,给予警告,没收违法所得,并处一万元以上三万元以下的罚款;情节严重的,责令暂停六个月以上一年以下执业活动直至吊销医师执业证书:

(一)泄露患者隐私或者个人信息;

(二)出具虚假医学证明文件,或者未经亲自诊查、调查,签署诊断、治疗、流行病学等证明文件或者有关出生、死亡等证明文件;

(三)隐匿、伪造、篡改或者擅自销毁病历等医学文书及有关资料;

(四)未按照规定使用麻醉药品、医疗用毒性药品、精神药品、放射性药品等;

(五)利用职务之便,索要、非法收受财物或者牟取其他不正当利益,或者违反诊疗规范,对患者实施不必要的检查、治疗造成不良后果;

(六)开展禁止类医疗技术临床应用。

用途:规定医师违反法律的禁止性规定,应承担相应的法律责任。

第六十条　违反本法规定,阻碍医师依法执业,干扰医师正常工作、生活,或者通过侮辱、诽谤、威胁、殴打等方式,侵犯医师人格尊严、人身安全,构成违反治安管理行为的,依法给予治安管理处罚。

用途:公民或社会组织等侵犯医师的合法权益的,依法应承担法律责任。

附录二 程序法部分

一、《中华人民共和国民事诉讼法》(摘录)

第一百零九条 人民法院对下列案件,根据当事人的申请,可以裁定先予执行:

(一)追索赡养费、扶养费、抚养费、抚恤金、医疗费用的;

(二)追索劳动报酬的;

(三)因情况紧急需要先予执行的。

用途:医疗费用当事人可以申请先予执行。

第二百一十七条 按照审判监督程序决定再审的案件,裁定中止原判决、裁定、调解书的执行,但追索赡养费、扶养费、抚养费、抚恤金、医疗费用、劳动报酬等案件,可以不中止执行。

用途:决定再审的案件,追索医疗费用的案件可以不中止执行。

二、《中华人民共和国刑事诉讼法》(摘录)

第三百零二条 实施暴力行为,危害公共安全或者严重危害公民人身安全,经法定程序鉴定依法不负刑事责任的精神患者,有继续危害社会可能的,可以予以强制医疗。

用途:关于强制医疗的主体规定。即实施暴力行为危害公共安全或严重危害公民个人安全,经鉴定不负刑事责任精神患者有继续危害社会可能的人是强制医疗对象。

第三百零三条 根据本章规定对精神患者强制医疗的,由人民法院决定。

公安机关发现精神患者符合强制医疗条件的,应当写出强制医疗意见书,移送人民检察院。对于公安机关移送的或者在审查起诉过程中发现的精神患者符合强制医疗条件的,人民检察院应当向人民法院提出强制医疗的申请。人民法院在审理案件过程中发现被告人符合强制医疗条件的,可以作出强制医疗的决定。

对实施暴力行为的精神患者,在人民法院决定强制医疗前,公安机关可以采取临时的保护性约束措施。

用途:关于强制医疗的程序作出了明确的详细规定。即公安出具强制医疗意见书至检察院,检察院审查符合强制医疗条件的,由检察院向法院申请,由法院决定。

第三百零四条　人民法院受理强制医疗的申请后,应当组成合议庭进行审理。

人民法院审理强制医疗案件,应当通知被申请人或者被告人的法定代理人到场。被申请人或者被告人没有委托诉讼代理人的,人民法院应当通知法律援助机构指派律师为其提供法律帮助。

用途:规定人民法院审理强制医疗的应当组成合议庭并保障当事人的合法权益。

第三百零五条　人民法院经审理,对于被申请人或者被告人符合强制医疗条件的,应当在一个月以内作出强制医疗的决定。

被决定强制医疗的人、被害人及其法定代理人、近亲属对强制医疗决定不服的,可以向上一级人民法院申请复议。

用途:规定法院作出强制医疗的决定的时间限制,被强制医疗人或被告人及法代对强制医疗决定不服的,亦可向上级法院申请复议。

第三百零六条　强制医疗机构应当定期对被强制医疗的人进行诊断评估。对于已不具有人身危险性,不需要继续强制医疗的,应当及时提出解除意见,报决定强制医疗的人民法院批准。

被强制医疗的人及其近亲属有权申请解除强制医疗。

用途:规定医疗机构对强制医疗人进行诊断评估,不具人身危险性不需治疗的,及时提出解除意见并报法院批准。

第三百零七条　人民检察院对强制医疗的决定和执行实行监督。

用途:规定检察院对强制医疗的决定和执行实行监督。

附录三 推荐检索文件部分

1.《中华人民共和国传染病防治法》

2.《中华人民共和国精神卫生法》

3.《医疗纠纷预防和处理条例》

4.《医疗事故处理条例》

5.《医疗机构管理条例》

6.《医疗器械监督管理条例》

7.《医疗机构病历管理规定》

8.《人体器官捐献和移植条例》

9.《最高人民法院关于适用〈中华人民共和国刑事诉讼法〉的解释》

10.《最高人民法院关于审理医疗损害责任纠纷案件适用法律若干问题的解释》

11.《最高人民法院关于审理非法行医刑事案件具体应用法律若干问题的解释》

12.《国务院办公厅关于改革完善医疗卫生行业综合监管制度的指导意见》

13.《关于做好〈医疗纠纷预防和处理条例〉贯彻实施工作的通知》

14.《国务院办公厅关于建立现代医院管理制度的指导意见》

15.《关于印发医疗监督执法工作规范（试行）的通知》

16.《关于进一步加强医疗机构投诉管理的通知》

17.《病历书写基本规范》

18.《电子病历应用管理规范（试行）》

19.《安徽省医疗纠纷预防与处置办法》

20.《安徽省高级人民法院关于审理医疗纠纷案件若干问题的指导意见》

21.《合肥市医患纠纷预防与处置暂行办法》

郑重声明

高等教育出版社依法对本书享有专有出版权。任何未经许可的复制、销售行为均违反《中华人民共和国著作权法》，其行为人将承担相应的民事责任和行政责任；构成犯罪的，将被依法追究刑事责任。为了维护市场秩序，保护读者的合法权益，避免读者误用盗版书造成不良后果，我社将配合行政执法部门和司法机关对违法犯罪的单位和个人进行严厉打击。社会各界人士如发现上述侵权行为，希望及时举报，我社将奖励举报有功人员。

反盗版举报电话　（010）58581999　58582371
反盗版举报邮箱　dd@hep.com.cn
通信地址　北京市西城区德外大街 4 号　高等教育出版社知识产权与法律事务部
邮政编码　100120

教学资源服务指南

扫描下方二维码，关注微信公众号"高教社极简通识"，学生可学习名校通识课，教师可学习教师培训课程、免费申请课件和样书、观看直播回放等。

名校通识课

点击导航栏中的"名校通识"，点击子菜单中的"课程专栏"，即可选择相应课程进行学习。

教师培训

点击导航栏中的"教师培训"，点击子菜单中的"培训课程"，即可选择相应课程进行学习。

课件申请

点击导航栏中的"教学服务"，点击子菜单中的"资源下载"，注册并填写相关信息即可申请课件。

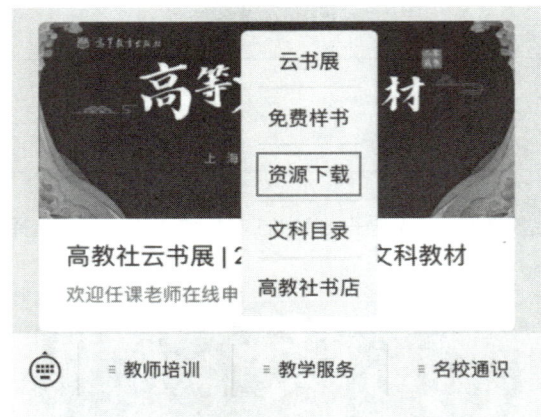

 样书申请

点击导航栏中的"教学服务"，点击子菜单中的"免费样书"，填写相关信息即可免费申请样书。

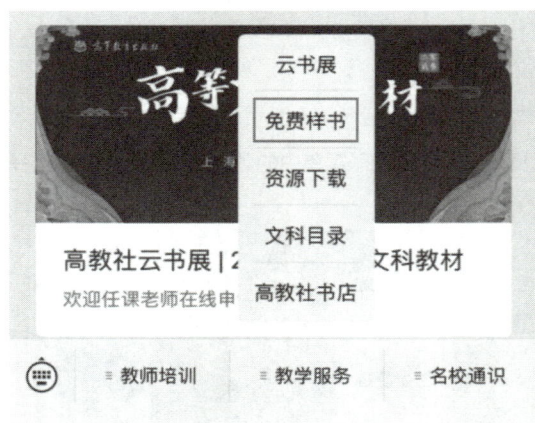